大リーグ二階席

芝山幹郎

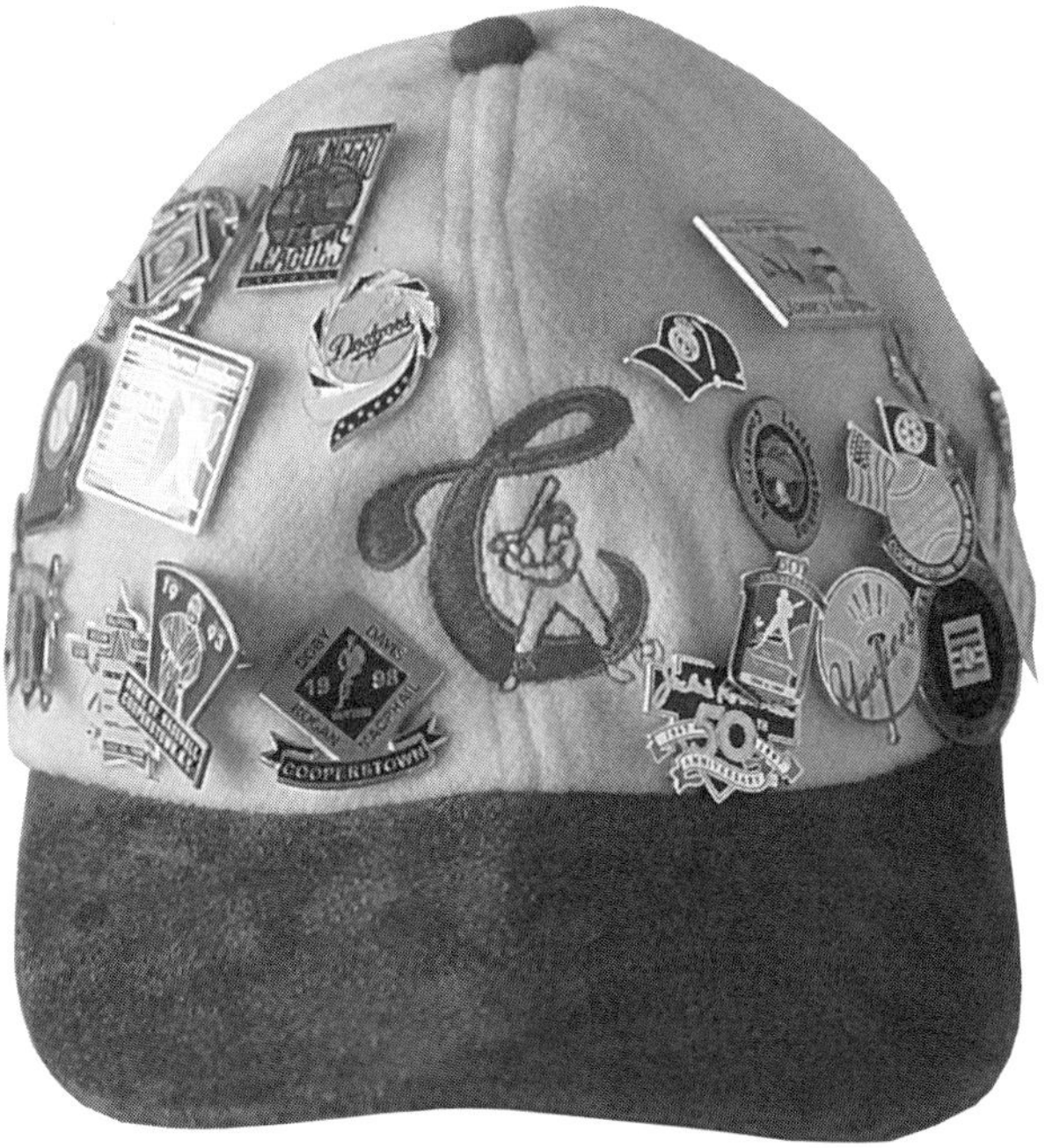

晶文社

ブックデザイン　南伸坊

大リーグ二階席　目次

I　シーズン・チケット

II　セヴンス・イニング・ストレッチ

III　ベースボール・ジャーニー

二階席からの眺め――序文

近すぎると全貌をとらえることができない。遠すぎては細部が見えない。野球場はおおむね素晴らしい場所だけれど、行けば行ったでそれなりに不平不足が漏れてくる。贅沢なことに、眼の欲や耳の欲にはかぎりがない。あれも見たい、これも聞きたいというわけで、結局はどこかで手を打つことになる。

私の場合は、それが二階席だった。ドジャー・スタジアムではロージ・レヴェルという。セーフコ・フィールドではテラス・クラブと呼ばれる。ヤンキー・スタジアムのロージ・レヴェルはやや高いところに位置するので、それよりも少し下のメイン・ボックスのほうが見やすいかもしれない。リグレー・フィールドやフェンウェイ・パークのような古い球場の場合は、フィールド・レヴェルのいくらか上の席が私の好みに合う。

いずれにせよ、ネット裏や外野席ではない。前者では構図が見づらいし、後者ではさすがに選手の顔が見えない。双眼鏡で見るのは、視界が限定されてあまりおもしろくない。

記者席、というのもちょっと困る。こちらにはときおり潜り込ませてもらっているが、正直なところ、窮屈さは拭いがたい。歌はご法度だし、冗談をいって哄笑するのも少しは遠慮する必要がある。そもそも、私のようにのんきな観客は、試合経過を刻々送信しなければならない記者の方たちの妨げになりかねない。そりゃそうだろう、イチローを見ながら、サム・ライスがどうしただの、ハリー・フーパーがこうしただのと横でつぶやかれては、向こうも気が散ってしようがないはずだ。

で、私は二階席に陣取る。できれば、本塁と一塁の間が望ましい。投げる、打つ、走る、守るという最も基本的なアクションが、まずはこの周囲で起こるからだ。まだある。糸を引く球の流れや審判の動きもよくわかるし、夏の夕暮れなどは、左翼後方で紫色に暮れなずんでいく山々や高層ビルの変貌もゆっくりと楽しむことができる。

大体こんな感じで、私は大リーグやマイナー・リーグの野球を見てきた。コークスクリューのように身体をひねって球を投げる野茂英雄も、一塁へ向かって鹿のように駆けるイチローも、帽子を飛ばしてレフト線のファウルフライを捕りにいく松井秀喜も、打者走者と競り合って一塁のカバーに入るマーク・プライアーも、きれいな放物線を描く本塁打を右中間に放ち、小走りにダイヤモンドを一周してくるアルバート・プーホルスも、アウトローに遠く外れる完全なボール球を長い腕で楽々とすくい上げるブラディミール・ゲレロも、さらには夜間照明に銀髪を輝かせながら始球式のマウンドに登っていくジョー・ディマジオも……。

なにもかもが、二階席からの眺めだ。それだけではない。幻覚とそしられることだろうが、私はときおり二階席から、過去の野球とも交信する。少なくとも、交信した気になっている。いつもいつも妄想を放し飼いにできるとはかぎらぬにせよ、これは楽しい。野茂英雄とルイ・ティアンが、イチローとサム・ライスが、松井秀喜とビリー・ウィリアムスがいきなり結びつくのはこんな瞬間だ。

二階席からの眺めは、思いがけない発見や言葉を、私にもたらしてくれる。

I シーズン・チケット

イチロー、大リーグへ行く

二〇〇〇年十一月の決断

イチローがようやくアメリカ野球に挑める。よかった。野球選手の肉体的なピークはけっして長くないし、二十七歳という年齢もかなり微妙なものだからだ。

なるほど、スタン・ミュージアル、ウェイド・ボッグス、トニー・グウィンといった「安打製造機」は四十歳前後まで活躍をつづけるケースが多い。だが、若干の例外を除けば、頂点を迎えるのはやはり三十歳前後と見るのが妥当だろう。そういえば、ジョージ・シスラーが不滅の年間最多安打記録（257本）を樹立したのも、たしか二十七歳の年だった。

ポスティング（入札）の結果、イチローの行き先はシアトル・マリナーズに決まった。球団選択の自由が選手側に許されないシステムだけに、これはとりあえず順調な船出といってよいだろう。少なくとも日本のメディアは、口裏を合わせたようにそういった論調を掲げている。その根底や背景には、「シアトルは日本人に馴染みのある土地だ」「マリナーズは日本人が溶け込みやすい球団だ」という発想があるように見受けられる。

たしかに、シアトルには北米大陸でも指折りの大規模な日本人コミュニティが存在する。一九九二年に〈ニンテンドー・オブ・アメリカ〉を中核とするグループがマリナーズを買収し、その結果、任天堂社長の山内溥が球団の筆頭オーナーになった事実もある。最下位が指定席だった弱体チームは、その後しばらくすると着実に力をつけ、九五年以降は、二度の地区優勝をふくめて三回もプレーオフに進出するようになる。

同時に、外国籍選手の占める割合もかなりふえた。ほんの数年前、マリナーズの組織は（マイナー・リーグもふくめて）一二パーセント弱しか外国籍選手を保有していなかったのだ。これは、大リーグ全体を見渡しても最低の数字だった。

しかし、最近のマリナーズはちがう。九五年からはマック鈴木が、二〇〇〇年からは佐々木主浩がシアトルのマウンドに登っている。イチロー自身も、昨年、アリゾナで行なわれたマリナーズの春季トレーニングに参加した。これらの要素を考え合わせれば、「馴染みがある」「溶け込みやすい」という声が周囲からあがってもべつに不思議ではない。

ただ私は、そんな「合唱」にちょっと首をかしげたくなる。そもそも、ポスティング・システムによる移籍に同意した瞬間から、イチローは覚悟を決めていたはずだ。どの球団でもプレーしよう、どんな生活環境にも溶け込もうという覚悟。だとすれば彼自身は、周囲が騒ぐほど生活環境要因にこだわっていないと見るべきではないだろうか。

現在、外国籍の選手が大リーグに占める割合は二四パーセントにも達する。ラテンアメリカ系のスーパースターは十指にあまるし、長らく蚊帳の外におかれてきたアジア地区の選手たちも、野茂英雄や朴賛浩をはじめ、無視しがたい勢力を形成しつつある。しかも彼らの大半は、どこに住みつこうと力強く活躍しているではないか。この現実を前にすると、「日本人初の大リーグ野手」という視点はいかにも狭苦しく思えてくる。

イチロー本人も、そんなふうには自分自身を位置づけしていないはずだ。外野で定位置を獲得し、年間百六十二試合を通してコンスタントに活躍すること——ずいぶん控えめに聞こえるだろうが、彼のテーマはさしあたってこのあたりに落ち着くと思う。

打率三割、十五本塁打、二十盗塁……。例によって無責任な花火を打ち上げる向きもあるけれど、そんな数字に惑わされて平常のペースを乱すのが愚の骨頂であることは、彼自身が最もよくわかっているはずだ。そもそも、走塁や犠打や継投を重視するマリナーズの戦術を見れば、監督のルー・ピネラが彼に長距離砲的な役割を期待するとはとても思えないし、「野球的知性」にめぐまれたイチローが強引な一発狙いに走ることもまず考えられない。

大きなお世話かもしれないが、私個人は、イチローに十年間活躍できる選手になってもらいたいと思う。サイズやタイプを見て思い浮かぶのはケニー・ロフトン、ジョニー・デイモン、シャノン・スチュワートといった駿足好打の外野手だが、彼の場合は、安打製造能力や守備能力をもっと際立たせることができるような気がする。そのために必要なのは、重い球を弾き返せる筋力と、心理面の故障を跳ね返せるメンタル・タフネスを獲得することだ。

もちろんこれは、日本人コミュニティや球団の支援を拒否せよなどということではない。ただ、それがなくともやっていけるたくましさはぜひ身につけてもらいたい。最初のうちはなにかと大変でも、異なる生活環境をあっさりと克服した中田英寿の例があるではないか。いずれにせよ、楽しみはふえた。来年は、知性と野性が強化されたイチローの姿を、アメリカの球場で眼にしたいと思う。

過去と交信するイチロー

ボブ・シャーウィン『ＩＣＨＩＲＯ』を読む

二〇〇一年四月二日。開幕戦。シアトル。対アスレティックス戦。イチロー、ティム・ハドソンの前に三打席連続凡退。五回裏、三打席目には初の三振。七回裏、右腕のＴ・Ｊ・マシューズから中前に初安打。八回裏無死一塁、右腕のジム・メシーアから一塁線に初のバント安打。

四月六日。テキサス。対レインジャーズ戦。十回表一死一塁、イチロー、ジェフ・ジマーマンから右翼席へ決勝本塁打。公式戦第一号。

四月十一日。シアトル。対アスレティックス戦。八回表一死一塁、アスレティックスの走者テレンス・ロング、ラモン・ヘルナンデスの右前安打で三塁を陥れようとする。イチロー、打球をツーバウンドで拾い上げ、三塁のデヴィッド・ベルにノーバウンドの送球。ロング、頭から滑り込むが完全にアウト。アナウンサー、「レイザービーム！」と絶叫。

いまさら、という気もしないではないが、二〇〇一年のイチローが残した足跡をたどるのは楽しい。こうやって開幕直後の光景を思い出すだけでも、私の胸は躍る。だが私は、去年の夏ごろからいささか悔しい思いをいだきつづけてきた。それは……イチローの活動を現在進行形で記録しそびれたことだ。後悔先に立たずさ、という人はいるかもしれない。データバンクにあたれば引き出せることじゃないか、という意見もあるだろう。なるほど、おっしゃるとおりだ。私だって、データをまったくもっていないわけではない。メモはいくつか残してあるし、勤勉で奇特な資料の所在も知らないわけではない。が、それらは結果の集積にほかならない。いいかえれば、すでに終点の見えている旅であり、結末のわかっている物語なのだ。

だから、私は少しだけ悔む。もし先が見えない状態のまま、日記でもつけるように記録を採集しつづけたとしたら、ふしぎな化学変化を体験できたかもしれないではないか。すくなくともわが大脳は、なりゆきのおもしろさや、道に迷う楽しさを満喫できたにちがいない。初本塁打はいつ出るのか。初盗塁はいつ記録されるのか。初得点は？　初打点は？　連続安打試合はどこまで伸びるのか。連続無安打はあと何打席つづくのか。テーマをならべたてるまでもあるまい。百六十二試合を戦うレギュラーシーズンを楽しみたければ、時間の要素は無視できない。個々のプレーやひとつひとつの勝敗は、時の流れのなかでそれぞれ特定の位置を与えられているといっても過言ではないだろう。

ボブ・シャーウィンの書いた『ICHIRO』（朝日新聞社）を読んでいてうらやましく思ったのはこの側面だ。シャーウィンは、シアトル・タイムズの記者である。おそらく彼は、マリナーズの試合をほぼすべて見ている。見ているだけでなく、全イニングにわたってスコアカードをつけているにちがいない。つまり彼は、現場の証人である。試合前、試合中、試合後という三つの時間帯に選手たちのそばにいて、その一挙手一投足に眼を光らせることもできる。しかもそれは長期にわたる。となれば、二度や三度の同行取材ではつかみきれない細部も見えてくる。右へ向かっていると思えた未来が、ある地点でいきなり左折するという体験を味わったことも一再ならずあったにちがいない。持続こそ力なりなどと陳腐な格言を口にするつもりはないが、これはやはり、なみなみならぬ特権というべきだろう。

証拠をひとつあげよう。シャーウィンは、この本のなかで、イチローに関する複数の証言を紹介している。たとえばカルロス・バイエガは「イチローは怖がらない。ロッカールームをうろうろと歩きまわったりしない」と述べる。マイク・キャメロンは「イチローは投手ごとにではなく、投球ごとにバッティングを変える」と感嘆する。あるいはエドガー・マルティネスの「スウィングとバランスがよく、基礎ができていればパワー不足は補える」という発言を見てもよい。

これらはまぎれもなく現場の声だ。競争の激烈なこの世界で長年はたらき、技とハートを鍛えつづけてきた選手にのみ可能な発言だ。シャーウィンは、そんな声を採集した。イチローがオークリー・ジュリエットのサングラスをかけ、アシックス・ゲルのデザインシューズを履いていることを眼ざとく見つけ出す一方で、説得力のある他人の言葉を引いてイチローの体質や技術を浮彫りにした。

もうひとつ私が感心したのは、シャーウィンが記者の特権にあぐらをかいていないことだ。それどころか、彼は記者の弱点を警戒している。記者の弱点とは、あまりにも現場に近いところにいるため、目先の現象や瑣末なデータにとらわれてしまうことだ。その近視眼的な弱点を乗り越えるためには、遠くを見なければならない。空間的にはもちろんのこと、時間的にも遠くを。

シャーウィンはこの作業に挑んでいる。現役選手でいうなら、ジョニー・デイモンやケニー・ロフトン。過去の名選手でいうなら、ジョー・ジャクソン、ジョージ・シスラー、ジャッキー・

ロビンソン、ロッド・カルー、ラルフ・ガー、ウェイド・ボッグス。彼らの実績や特性を合わせ鏡のように配しつつ、シャーウィンはイチローの像を立体的にとらえようとしているのだ。

手前味噌を承知でいうなら、私も去年の開幕前後、似た作業をこころみていた。いや、シャーウィンや私だけにとどまるまい。およそ野球史に興味のある人間なら、グッド・オールド・デイズの選手たちとイチローのつながりに刺戟を受けないはずがない。いいかえればイチローは、かなりの数にのぼる名選手たちを過去の薄闇から呼び寄せたのだ。たとえば私は、ベーブ・ルース以前の渋い名手たちに着目した。そう、デッドボール（飛ばないボール）が用いられていたころの、走攻守に秀でた名手たちのことだ。スライディング・キャッチを考案したハリー・フーパー。三千本安打まであと13本と迫っていたのにそれを知らずに引退したサム・ライス。1211試合で1491本の安打を放ちながら三十歳の若さで世を去ったロス・ヤングス。掛け値なしの新人としては史上最多の安打数を記録したロイド・ウェイナー。いまにして思うと、私の描いていたイチロー像はいささか渋すぎたような気がしないでもない。

というのも、私は、イチローを日本野球の代表選手と位置づけるような風潮にいまひとつ馴染めないのだ。なるほど、どんなに天才的なスポーツ選手も国籍や民族性の枠を逃れることはできないし、よほどの事情がないかぎりそこから逃れる必要もない。イバン・ロドリゲスやロベルト・アロマーはプエルトリコ出身という事実を隠そうとしないだろうし、もし野球の世界でも本格的なワールドカップが開催されるようなら、ペドロ・マルティネスやサミー・ソーサは胸を張ってドミニカ共和国を代表するにちがいない。

が、それはたぶんしばらく先の話だ。そうなるまでのあいだ、イチローは世界最高レベルのクラブチームで力量を存分に発揮すればよいと思う。アメリカの野球ファンは、アジアの選手を見るという楽しみに眼ざめたばかりだ。アジアの野球ファンも、自分たちの知らなかった野球を見るという楽しみに触れたばかりだ。単純きわまる事実を述べているように聞こえるだろうが、これは意外に大きなカルチャー・ショックといえないか。このショックが、あくまでも個人の才能に起因するものか、それとも人種や民族性に帰属するものか——あわてて結論を出す前に、われわれはまず、この相互乗り入れの楽しみを享受すればよい。野球が多民族スポーツになったのはたかだか数十年前のことだ。それに、もしかすると野球とは、クラブチームにはじまってクラブチームに終わるスポーツかもしれないではないか。

野茂英雄が選んだボス

彼はなぜフィル・ガーナーを信頼したか

野茂英雄が、日本人として初めて大リーグの開幕投手をつとめた。西暦二〇〇〇年四月三日にオークランドで行なわれた対アスレティックス戦。野茂が在籍するデトロイト・タイガースのフィル・ガーナー監督は、開幕二週間前に早くもこのプランを公表した。

このニュースを聞いたとき、私は頬をほころばせた。いや、私だけではあるまい。去年のいまごろ野茂がどれほど苦しい立場におかれていたかを知る者なら、そして彼の逆境に胸を痛めたことがある者なら、この朗報に拍手を送らずにはいられなかったはずだ。

だがその反面、私はさほどの驚きをおぼえなかった。野茂英雄が、オープン戦中盤まで防御率一点台の好調を維持していたこと。タイガースの先発投手陣が、どちらかといえば弱体であること。おもな理由はこのふたつだが、私は反射的にフィル・ガーナーの顔を思い浮かべていたのだった。

一九九九年の春、大リーグ五年目を迎えた野茂英雄はあきらかに苦しんでいた。前年に受けた右肘手術の後遺症があったのだろうか、直球のスピードは上がらず、フォークボールの切れもよくなかったのだ。ニューヨーク・メッツは、そんな彼に戦力外通告を出し、マイナー契約を結ぼうとした。野茂はこれを拒否し、自由契約の身分を得てカブスやインディアンスなどいくつかの球団との交渉にのぞむ。見慣れないマイナー球団のユニフォームを着てアラバマやアイオワの小さな球場で苦闘していた彼の姿は、いまも記憶に生々しい。

結局、野茂は年俸三十万ドルでブルワーズと契約を結んだ。前年の年俸が二百九十万ドルだから、金額でいえばこれは九割近い減俸にひとしい。が、彼は金よりも先発登板の機会を優先させた。そして、そんな野茂のプライドを受け入れたのが、当時ブルワーズの監督をつとめていたガーナーだったというわけだ。

いまにして思えば、野茂英雄が最初の契約をロサンジェルス・ドジャースとかわしたのはすばらしい選択だった。当時、ドジャースの監督は大リーグ最年長（六十八歳）のトミー・ラソーダ。「古きよきアメリカの伯父さん」と呼ばれるラソーダは、その緻密な野球術もさることながら、愛嬌あふれる個性で選手の信望をあつめていた。

「おれはチームのチアリーダーだ」と公言していた彼は、その一方で紆余曲折に満ちた野球人生を歩んできた男だった。投手としての大リーグ通算成績は0勝4敗。三十八歳からはスカウトやマイナー・リーグの監督としてアイダホ州やユタ州などを転々とし、四十九歳でようやくドジャースの監督に就任している。

そんなラソーダが、日本でのキャリアを捨てて大リーグに挑んできた二十七歳の青年をかわいがった。ハートとハートの触れ合いなどといえば陳腐で感傷的に聞こえるだろうが、ふたりに共通するのは、どこか古風な「意気に感じる」エモーションだ。ラソーダは野茂の勇気を買い、野茂はラソーダの知遇に応えた。だが九六年の夏、ラソーダは心臓病の悪化で引退を余儀なくされる。

ラソーダの後釜にすわったのは、一九四八年生まれのビル・ラッセルだった。私の思いすごしかもしれないが、野茂はこのころから前ほど笑顔を見せなくなる。そして、やや憂鬱げなその表情は、九七年初夏から移籍したメッツのダグアウトでも変わらなかった。こちらの監督は、五〇年生まれのボビー・ヴァレンタイン。ラッセルもヴァレンタインもラソーダの直弟子にちがいないが、その感性はむしろ近代合理主義に染められている。あくまで臆測にすぎないのだが、野茂はベビーブーマー世代に属する彼らに……ひいては球団の人事をつかさどるヤッピー系のジェネラル・マネジャーたちに、どこかしっくり来ない気分をいだいていたのではないだろうか。

が、同じベビーブーマー世代に属しているとはいえ、ガーナーの対応はちがった。現役時代、「一流半の内野手」として十六年間に五球団を渡り歩き、屑鉄と綽名されたガーナーは、なによりも野茂のプライドを尊重した。先発ローテーションを外したことは一度もなかったし、野茂が打ち込まれた際も、機械の部品を替えるように交代を告げるという真似はけっしてしなかった。逆風に耐えながらマウンドに立つ野茂にとって、これは力強い無言の励ましとなったにちがいない。だがそのガーナーは、成績不振を理由にシーズン半ばで解任され、数カ月後、タイガースの監督を要請される。ふたたびフリーエージェントの資格を得た野茂が、ブルワーズの提示する「三年契約／総額一千万ドル」の条件を蹴り、「一年契約／百五十万ドル・プラス・オプション」の条件しか出せなかったタイガースに入団した理由は、このあたりにあるような気がする。

前々から感じていることだが、野茂英雄がアメリカ野球を選んだのは、よりよい「職業」を得るためというよりも、よりよい「生き方」を得るためだったはずだ。もっとおもしろい野球をしたい、もっと楽しく野球をしたい——そう考えてアメリカへ渡ったのであれば、そしてその理由がいまでも最優先されているのであれば、球団や管理者の選択は非常に重要な問題となる。いや、ひとり野茂のみならず、野球には「労働と管理」という側面が色濃くにじみでる。だが、すぐれた監督とすぐれた選手は、「管理する者と管理される者」という枠をはみだして、独立した国家同士のような関係をつくりあげることができる。ミラー・ハギンスとベーブ・ルース。ケイシー・ステンゲルとミッキー・マントル。アール・ウィーヴァーとジム・パーマー。みずからの野球観を抑圧することなく、彼らはあけすけに意見をぶつけあい、強力なチームをつくりあげていった。しかも彼らは、面と向かって罵り合うことこそあれ、外部に向かっては一貫して相手に対する敬意を表明したのだった。めったに起こらぬこととはいえ、このケースはまぎれもなく存在する。ガーナーとの相互信頼が不滅のものかどうかはわからないが、野茂英雄という戦士もまた、本能的にこの関係をもとめつづけているように思う。

貫くスタイル

変えたくないから変わる野茂英雄

野茂英雄が大リーグで八年目のシーズンを迎える。早いものだ。いきなり自慢話をするようで気がひけるのだが、彼のデビュー直後、私はある雑誌で「十年投げてもらいたい」と発言した記憶がある。その現実が意外に早く訪れそうなことに、私は軽い驚きをおぼえている。野茂が初めてアメリカのマウンドを踏んだのは、大きな地震と愚劣なテロ行為で日本じゅうがゆれうごいていたあの年のことだった。

当時の映像を見直すと、野茂はほほえましいくらいに若い。ことにそのしぐさや表情は、無邪気といいたいほど初々しい。見ていた私も、いまより七年分は若かったのだろうが、そんなことはどうでもよい。一九九五年の開幕前、私は野茂の勝星を八つと予想した。はずれ。彼は28試合に先発して13勝をあげ、ナ・リーグ最多の236三振を奪った。しかも六月の活躍といったら……。

が、そのあと野茂の歩んだ道はけっして平坦ではなかった。影がさしたのは、トミー・ラソーダがドジャースの監督をやめたあたりからだったろうか。後任のビル・ラッセルは、人柄にどこか窮屈さを感じさせる男だった。私は野茂の身を案じた。いまにして思うと、気をもんだ理由は見当たらなくもない。近鉄バファローズを去った際もそうだったが、野茂は、小真面目で制度好きの管理職とは肌が合わないようなのだ。

影が一挙に濃くなったのは、九九年の春、開幕直前にメッツを解雇されたときのことだろう。それからしばらく、野茂はとんでもない場所で投げつづけた。アイオワやアラバマにあるマイナー・リーグの球場で黒や青の見慣れぬユニフォームに身をつつみ、彼は何度かテスト登板に挑んだ。アメリカや日本のメディアは、蓄積された筋肉疲労を理由に限界説を書き立てた。そんな馬鹿な、と私は思った。投球数が多く、「まっすぐ勝負」を好む体質ではあっても、野茂は力任せに突き進んで自滅を招くほど非合理的な人間ではない。クールで度胸がよく、古武士のようなイメージの内側に、逆境を笑い飛ばすユーモア感覚もしっかりそなえている。だからこそ彼は、ミルウォーキーやデトロイトといった地味な球団で黙々と投げつづけた。名門レッドソックスで復活し、久々に脚光を浴びたときも、淡々とした表情を変えなかった。

ただ、野茂を一介のジャーニーマン（渡り鳥）と見る考えに対しては、私は首をかしげる。大リーグには、八つ以上の球団を転々とした現役選手が十五人いる。最多はマイク・モーガンの十二球団。以下、名の知れた投手でいうと、チャック・マッケルロイとグレッグ・オルソンが九球団、テリー・マルホランドとデニス・クックが八球団を渡り歩いた。ただし、このなかで通算100勝以上をあげたのは、モーガン（四十二歳）とマルホランド（三十九歳）だけだ。野茂（三十三歳・82勝）は過去七年間で五つの球団を渡り歩いたわけだが、能力の絶対値は彼らとは比較にならないほど高いと思う。

が、だからといって、あのころの野茂を悲劇のヒーローになぞらえるのも不適切な気がする。なるほど、彼は天与の才能に恵まれた高貴な身分の投手だ。そんな彼が思いがけぬ逆境に遭遇し、辺鄙な土地で辛苦を味わわされた。そこまでは貴種流離譚のお約束どおりかもしれないが、彼は被虐的にひきつったり、かたくなに自分の殻に閉じこもったりするような真似はしなかった。自身のコントロールの悪さを明るく認め、神話化をあせるメディアをやんわりとたしなめる彼の姿を、私は何度かテレビで見ている。

その一方で野茂は、「自分のスタイルは変えたくない」としばしば口にしてきた。「スタイル」とは投球のスタイルだけを指すのではあるまい。生き方や考え方も、その言葉にはふくまれているはずだ。私は彼の発言を「(生き方や考え方を)変えたくないから(技術や環境を)変える」と読み換えてみたい。

こんな野茂を見るにつけ、私は彼の将来に、トミー・ジョンやジム・カートやルイ・ティアンの姿を重ね焼きしてしまう。軟投派の代表ジョンは、四十六歳まで六球団で二十六年間投げ、通算288勝をあげた。ゴールド・グラヴ賞を十六回も獲得した守備の名手カートは、四十五歳まで五球団で二十五年間投げ、283勝を稼いだ。野茂と同様、打者にくるりと背を向けるモーションで知られたキューバの怪人ティアンは、四十二歳まで(一説によると五十歳近かったという)六球団で十九年間投げ、229の勝ち星を積み重ねた。殿堂入りこそ果たしていないものの、彼らはそれぞれのスタイルをつらぬき、投手としての天寿をみごとにまっとうした。

もしかすると野茂は、彼らと似た野球生活の晩年を迎えるかもしれない。お節介を承知でいえば、長寿の投手になるためには才能とハートとスタイルが欠かせない。野茂にはそれらがそなわっている。ここまで来たらサイ・ヤング賞などは気にしなくてよいだろう。やわらかい表情と自身のスタイルを変えることなく年間三十試合に先発しつづけることのほうが、いまはよほど大切かもしれない。そうすれば、野茂は大リーグ史の一部になるだろう。歴史の一部になるのは、オールスターの一員になることよりもずっとむずかしいのである。

群盗立つべし

アスレティックスの痛快野球に拍手

『ホテル・カリフォルニア』の歌詞ではないが、十月は私にとって「天国だか地獄だかわからない」月だ。

といっても、生死にかかわる問題などとは思わないでいただきたい。野球の試合が、それも見逃すわけにいかない試合が、多いときは一日に三つも四つも衛星放送で流されるだけのことだ。ただ、放送の時間は深夜から翌日の午後にかけてだから、いくら私が暇でもテレビの前にずっとかじりついているわけにはいかない。それでも、最低一試合は生放送を見てしまうし、眼がさめたときには録画されたビデオが待っている。すると必然的に、私がテレビを見ている時間は一日のなかでかなりの割合を占めることになる。銀流し同然の身とはいえ、これでは日常生活に影響なしとしない。いやはやなんとも、ありがたいやら情けないやら。それに……今年はわけあってじっと我慢しているが、ロサンジェルスやニューヨークの近辺でゲームが行なわれるときなどは欲望に翼が生える。なにしろアメリカの西海岸や東海岸までは（少なくとも心理的には）ほんのひとっ飛びなのだ。

馬鹿じゃないか、と思われるだろうが、ポストシーズン・ゲームはそれくらいおもしろい。レギュラーシーズンの百六十二試合を勝ち抜いた八強が、休む間もなく三本つづけて少しずつパターンの異なる短距離の重賞レースに挑む、といえば魅力の一端は伝わるだろうか。野球の魅力が「来る日も《ディ・イン》来る日も《ディ・アウト》」というリーグ戦の長丁場にあることは私も否定しないが、五本勝負、七本勝負のプレーオフにもスパイシーな風味があるのだ。大投手が打ち込まれ、強打者が不振の淵に沈み、常勝球団がオーラを失う。そんな事態がしばしば眼につくのもプレーオフの特徴といってよい。いいかえれば、この短期決戦はメンタルな要素がとても強い。モメンタムをいち早くつかみ、偶然の力を味方につけたければ、この要素を無視するわけにはいかない。

さて、そのプレーオフではまたもやもろさを露呈してしまったものの、今季のレギュラーシーズン、私のひいきチームはあっぱれな戦いぶりを見せてくれた。オークランド・アスレティックス。日本では、イチローが所属するマリナーズと同地区で戦う仇敵……つまり憎たらしい悪役と思われているようだが、ここ三年ばかり、このチームの野球は飛躍的におもしろくなった。

なによりも楽しいのは、若さと奔放な気風がこのチームに満ち満ちていることだ。たとえば投手陣の三本柱を見てみよう。バリー・ジートが二十四歳、マーク・マルダーが二十五歳、ティム・ハドソンが二十七歳。ジートの23勝を筆頭に、彼らは今季、三人だけで57勝を稼いだ。もう少しさかのぼって見るなら、二〇〇〇年にはハドソンが、二〇〇一年にはマルダーが、そして今年はジートがというように、三人は持ちまわりで二十勝投手の称号を手にしている。これは、デイヴ・マクナリー、マイク・クエイアー、ジム・パーマーと三人の二十勝投手をそろえていた一九七〇年のボルティモア・オリオールズに匹敵すると見てよいのではないか。

野手の中軸も、投手に劣らず若い。そしてどこか快男児ふうの気配を身にまとっている。三番の遊撃手ミゲル・テハダが二十六歳。四番の三塁手エリック・チャベス(アメリカの放送ではチャベスともシャベスとも発音されているが、ESPNジョン・ミラーの発音に従っておこう)が二十四歳。五番の右翼手ジャーメイン・ダイが二十八歳。ダイは昨年ロイヤルズから獲得した選手だが、テハダとチャベスはファーム育ちだ。ドミニカの極貧家庭に生まれたテハダ。同じヒスパニック系ながらロサンジェルスの野球エリートだったチャベス。出自こそ異なるものの、このふたりが発散する動物電気は無視しがたい。アスレティックスは二〇〇二年の八月十三日から九月四日にかけて20連勝(ア・リーグ新記録)という笑いのとまらない快進撃を見せたのだが、テハダはこのときの立役者だった。九月一日のツインズ戦で、18連勝を決める逆転サヨナラ・スリーラン。翌二日のロイヤルズ戦でもサヨナラ打。去年までは全力疾走を怠ったり、粘りのない早打ちをしたりしてしばしば失望のため息をつかせてくれたものだが、今季は球界最高の遊撃手といわれるレインジャーズのアレックス・ロドリゲス(本塁打王と打点王の二冠を獲得)とならんでMVPの最有力候補にあげられている。

左打者のチャベスも、テハダ同様、二年連続で三十本塁打、百打点を達成した。この人は守備もうまい。横の動きにめっぽう強く、送球が速くて正確なのだ。が、最大の魅力は勝負強い打撃だろう。ディヴィジョン・シリーズの第二戦、ツインズのジョー・メイズから初回に放った本塁打はじつに快楽的だった。高く舞い上がった打球がいったん青空に吸い込まれ、やがて満員の右翼席へ落下してくる。その手前にあったのは、スイートと形容するほかないようなチャベスのフルスウィングだ。このふたりを見ていると、私は全盛期の大下弘と中西太の姿を思い出してしまう。

そう、最近のアスレティックスは、三原脩が率いていたころの西鉄ライオンズや、仰木彬が監督だったころの近鉄バファローズを彷彿させてくれる。どちらのチームも、日本野球史のなかでは例外といえるほど豪放な存在だった。五〇年代ライオンズの打線には、大下や中西のほかに豊田泰光や関口清治や高倉照幸がならんでいた。稲尾和久、島原幸雄、河村久文の投手陣も記憶にあざやかだ。一方、九〇年代バファローズには、野茂英雄や吉井理人やラルフ・ブライアントや金村義明や石井浩郎がいた。豪快さの面では西鉄におよばなかったものの、こちらもまた恐れを知らぬ若さと闊達な気風をみなぎらせるチームだった。

ただし、豪快や奔放というのは、大酒をくらったあとで本塁打を連発するとか、試合前の練習でプロレスごっこに興じるとかいったゴシップ好きが喜びそうな言動のみを指すのではない。もちろん、それはそれで微苦笑を誘う楽しさだし、アスレティックスの場合もクラブハウスのクレイジーな騒々しさはメディアの好餌になったようだ。ラップやテレビゲームのサウンドが大音量で鳴り渡り、ハドソンのロッカーとマルダーのロッカーのあいだにはブリトニー・スピアーズの等身大カットアウトが立てられているといった類いの記事は、私も何度か眼にしたことがある。

が、この手の馬鹿騒ぎや悪ふざけはしょせん虫垂突起のようなものにすぎない。じっさいアスレティックスのGMビリー・ビーンは、五月の下旬ごろ、ふざけるばかりで勝負への執着を失ったとおぼしき数人の中堅選手をトレードに出したりマイナーに落としたりする大掃除を行なっている。それでも、このチームは陽気さを失わなかった。安い年俸にもめげず（ご承知のようにアスレティックスの年俸総額は四千万ドルに満たない。二〇〇二年四月の時点でこれよりも低いのはエクスポズとデヴィルレイズのみ。ヤンキースにいたっては約三倍の年俸を選手に払っている）貧乏くささをまったく感じさせない野球を展開してくれたのだ。

結論を述べよう。アスレティックスはじつに頼もしいブルーカラー・チームなのだ。ポピュリストからほど遠い私はめったにこんな言葉を口にしないのだが、ことスポーツの世界にかぎっていうなら、良質のブルーカラー・チームが野武士や盗賊の群れを思わせる荒くれの気配を漂わせることはさほど珍しくない。アスレティックスをひいきする私が往年の西鉄や近鉄を思い出したのも、同質の匂いを嗅ぎ取ったからにほかならない。その背後には、肉体に対する信頼というきわめて原型的な感情がある。野郎、来るなら腕で来い――野蛮に聞こえるかもしれないが、この感情は、ローテクを本質とする野球というスポーツに似つかわしいような気がする。

SOBはだれだ?

タイ・カップ発ベーブ・ルース経由バリー・ボンズ行き

アスレティックスがファースト・ラウンドで姿を消し、カーディナルスもNLCS（ナ・リーグ優勝決定戦）であっけなく敗れ……こうなるとポストシーズン・ゲームも張合いがなくなるなと思っていたのだが、エンジェルスとジャイアンツという「中産階級球団」同士のてんやわんやの戦いがおもしろく、結局私は二〇〇二年のワールド・シリーズを最初から最後まで見る羽目になってしまった。

いや、なってしまったなどと人のせいにするような口を利くのはやめておこう。11対4だの、冗談としか思えないような乱打戦も、悪夢の入口と思えばなかなか味のあるものだったし、「短期決戦は選手の面がまえで決まる」「短期決戦は悪の自覚のありなしで決まる」「短期決戦はSOB濃度の高さによって決まる」という私の持論がことごとく裏切られていく過程には妙にマゾヒスティックな快感さえあった。

面がまえ、悪の自覚、SOB濃度――こんなふうに並べれば、話の行方も目星をつけられてしまうかもしれない。ただ、SOB濃度という言葉にだけは注釈をつけておく必要があるだろう。

SOBとはson of a bitch（サナバビッチ）の短縮形である。柄の悪い言葉を使わないでくれと顰蹙される向きもあるだろうが、この場合はむしろ褒め言葉に近いのだから度量を広くもっていただきたい。同義反復を恥じずにSOBの輪郭をスケッチするなら、タフで狡猾で打たれ強くて悪辣でしたたかで狷介でしぶとくて偏屈で……とまあ、こんな感じになる。とにかくこれは、傑出したスポーツ選手のなかにかなりの頻度で見受けられる特質といってよいだろう。中田英寿やイチローもこの特質の何割かは持ち合わせているはずだし、野球史を振り返ってみれば、「最高の技術と最低の人格」の持ち主だったタイ・カッブをはじめ、テッド・ウィリアムス、アーリー・ウィン、レジー・ジャクソンと技量の卓越したSOBの名はつぎつぎに浮上してくる。そもそも、あのベーブ・ルースにしてからが、ある種の敬意と愛情をこめて「グレート・サナバビッチ」と呼ばれたことを忘れてはなるまい。

で、当代きってのSOBといえば、サンフランシスコ・ジャイアンツのバリー・ボンズに尽きるだろう。最近は行状もいくらかおさまったようだが、傲岸不遜という言葉がこれほどぴったりくる選手はほかにいない。記者の質問を無視したり途中でさえぎったりするのは日常茶飯事だし、僚友が劇的な決勝ホームランを打ってベンチが空になったときも、ボンズだけは自分の指定席から腰を上げようとしなかった。ちなみにその僚友とは、今季中盤、試合中にベンチでボンズと激しいつかみ合いを演じたもうひとりのSOB、四番打者のジェフ・ケントにほかならない。

そんなボンズが、今季のワールド・シリーズでは話題の焦点に立った。二〇〇一年に達成した年間73本のホームラン記録。四度にわたるMVP受賞（今年でたぶん五度目になる）。「九〇年代最高の野球選手」という称号はいまや一段上がって「ベーブ・ルース以来もっとも脅威を感じさせる打者」という敬称に変わった。それはそうだろう。今季162試合で198個(もちろん史上最多。イチローの約三倍)という四球の数が、なによりも雄弁に恐怖の事情を物語っているではないか。

にもかかわらず、三十八歳の今日まで、ボンズはこれまでワールド・シリーズに出場したことがなかった。それどころか彼には、大舞台に弱いという定説がついてまわった。ピッツバーグ・パイレーツ時代の一九九〇年から九二年にかけてはNLCSに三度出ているが、このときも合計20試合で68打数13安打(1割9分1厘)の不振にあえぎ、本塁打は1本しか放っていない。そんな昔のデータなど……と口をとがらせるボンズ・ファンにはジャイアンツへ移ってからの冷酷な数字が立ちはだかる。ボンズは、九七年と二〇〇〇年のNLDS(ナ・リーグのディヴィジョン・シリーズ)で32回打席に立ち、29打数6安打(2割7厘)というさみしい記録しか残していないのだ。

ボンズは絵に描いたような野球エリートである。史上初めてサーティ/サーティ(三十本塁打と三十盗塁)を達成したボビー・ボンズが父親。通算630本のホームランを放ったウィリー・メイズが名付け親。「ミスター・オクトーバー」ことレジー・ジャクソンが母方の親戚。なんとも豪華な後見人の勢ぞろいだが、とりわけ皮肉を感じさせるのは、レジー・ジャクソンの存在ではないだろうか。

そのニックネームからも察しがつくように、ジャクソンは一九七七年のワールド・シリーズで伝説をつくった。ドジャースを相手に戦ったこの年の第六戦で、彼は四球ひとつをはさむ3打席連続本塁打(しかもすべて初球打ち。第五戦最終打席の初球を打ったホームランから数えると、四回バットを振って4本塁打）という離れ業を演じてヤンキースを王座にみちびいたのだ。

同時にジャクソンは、戦後大リーグを代表するSOBだった。監督のビリー・マーティン（この人の鉄拳は光より速いといわれた）とダグアウトで殴り合う姿がテレビで全米に流されたのはあまりにも有名な話だし、ワンマン・オーナーのジョージ・スタインブレナーとのあいだでくりひろげられた愛憎劇も球史に残るあさましいものだったといってよい。だがジャクソンの真骨頂は、けたはずれのスーパースター意識からもたらされたばかばかしいエピソードの数々にある。一例をあげよう。

ジャクソンはマンハッタンのホテルで、見るからにおのぼりさんとおぼしき女性とエレベーターに乗り合わせたことがあるそうだ。ニューヨークは恐ろしい所だと言い含められていたにちがいなく、彼女はおどおどした様子を隠そうとしなかったらしい。ところがあろうことか、このときの彼は愛犬のドーベルマンを連れていた。女は震え上がった。無理もない。二メートル近い大男が獰猛な犬を連れて悠然とエレベーターに乗り込んできたのだ。ジャクソンは「伏せ！」と命じた。すると床に伏せたのは、犬と女がほぼ同時だった。「あんなに笑いを嚙み殺したことはなかったよ」とジャクソンは雑誌記事のなかで楽しそうに述べている。

そんなふてぶてしい遺伝子がようやく体内で実を結んだのだろうか、大リーグ生活十七年目にして初めて（殿堂入りした選手でこれよりも時間がかかったのは、ウォルター・ジョンソンの十八年だけだ）ワールド・シリーズに出場したボンズはついに爆発した。ポストシーズン・ゲームの第一戦から数えると、8本塁打に16打点。ワールド・シリーズだけを見ても、30回打席に立って21回出塁する（そのうち敬遠の7個をふくめて四球は13個）という凄まじい成績を残したのだ。

もう少しくわしく分析すると、エンジェルスの投手はボンズに73球のボールと39球のストライクを投げ、ボンズはそのうち25回だけバットを振って4本の本塁打を放った。つまり彼は、6・25回バットを振るたびに本塁打を1本生産したことになる。これは一撃必殺を思わせる空恐ろしい数字だ。年間73本の本塁打記録を達成したときでさえ、そのペースは12・5スウィングに1本という割合だったのである。

なのにボンズは、王者のリングを手にすることができなかった。技術はもちろんのこと、面がまえを見ても、悪の自覚度やSOB濃度の高さからいっても、彼はエンジェルスの中産階級青年たちを圧倒していたはずだ。第六戦の終盤、わずか八つのアウトを残してエンジェルスが見せた奇跡的な逆転劇のさなか、短期決戦必勝理論の修正を余儀なくされつつあった私は、SOBの定義も変えなければならないのではないかと居直りはじめていた。そう、「歩く驕慢」に思えていたボンズよりも、赤い帽子の陰からふくよかな頬を覗かせているエンジェルスのマイク・ソーシア監督のほうに、もっとしたたかな悪党ぶりがうかがわれたのだ。結果論さ、と笑いたくば笑え。十四年前の十月九日、圧倒的な有利をうたわれていたメッツの天才投手ドワイト・グッデンから九回表に劇的な同点ホームランを放ってドジャースに世界王座への道を歩ませたのは、マイク・ソーシア捕手その人だったではないか。

ディファレント

サンディ・コーファックスからバリー・ジートまで

バリー・ジート
（1978～）

二〇〇二年のサイ・ヤング賞を受けたのは、ナ・リーグがダイヤモンドバックスのランディ・ジョンソン、ア・リーグがアスレティックスのバリー・ジートだった。天才ペドロ・マルティネスや完全試合男デレク・ロウを押しのけてのジートの受賞を意外に思った方もいらっしゃるだろうが、私にいわせればこれは膝を打ちたくなる大団円だった。

成績はもちろんすばらしい。23勝5敗で防御率が2・75、奪三振が182。防御率や奪三振数ではボストンの両右腕におよばないものの、ア・リーグで年間21勝以上をあげた投手は、八八年のフランク・ヴァイオーラ（24勝。当時ツインズ）以来なのだ。前年の終盤、11勝1敗という驚異的なペースでシーズンを締めくくったときのジートも「風雲児」の本格化を思わせたものだが、今季の彼は抜群の勝負強さ（チームが敗戦したあとに登板したときは13勝1敗）を発揮して野球好きをうならせたのである。

だが、ジートの魅力は数字を超えたところ、もしくは数字の手前にあるのではないか。その魅力をオーラとか気配とか呼んでしまうと、またかという声が聞こえてくるような気もしないではないが、この投手は他の野球選手とくらべるとどこかがちがう。父親がナット・キング・コール楽団の指揮者、母親が同楽団の歌手、叔父がかつて一世を風靡したソープオペラ『ダラス』で悪役JRの善良な弟を演じたパトリック・ダフィという家に育ったせいか、ジート本人も「芸能」の匂いを漂わせている。サーフィンやギターの腕前は玄人はだしのようだし、書物の一節に惹かれたときはそれをテープに吹き込み、就寝前に聴いて頭に刷り込んでから翌日の登板にそなえるという。が、なによりもすばらしいのはマウンド上の立ち姿に色気があることだ。緑色のストッキングをジャッキー・ロビンソン式に脛まで露出して長身の背中を軽く折り曲げ、きれいに弧を描く左腕から右打者の膝もとに大きく割れるカーヴを投げ込むときの彼には、つい「ディファレント」という形容詞をささげたくなる。

そんなとき私は、あとふたり「ディファレント」な投手を思い浮かべる。ふたりとは、サンディ・コーファックスとスティーヴ・カールトンのことだ。いうまでもないが、彼らは球史に名を刻んだ超絶的な左腕である。流星のように十二年間を駆け抜けたコーファックスは「全盛期の能力なら史上最高」と賛美され、四十四歳まで投げつづけたカールトンは史上二位にあたる通算4136個の三振（一位はノーラン・ライアンの5714個）を奪い、サイ・ヤング賞を四度も獲得した。新聞記事のでたらめぶりに腹を立てたカールトンが七八年から約八年間、メディアの前でひとことも口を利かなかったという逸話はあまりにも名高い。

コーファックスの「ディファレント」ぶりはいろいろな角度から語られている。ブルックリン・ドジャースに入団した彼が春季トレーニングに現れたとき、ニューヨーク・ポスト紙は《礼儀正しいがお高く止まっている》と評した。ニューヨーク・ワールド・テレグラム紙にいたっては《これはびっくり。コーファックスは本を読む！》という見出しを大きく掲げたくらいだった。なるほど、コーファックスは他の選手とちがっていた。『第三帝国の栄光と没落』を読み、クラシック音楽に耳を傾ける選手は例外中の例外というべきだろう。だが、見出しの背景には明らかな人種的偏見があった。

ご承知のとおり、コーファックスはユダヤ系の投手だ。「ユダヤ人といえば石部金吉か賢人。業突張りか学者」という紋切型の独断がまかりとおるなか、反ユダヤ主義に凝り固まっていた自動車王ヘンリー・フォードなどは「ユダヤ人はスポーツマンではない。もともと身体能力が低いのか、それとも無駄に身体を動かすのが嫌いなためか、あるいは心理的な欠落があるせいか」と公言してはばからなかったほどだ。かつてのハンク・グリーンバーグや最近のショーン・グリーンの獅子奮迅ぶりを見ればこの説に根拠がないことは明白だが、コーファックスはプロ入り早々、世間の一部から妙な因縁をつけられていたことになる。一九五五年といえば、人種差別がまだまだ露骨だった時代だ。

そんな悪意を、コーファックスは笑ってかわした。記者の取材には「ベストセラーも読むし、シナトラだって聴くさ」と答え、打者の挑発を受けても死球で応えるような真似には走らない。が、その芯は頑強だった。押しも押されもせぬエースと認められていた六五年の十月、彼は「ヤム・キパー（贖いの日。ユダヤ教の最も大事な祝日）に重なる」という理由でワールド・シリーズ第一戦の登板を拒否したのだ。日本人にはぴんとこないだろうが、ワールド・シリーズとヤム・キパーを対立させる発想は、アメリカ社会では相当に冒険的なものといってよい。が、このときもコーファックスは眼を吊り上げたりしなかった。「雨になるといいなあ」とか「ラビに相談しようかなあ」とか記者団に軽口を叩きながら、その実、肚はすっかり固めていたといわれる。結局、彼は第二戦（敗戦）、第五戦（完封）、第七戦（救援）と八面六臂の活躍を見せ、ドジャースを王者へとみちびいたのだった。

そんなコーファックスと入れ替わるように、「ディファレント」な投手がもうひとり出現する。一九六六年、「腕が丸太のように腫れ上がり、肘をまったく伸ばせなくなった」コーファックスが野球人生の絶頂期で引退を表明したとき、スティーヴ・カールトンはカーディナルスで二年目のシーズンを迎えていた。勝ち星はまだ三つ。だがその翌年、カールトンは生まれて初めての……そしてそれから十八年間もつづく二桁勝利の第一歩をしるしたのだ。

カールトンを大投手にしたのは、高速スライダーの開発にほかならない。彼は六八年からこの球の習得に乗り出し、早くも翌年、飛躍的な成果をあげる。まっすぐとほぼ変わらぬ速さで投げられた球が右打者の内角低目で鋭く変化すると、その威力は圧倒的だった。六九年の防御率は、前年の2・99から2・17に改善され、奪三振の数も162から210へと伸びる。九月十五日のメッツ戦では、ナ・リーグ新記録（当時）の19奪三振。ロン・スウォボダが放った二本のツーラン（残り2打席は2三振）で試合には敗れたものの、カールトンの名はたちまち世間に知れわたる。

サブカルチャー好きの体質をどこかで分け合っているせいか、カールトンの言動にはジートと共通する部分が多い。ひょろりとした若者だった彼は、フィリーズへトレードされた七〇年代の前半、そのころ投手には絶対のタブーとされていた筋肉トレーニングをとりいれ、二十四年間にわたる長期の現役生活を可能にする。同時に彼は、メンタル・トレーニングに力を入れるジートと同様、東洋哲学に傾倒して度外れの集中力を体得しようとした。米がぎっしり詰まった深さ九〇センチの樽に左腕を沈めては抜くというエクササイズで筋力を高め、金属製のボールを四六時中握りしめてグリップを強くする一方、クラブハウスでは長い長い瞑想。長らく女房役をつとめたティム・マッカーヴァー捕手は「内角いっぱいの線と外角いっぱいの線を、頭のなかでじっくり引いていたのだろう」と述べ、かつてフィリーズの名選手だったリッチー・アシュバーンは「象の大群がフィールドを通過しても、投げているときのカールトンはそれに気づかない」と笑った。

バリー・ジートは、コーファックスやカールトンの系譜に連なることができるだろうか。年間382個の三振を奪い、ノーヒッターを四回も達成したコーファックスの爆発力や、通算で5217イニングス3分の1という驚異的な回数を投げて329勝をあげたカールトンのタフネスぶりを思えば、二十四歳のジートはまだまだヒヨッ子かもしれない。が、この若者はオフビートな感性と鋭角的な知性に恵まれている。一過性のものとおぼしいニューエイジ的な趣味を脱却して骨太のユーモアを身につければ、彼にはきっと未来がある。すくなくともそのたたずまいの色っぽさと変化球の切れ味は、偉大な先行者を彷彿させるものではないか。

水源

ビリー・ウィリアムスは松井秀喜の原型か

松井秀喜のモデルが見えづらい。イチローが大リーグ入りしたときは、現役選手であれ過去の名選手であれ、彼の目標値や可能形がすぐさま頭に浮かんだのに、松井の場合はその像が見えてこない。理由は私なりにわかっている。走力や守備力はもちろん、その打撃術を見ても、イチローは「大リーグに置いてみたくなる」特殊な選手だった。ざっくばらんにいうなら、彼は渡米する前から「古きよきアメリカ野球」の匂いを漂わせていた。そう、タイ・カッブやトリス・スピーカーの時代には、イチローの原型を思わせる外野手が何人かいたではないか。

「スライディング・キャッチを考案した好守の右翼手」ハリー・フーパー。「タイ・カッブとのトレードが寸前で流れた実力者」エルマー・フリック。「腎臓病のために三十歳で夭折した駿足巧打の」ロス・ヤングス。さらには「四十四歳まで現役生活をつづけ、三千本安打まであと13本と迫った」サム・ライス。「飛ばないボールの時代」——ベーブ・ルースが野球を変える前の時代には、味のある才能がいくつも登場した。私は、そんな彼らにイチローの原型を見た。ひるがえっていうなら、イチローの出現は、球史の闇に埋もれかけていた彼らを発掘させる契機となった。イチロー自身はさほど意識しなかったろうが、彼は人々をアメリカ野球の水源へとみちびく役割を果たしたのだ。

松井秀喜の場合はどうだろうか。松井にはイチローほどの俊敏さや守備能力は備わっていない。コンタクト能力（バットにボールを当てる能力）にしても、イチローの上を行くとは思えない。が、彼のパワーはイチローを凌ぐ。アメリカの新聞や雑誌のとりあげかたを見ても《大砲》とか《爆撃機》とかいった表現が眼につく。ただ、ここから先がかゆいのだが、松井の能力やイメージを具体的に示唆したり予測したりした記事はほとんど見当たらない。ま、当然といえば当然の話だろう。パワーの平均値が日米間で大きく異なる以上、彼が日本で残したデータを全面的に平行移動するというのは暴挙にひとしい。しかも、日本産のパワーヒッターが大リーグに参加するのはこれが初めてのケースだ。機敏さが命のスポーツカーならともかく、トルク勝負のトラックをアメリカに輸出するとあれば、近似値や相似形をもとめる動きが慎重になるのは無理からぬことといってよい。

それでも具体的な名前はひとつだけあげられていた。スポーツ・イラストレイテッド誌の看板ライターとして知られるトム・ヴァードゥッチがマイク・グリーンウェルの名を引き合いに出したのだ。グリーンウェルは、松井と同じく右投げ左打ちの外野手だった。レッドソックスで十二年間働いて通算打率が3割3厘、通算本塁打数は130本。何年か前、鳴り物入りで阪神タイガースへやってきたときはかつての姿が信じられないほどだらしなく太っていたが（ご承知のとおりすぐに帰国してしまった）、一九九〇年前後の絶頂期を知る者から見れば、その能力はほぼ一流といっておかしくない。なにしろひところの彼は、テッド・ウィリアムス、カール・ヤストレムスキー、ジム・ライスとつづく「レッドソックス栄光のレフトフィールド」の系譜に連なる惑星とまで評価されていたのだ。

しかし、これではモデルとの距離が近すぎはしないか。イチローが出てきたときも、アメリカのメディアはケニー・ロフトンやジョニー・デイモン、あるいはシャノン・スチュワートといった駿足巧打の現役選手に双眼鏡の焦点を合わせつづけた。その結果、イチローの実像は見誤られた。それに対する補償作用も働いたのだろう、イチロー像の修正を余儀なくされたメディアは必要以上に大仰な賛辞を送るようになってしまった。自業自得とはいえ、こういう近視眼的な誤解はあまり胸躍るものではない。

で、松井のモデルである。いきなり味も素っ気もないことをいわせてもらうと、私は彼が、大方の予想に反して地味で渋い中距離打者として活躍するのではないかと踏んでいる。たとえば私は、六〇年代から七〇年代にかけてシカゴ・カブスで活躍したビリー・ウィリアムスという右投げ左打ちの外野手を思い出す。ミスター・カブスことアーニー・バンクスや通算２８４勝をあげたファーギー・ジェンキンスといった華やかな僚友の陰に隠れた感は否めないが、ウィリアムスはとても優れた外野手だった。大リーグ実働十八年。２４８８試合に出場して２７１１本の安打と４２６本の

ビリー・ウィリアムス（1938〜）

本塁打を放った長命ぶりはみごとといってよい。

ただ、ウィリアムスの運命はデビュー時から翳りを帯びていた。二十二歳の一九六一年、初めて定位置を獲得した彼は、2割7分8厘、25本塁打、86打点という成績でナ・リーグの新人王に輝く。しかし六一年といえば、ロジャー・マリスとミッキー・マントルが球史に残る本塁打王争いを演じた年だ。しかもマリスはこの年、ベーブ・ルースが一九二七年に記録した年間60本塁打の伝説的記録を三十四年ぶりに書き換えたのである。

こういう「事件」が起きると、ウィリアムスの影が霞むのはやむを得ない。それでも彼はめげなかった。この年を皮切りに十三年連続で二十本以上のホームランを打ち、六三年九月から七〇年九月にかけては1117試合連続出場を果たすのだ。それまでのナ・リーグ記録は、あのスタン・ミュージアルが残した895。ウィリアムスはこの記録を一九六九年に更新したのだが、じつはこのときも脚光を浴びそこなっている。

今度の理由はカブスの転落とメッツの急上昇である。六九年のカブスは、八月中旬までメッツに10ゲーム近い大差をつけてナ・リーグ東地区の首位を独走していた。ところがその差はじわじわと縮まり、九月十日にはついに逆転を許してしまうのだ。カブスは罵られ、ウィリアムスの記録は無視された。それまで万年最下位だったメッツが、その年のワールド・シリーズも制して「アメイジング」の賛辞をささげられたことは周知のとおりだ。

それでも、ここでへこたれなかったのがウィリアムスの偉いところである。翌七〇年、彼は自己最高の42本塁打と129打点を記録して骨のあるところを見せる。ただし、このときもタイトルにはあと一歩およばない。レッズの名捕手ジョニー・ベンチが二冠を制し、ウィリアムスはこの両部門で二位、打率部門でも四位に甘んじたのだ。結局ウィリアムスは、七二年に一度だけ首位打者のタイトルを獲得した。打率＝3割3分3厘（首位）、本塁打＝37本（三位）、打点＝122（二位）。残りの二冠とMVPの称号をふたたびベンチに譲ったあたりが、いかにも彼らしいところではないか。

こんな逸話を書き連ねていると、私は女子短距離界の「ブロンズ・コレクター」マーリン・オッティのことを思い出す。のびやかな肢体と図抜けた瞬発力にめぐまれながら、彼女はオリンピックや世界選手権の大舞台でなかなか勝てなかった。抜群の能力や技量が勲章に結びつかない例は、野球の世界にかぎったことではないのだ。しかし松井秀喜は、日本で数々のタイトルを獲得し、三度のMVPにも輝いている。そんな彼を「ほぼ無冠の帝王」ビリー・ウィリアムスになぞらえるのは意地悪ではないかと思う方もいるだろう。ただ、酷なことをいうようだが、イチローほど「特殊な打者」ではない松井が、いますぐ大リーグでのタイトル争いに加われるとは思えない。むしろ私は、ウィリアムスと松井が「善人」という共通項で結ばれていることに注目したい。長打の印象は派手かもしれないが、このふたりは「一歩引く」という気性も分かち合っているような気がする。くりかえしていうが、ウィリアムスは渋い名選手だった。松井の水源に彼がいるとしたら、それは名誉の一種と思ってさしつかえない。「私はエキサイティングな選手ではない」とつぶやきつつ、彼は八七年に殿堂入りを果たした。が、このときも影は忍び寄った。一年前の八六年、彼は必要得票数にわずか四票足りなかったために殿堂入りを逃しているのである。

水源（その二）

松井秀喜はジョニー・マイズになれるか

松井秀喜は「善人」で、「一歩引く」気性の持ち主ではないか。先月の私はこう考え、彼の水源に位置する大リーガーとしてビリー・ウィリアムスという存在に行き当たった。が、松井の特性をさらに探るなら、その近似値や相似形はウィリアムスひとりにとどまらなくなる。

話の経緯《ゆくたて》をはっきりさせるため、先月書いたことの一部を繰り返させてもらおう。私はイチローを見るたびに「日本でもアメリカでも特殊な打者」だと思う。《魔法使い》と呼ばれ、《バットをテニスラケットのようにあやつる》と驚嘆された彼の打撃術は、あれほどカラフルでヴァラエティに富んだアメリカ球界にあっても、ほとんど類例を見ないものといわねばなるまい。

対する松井については、いまのところ「日本では特殊だったが、アメリカではさほど特殊ではない打者」といわざるを得ない。「特殊」の源泉がパワーにある以上、これはどうしても否みがたい。おそらく本人も、この事実は承知しているはずだ。が、だからといって、松井秀喜がアメリカ野球の世界で無個性のまま埋もれていくと決めつけるのは早計にすぎる。腕っ節の強さはともかくとして、下半身の安定感やバットスピードの速さは、大リーグの一線級に伍してもまったく遜色ないものだからだ。

加えて、彼には「野趣」がある。意外に聞こえるかもしれないが、大リーグでも野趣を感じさせる選手の数は年々減少している。ベーブ・ルース、ジミー・フォックス、ハック・ウィルソンといった極めつきの怪物や野獣を持ち出すまでもない。その後に現れたハーモン・キルブルー、ラルフ・カイナー、ウィリー・マッコヴィーといった野人の系譜さえ、少し前に引退したホゼ・カンセコやマーク・マグワイアを最後に絶滅の危機に瀕しているといってよいだろう。現存する例外といえば、サミー・ソーサ、ミゲル・テハダ、ジェイソン・ジオンビぐらいのものだろうか。

こう書けば、反論の声はすぐに聞こえてくる。ではバリー・ボンズの本塁打記録はどうなる？アレックス・ロドリゲス（通称Aロッド）の進化はどう見る？という声だ。もちろん彼らは、現代を代表するパワーヒッターにちがいない。しかし私は、ボンズやAロッド、あるいは故障に悩まされる前のケン・グリフィー・ジュニアやショーン・グリーンといった長距離砲にもさほど「野趣」を感じることがない。彼らはモダンで、どこかハイテクの匂いを漂わせている。その飛距離は、野性よりも高度な科学によってもたらされた印象が強い。

私の思い描く松井像の原型は、古典的な野人型でもなければ現代的なテクノクラートでもない。では、だれか。そこで浮上するのがジョニー・マイズの名前である。

ジョニー・マイズは一九一三年に生まれ、三六年にカーディナルスで大リーグ生活の第一歩を記した。その後はジャイアンツとヤンキースでプレーし、五三年のシーズン、四十歳の年齢で引退している。四三年から四五年にかけては海軍に所属して太平洋戦線で戦っていたから、実働は十四年ということになる。

一試合3本塁打の固め打ちを六回も記録した右投げ左打ちの長距離砲。一八五センチ、九六キロの「静かな巨人」。柔らかな身のこなしで一塁を守り、「ビッグ・キャット」の綽名で呼ばれたこと。守備位置のちがいを除けば、マイズと松井のあいだには少なからぬ共通点がうかがわれる。

ただし、マイズの野球人生はけっして順風満帆ではなかった。最初の受難は下半身の故障である。マイズは一九三〇年にカーディナルスと契約を結び、マイナー・リーグで大器の片鱗を覗かせる。ライバル球団のレッズは、そんな彼に食指を伸ばし、五万五千ドルの好条件で買い取ることにした。ところが買い取られた直後、マイズは骨盤周囲の筋肉に激しい炎症を起こし、カーディナルスに返品されてしまうのだ。さいわい、運はマイズに味方した。一か八かで受けた手術が成功し、翌三六年、野球をあきらめかけていたマイズは、晴れて大リーグに昇格するのだ。

第二の災難は、GMブランチ・リッキーとの確執である。メジャー昇格後のマイズは、六年連続で打率三割以上を記録し、本塁打王二回、首位打者と打点王各一回の成績を残してカーディナルスに多大な貢献をする。となれば当然、契約更改の席が楽しみになる。ところが三九年、首位打者に輝いたマイズを前に、吝嗇で知られるリッキーは「本塁打数が変わっていない（三八年が27本で三九年が28本）じゃないか」といって昇給を拒むのだ。ナイーヴなマイズはこの返答に発奮し、翌四〇年、43本のホームランを打って更改の席に臨む。ところがまたも、狸親爺のリッキーは「打率が下がった（3割4分9厘から3割1分4厘へ）」ことを盾に減俸をちらつかせる。マイズは本塁打王と打点王を獲得しながら減俸されるというのは法外な話というほかない。マイズはトレードを志願し、リッキーはふたつ返事でそれに応じる。当時のリッキーには、選手をひとり売るたび移籍金の二五パーセントを懐に入れるという噂が立っていた。

かくてマイズはニューヨーク・ジャイアンツのユニフォームを着ることになる。しかし受難は消えてくれない。新しい本拠地のポロ・グラウンズが悪名高い変形球場だったからだ。左右両翼のポール際までは八十メートルほどしかないのに、左中間、センター、右中間はすべて百三十メートル以上。つまりこの球場は将棋の駒を逆さにしたというか、ホームプレートにそっくりの形状をしているのだ。これでは、よほどのプルヒッター（引っ張り専門の打者）でないかぎり適応はむずかしい。結果的には克服したものの、センター返しの打撃を得意としていたマイズは、ここでもなみなみならぬ苦労を余儀なくされることになったのである。

にもかかわらず、マイズはすばらしい数字を残した。十四年間で2011安打、359本塁打、1337打点。本塁打王四回、打点王三回、首位打者一回。これだけでも十分すぎるほどの実績だが、これに加えて、彼には三振が少ないという長所もあった。たとえば一九四七年、ジャイアンツ時代のマイズは、51本の本塁打を放ってタイトルを獲得しながら、わずか42個の三振しか喫していないのだ。大リーグ百三十年の歴史を振り返ってみても、「五十本以上の本塁打と五十個以下の三振」を同時に記録した選手はほかにいない。野球史研究家のA・W・レアードは、ルー・ゲーリッグ（鉄人）、ビル・テリー（ナ・リーグ最後の四割打者）、ジミー・フォックス（史上最強の二頭筋の持ち主）、ジョージ・シスラー（年間最多安打記録保持者）に次いで、マイズを《史上第五位の一塁手》と評価している。つまりマイズは、ハンク・グリーンバーグやハーモン・キルブルーやウィリー・マッコヴィーよりも上位にランクされているのだ。もしここにマーク・マグワイアの名が書き加えられたとしても、事情に大差はないだろう。

松井秀喜には、こういう選手になりうる素地があると思う。たしかにマイズは、少し後に登場したラルフ・カイナー（七年連続本塁打王）やスタン・ミュージアル（首位打者七回）にくらべて地味な印象を与えるかもしれない。が、ボルドーやブルゴーニュにくらべて地味な印象を与えるコート・デュ・ローヌやラングドックといった産地からすばらしいワインがつくりだされることがあるという事実も、忘れてはならないはずだ。ボンズやAロッドが、よりすぐりのカベルネ・ソーヴィニョンを主体にメルローやカベルネ・フランを巧みにブレンドし、さらにはハイテクさえ導入した高度な技術で仕上げられたボルドーの銘醸品だとしたら、松井秀喜には、野趣を感じさせるグルナッシュやカリニャンを使ったスパイシーなコート・デュ・ローヌのワインをめざしてもらいたい。いや、じつをいうと私にはもう少し欲がある。シラー種を主体にローヌ川流域の「焼けた斜面」から産出されるコート・ロティの逸品は、並みのボルドーなど逆立ちしても敵わない実力を秘めているのである。

野球と戦争

ジョー・ナクソールを知っていますか

《一年にはふたつの季節しかない。野球のある季節と野球のない季節だ》——だれがいったのだったかどうしても思い出せないが、少なくとも年に二度、この言葉は私の胸に沁みる。一度目はワールド・シリーズの終わる十月。二度目はスプリング・トレーニングのはじまる二月。

より胸に沁みるのは、やはり二月だ。身体に余熱を残す十月とちがって、二月の私はかなり冷え込んでいる。一九九七年のブルネッロも、二〇〇〇年のボルドーも、ほんとうはとてもすばらしい治療薬なのに、効き目が大して長つづきしないような気がする。バットがボールを弾き返す音。ミットがボールを受け止める音。見えない糸がつかのま見えるようなラインドライヴ。外野手の頭上はるかに弧を描く虹のアーチ。鼻腔の奥に貼りつく芝の匂い。見ているだけでも口をすすぎたくなってしまう砂ぼこり。なんだそんな記憶、なんだそんな幻、と負け惜しみをつぶやきつつ、私はそれらに飢えている。

この飢餓感が、今年はことのほか強い。年齢や体調のせいかと思ったが、どうやらそうでもないらしい。だとすると、残る理由はただひとつ。戦争だ。

戦争が起こると、スポーツは中断される。つねにそうなるとはかぎらないが、第二次世界大戦さなかのDデイ、すなわち一九四四年六月六日にはアメリカ国内のすべての試合が中止になった。ノルマンディ上陸作戦の成否やいかにと、アメリカ中が固唾を呑んでいたからにほかならない。

その四日後、アメリカ野球は奇妙な記録を歴史に刻んだ。大リーグ史上、最年少の選手がデビューを飾ったのだ。選手の名はジョー・ナクソール。年齢は十五歳と十カ月。所属する球団はシンシナティ・レッズ。レッズはこの日、セントルイス・カーディナルスに0対13という屈辱的なリードを許していた。が、極度の緊張状態でマウンドへ送られた少年投手は屈辱の上塗りをするだけだった。アウトふたつをとるあいだに5個の四球と2本の安打を献上したばかりか、ワイルドピッチまで記録して点差を18に広げてしまったからだ。

ナクソールは即日マイナー・リーグに送り返された。彼の姿を大リーグのマウンドでふたたび目撃するには、一九五二年を待たなければならない。そのときも彼は、まだ二十三歳の青年にすぎなかった。墜ちたイカルスとは異なり、史上最年少大リーガーは、屈辱の淵からゆっくりと立ち上がり、さらにゆっくりと時間をかけて技と気力を熟成させたのだ。ナクソールは、五五年と五六年の二度にわたってオールスター出場も果たしている。

が、私がここで述べたかったのは少年の墜落と再生の物語ではない。ナクソールはなぜ、大リーグのマウンドに登れたのか。理由は単純だ。第二次大戦中、戦場へ向かった大リーガーは五百人を超えた。テッド・ウイリアムス、ジョー・ディマジオ、スタン・ミュージアル、ボブ・フェラー、イーノス・スローター……のちに殿堂入りを果たす名選手たちも、ヨーロッパの辺境や太平洋の島々で戦線に加わった。サイパンに送られたスローターなどは、「おれたちが球場をつく

ジョー・ナクソール（1928〜）

って野球をしていると、崖の上から日本兵が見ていた。殺されるかもしれないというのに、すごく無防備に見ていたんだ」と胸が痛くなるような証言を残している。

　これだけの選手がキャリアを中断されてしまえば、いかに層の厚い大リーグといえども手薄にならざるを得ない。つまりナクソールの最年少デビューは、恵まれた天稟ゆえの抜擢ではなく、苦肉の策ともいうべき員数合わせの類いだったのだ。いいかえればナクソールは、やむをえず早産された赤子にひとしい。ひどい比喩に聞こえるだろうが、彼の達成に祝福の香りが伴わないのはこの事情が手伝っているからではないか。

　そう、筋の通った野球好きならば、ここではむしろ「失われた数年間」に思いを馳せるはずだ。たとえば「火の玉投手」ボブ・フェラーは、三年連続最多勝（合計76勝）と四年連続最多奪三振（合計1007個）を記録した直後の一九四二年から四四年までの三年間を棒に振っている。たかが三年とはいうなかれ。二十四歳から二十六歳にかけてといえば、能力の絶頂期といってよい。ちなみにフェラーは、戦争の終わった四五年の晩夏に球界へ復帰し、四六年から二年連続で最多勝、三年連続で最多奪三振を達成しているのだ。もしあの空白をとりもどすことができたとしたら、彼の通算勝利数（266）は優に三百を超えていただろうし、奪三振数（2581）も三千を大きく上回っていたにちがいない。

　空白を余儀なくされたのはフェラーひとりではない。ディマジオは二十八歳から三十歳までの働き盛りをフイにした。ミュージアルは二十四歳の丸一年を捨てた。テッド・ウィリアムスにいたっては、二十五歳から二十七歳までの全盛期を奪われたばかりか、三十代中盤の二年間も空軍パイロットとして朝鮮戦争に参戦し、九死に一生を得ている。本人の意思だったのだから仕方ないじゃないか、などとはいわないでもらいたい。われわれ野球好きは、市民ウィリアムス氏の決断にさほどの関心を払わないが、選手ウィリアムスの黄金時代が奪われたことに関しては過敏なまでに反応してしまうのだ。惜しいと感じ、もったいないとつぶやき、あの空白がなければとうめく。

できることなら、いまはこういう事態を避けてもらいたい。野茂英雄の通算百勝も、ロジャー・クレメンスの通算三百勝も、ラファエル・パルメイロやケン・グリフィー・ジュニアの通算五百号本塁打も目前に迫っているのだ。記録がすべてなどとは口が曲がってもいわぬにせよ、彼らのプレーが中断されてしまうのはあまりにも悔しいではないか。私は反戦運動家でも反米主義者でもないが、自分の大切に思っているものや稀有な才能が、戦争や社会的混乱ごときによって損われるのはやはり我慢ならない。

こう記しつつ、私は彼らに共通するひとつの事実に思い当たる。キャリアを考えれば偶然でもなんでもないのだが、いま挙げた選手は全員が一九六〇年代に生まれている。このなかで最年長のクレメンスは六二年に生まれ、最年少のグリフィー・ジュニアは六九年に生を享けた。さらに思うのは、クレメンスと同世代に属する引退した選手たちの存在だ。六〇年生まれのカル・リプケン・ジュニア、六二年生まれのダリル・ストロベリー、六三年生まれのマーク・マグワイア、六四年生まれのドワイト・グッデン。五〇年代生まれの少年たちがフットボールの花形をめざしたのとは対照的に（NFLは好戦的気分を追い風として六〇年代後半に急成長した）、彼らはみな、ヴェトナム戦争終結後の厭戦的気分の強い社会で少年時代を過ごした。つまりこの人たちは、「どんなに落ち込んでも太陽と野球があれば」という空気を深く吸い込んで育った世代なのだ。

彼らがフィールドから去っても、その遺伝子は残されるのだろうか。七〇年代に生まれ、金とハイテクの匂いにつつまれて育ったデレク・ジーターやアレックス・ロドリゲスやイチローやバリー・ジートは、野球の根源的特質ともいうべき継続性や復元力を身体で知っているのだろうか。知っている、と私は思いたい。そうでなければ「野球のある季節」の美しさを、われわれは理不尽にも奪われてしまうかもしれないではないか。

投手の年

一九六九年のボブ・ギブソンと二〇〇三年の若手群像

戦時下の大リーグが開幕した。なんとなく鬱々とした気分に変わりはないが、それでも野球がはじまるのはありがたい。芝の瑞々しさや選手の優雅な動きを見ているだけで「ああ綺麗だ」というつぶやきがひとりでに洩れてくる。楽しみはまだある。開幕時には今季の傾向を占うことができるのだ。どこが強いか、だれがタイトルを獲るか、という予測だけではない。私が興味をそそられるのは、今後どんな野球が展開されるかというテーマだ。

結論からいう。極端ではないにせよ、今季は「投手の年」になると思う。理由はいくつかあるが、過去十年間の主なできごとを列挙するだけでも十分だろう。意地悪を承知で、皮肉なサンプルを並べてみる。

一九九三年＝フロリダとコロラドに新球団増設。ナ・リーグの平均打率、前年より1分2厘も上がる。

一九九四年＝東西二地区制から三地区制へ編成が変わる。長期にわたるストライキ。ワールド・シリーズも中止。

一九九五年＝ストの余波で開幕が遅れる。野茂英雄デビュー。センセーションを巻き起こす。

インディアンスとロッキーズ、チーム年間本塁打数が二百を超える（九一年のタイガース以来）。

一九九六年＝オリオールズ（年間２５７本塁打）を筆頭に、ア・リーグで七球団、ナ・リーグで一球団が年間二百本塁打を超える。ア・リーグ全体の平均防御率五点台を記録。

一九九七年＝マリナーズ、年間２６４本塁打の大リーグ新記録を達成。

一九九八年＝マーク・マグワイアとサミー・ソーサ、球史に残る本塁打王争いをくりひろげる。マグワイアは70本。ソーサは66本。どちらも、これまでの単年記録（ロジャー・マリスの61本）を大きく塗り替える。アリゾナとタンパベイに新球団増設。ナ・リーグは十六球団、ア・リーグは十四球団に。

一九九九年＝マグワイアとソーサ、二年連続で六十号本塁打を記録。ナ・リーグの平均防御率も四・五点台に突入。二百本塁打以上の球団、両リーグ合わせて十に達する。

二〇〇〇年＝二百本塁打以上の球団、ナ・リーグだけで五つにのぼる。チーム防御率四点以下の球団、皆無となる。

二〇〇一年＝バリー・ボンズ、年間73本塁打の新記録を達成。イチロー、年間２４３安打。一九三一年以降では最多。

二〇〇二年＝バリー・ボンズ、年間１９８四死球の大リーグ記録を樹立。従来の記録はベーブ・ルースの１７０（一九二三年）。

もう十分だろう。「風が吹けば桶屋が儲かる」ではないが、四半世紀ぶりのリーグ・エクスパンションをきっかけに、この十年間は呆れ返るほど「打高投低」現象が加速された。桶屋理論のあらましを述べよう。エクスパンションによって二十六球団が二十八球団になると、投手のレベルが下がる（すぐれた投手の絶対数は限られているからだ）。するともちろん、打者が優位に立つ。しかもその翌年からは、長期ストのあおりで観客動員数が激減する。あわてた大リーグ機構は、無言のうちに打高投低現象を、それも本塁打の量産を奨励しはじめる。これがもっとも手っ取り早い観客動員作戦にほかならないからだ。ストライク・ゾーンが狭まったこと。左中間や右中間のふくらみが小さいネオ・レトロ系の球場がふえたこと。フェンスが低くされ、ファウル・テリトリーが狭くされたこと。筋肉トレーニングの技術が発達し、ステロイドが公然と使用されたこと。桶屋理論の地すべり現象といおうか、大リーグ全体の集合的無意識といおうか、打高投低の傾向に手を貸す要因はつぎからつぎへと登場した。

その結果、捕れるはずの球は捕れなくなり、一試合に三つか四つは、（ホームランであれファウルであれ）余分のボールが観客席に飛び込むようになった。わけてもインパクトが強かったのは、三十七年ぶりに年間本塁打記録が更新されたあの事件だろう。「ホームランの年」とまで呼ばれた一九九八年、マグワイアとソーサの本塁打王争いはほとんど社会現象となった。より遠くへ飛ぶ打球に球場は沸き、観客動員数も回復基調をたどる。だがその水面下で、大味な野球は少しずつ飽きられはじめてくる。

イチローがアメリカに渡ったのは、その直後のことだった。二〇〇一年、彼は新人最多安打記録を塗り替え、大リーグ最多安打記録（ジョージ・シスラーが一九二〇年に記録した257本）

にもあとわずかと迫った。が、そんなイチローの存在を霞ませてしまったのがボンズの本塁打記録更新だ。私は驚いた。三年前にマグワイアが打ち立てた70本という記録は当分のあいだ破られないと思っていたからだ。それがこんなに楽々と、しかも以前は中距離打者だった三十七歳の男の手で破られてしまうとは。同時に私は思った。これはもう材料の出尽くしだ、打撃のバブル現象は野球の楽しみを損ねてしまうぞ、と。

そんな気持の反映というわけではないだろうが、ここ数年、派手な打撃戦の水面下で、野球の傾向、わけても戦略の傾向は確実に変わってきた。もっと端的にいうなら、打高投低現象に血道を上げる観客やメディアの反応をよそに、勝敗を分けるもっとも重要な鍵を投手力が握る傾向がじわじわと高まってきたのだ。ワールド・シリーズを制した球団の年間防御率ランクを見てみよう。

二〇〇二年＝エンジェルス（リーグ一位タイ）
二〇〇一年＝ダイヤモンドバックス（リーグ二位）
二〇〇〇年＝ヤンキース（リーグ六位）
一九九九年＝ヤンキース（リーグ二位）
一九九八年＝ヤンキース（リーグ一位）

「ホームランの年」と呼ばれた一九九八年以降の五年間を見ると、五球団のうち四球団までがリーグ一位もしくは二位の防御率を記録している。ところが、九三年までさかのぼってみると、この条件を満たす球団は九五年のブレーヴスを加えるのみとなる。いいかえれば、この確率は、過去十年（九四年はワールド・シリーズ中止）では六七パーセントだったのに、過去五年に絞ると八〇パーセントに跳ね上がるのだ。投手力重視の戦略が水面下でひそかに進行してきたというのは、このあたりの事情を指す。

この傾向は、今季にも受け継がれると思う。いや、受け継がれるだけではなく、強まるのではないかと私はにらんでいる。が、だからといって、ランディ・ジョンソンやロジャー・クレメンスといったお約束のビッグネームを想像していただいては困る。私とてその偉大さを認めるにやぶさかではないものの、四十歳という年齢の壁に突き当たりつつある彼らに、新しい「投手の年」を担わせるのは酷というものだろう。ここはやはり、以前から私がひいきにしているアスレティックスの三本柱（二十七歳のティム・ハドソン、二十四歳のバリー・ジート、二十五歳のマーク・マルダー）をはじめとする新興勢力に注目してもらいたい。具体的にいうなら、アストロズのロイ・オズワルト（二十五歳）、ブルージェイズのロイ・ハラデイ（二十五歳）、ホワイトソックスのマーク・バーリー（二十四歳）、マリナーズのジョエル・ピニェイロ（二十四歳）、カブスのマーク・プライアー（二十二歳）といった面々がそれに相当する。

そういえば、マウンドの高さが一律に一五インチと定められたのは、いまからちょうど百年前にあたる一九〇三年のことだった。現在、その高さは「一〇インチ以下」と定められている。削られたのは一九六九年。目的は、極端な「投高打低」現象の回避。前年の六八年が、球史に残る「投手の年」（デニー・マクレインが31勝をあげ、ボブ・ギブソンは1・12という超絶的な防御率を記録した）だったことは付け加えるまでもないだろう。

悪球打ち

ベラもクレメンテもソリアーノもイチローも

腕で顔をこする。ヘルメットをかぶり直す。足もとの土をならす。打席の投手寄りに引かれた白い線を、バットの先でなぞる。打撃用グラヴの手首の部分を合わせ直す。合わせたベルトを掌底でぽんと叩く。スパイクについた土をバットで叩き落とす。バットをゆすりながら低く構える。ファウルを打つ。マジックテープを使ったグラヴのベルトをまた合わせ直す。

打席に立ったアルフォンゾ・ソリアーノは、ほんとうにせわしない。放し飼いにされた野生動物を見ているような気になることさえある。一八二センチ、八〇キロという公式発表よりもずっと細く見える身体。腕と脚がアンバランスなほど長く、バットスピードも速い。見ていると、白刃一閃だの、眼にも止まらぬ早業だの、剣豪小説の常套句がぽろりとこぼれそうになる。

ソリアーノはヤンキースの一番打者だ。ポジションは二塁手。メジャーに昇格して三年目。いまの好調な打撃を持続すれば、二塁手として史上初めてのフォーティ／フォーティ（四十本塁打と四十盗塁の年間同時達成）を実現する可能性はかなり高い。ア・リーグのMVP争いでも、カルロス・デルガドやアレックス・ロドリゲスと並んで先頭集団を形成している。

が、私がこの選手に惹かれる理由はほかにある。彼は稀代の悪球打ちなのだ。胸の高さはもとより、肩や眼の高さの球でも、内角に入ってくれれば、ソリアーノは迷わずバットを振り抜く。打球はレフトに舞い上がる。さすがに大半はファウルになるが、これがホームランになってしまうケースもときおりある。それだけではない。スパイクの紐をかすめそうな球を派手なゴルフスウィングですくいあげたり、顔がレフトを向いているのに打球がライトへ飛んでいったりすることもあるのだ。

ついこないだまで、悪球打ちの代表はブラディミール・ゲレロだった。いや、過去形で語るのはおかしいか。ゲレロはいまもターミネーターで、いまもスパイダーマンだ。球界一長い腕と、球界一速い手を駆使して、彼もまた悪球を難なく打ち返す。過去五年の平均打率は3割2分2厘で、平均本塁打数が39・4本。弱体球団エクスポズにありながら、現在もっとも三冠王に近い打者と見られているのも無理はない。そんな彼が十七歳でスカウトされたときは、ソフトボール選手のようなスウィングをしていたらしい。マイナー時代も、ストライク・ゾーンはあってないようなものだった。待つのが嫌いで、とにかくバットを振る。選球眼などという言葉は、彼の辞書にない。いまも、外角へ逃げる地面すれすれのスライダーを振り抜いて外野の二階席まで運ぶ。腕の付け根からバットの先端までが二メートル五〇ぐらいなければ、あんな芸当はできない。

ソリアーノもゲレロも、現代野球のトレンドからは外れている。現在、打者にもとめられているのは、忍耐に基づく高い出塁率だ。二十一世紀に入ってからストライク・ゾーンは広がった。打者はじっくり球を見て、相手投手にできるだけ球数を投げさせ、出塁率を高めるべし。アスレティックスはこの戦略で強くなったし、若手が主体のブルージェイズもあとにつづこうとしている。

もうひとつ、打撃術の王道ともいうべき位置を占めているのは好球必打の哲学だ。打撃の神様テッド・ウィリアムスは「待つだけ待って、スパッと打て」といった。八〇年代後半にデビューし、いまも第一線に立っているラファエル・パルメイロは「悪球打ちをして結果を残せる打者がひとにぎりしかいない以上、そっちにつく気はない」と述べている。まあ、正論にはちがいないだろうが、こうした発言はいまひとつ面白味に欠ける。ソリアーノやゲレロがこの正論に従うとも思えない。そういえば、今季からタイガースに移ってきたディミトリ・ヤングという名うての悪球打ちは、レッズ時代に三年運続で三割を打ったことがある。そんな彼に、GMのジム・バウデンが「打つ球をもっと選べば、三割四分は行くんじゃないか」とアドバイスをした。するとヤングは、「嫌です。球を待ちすぎると、攻撃性を失って二割八分に落ちてしまうから」と答えたそうだ。

悪球打ちの系譜は、いまにはじまったものではない。野球好きなら、まず反射的に、ヨギ・ベラやロベルト・クレメンテの名を思い浮かべるだろう。ふたりは対照的な体型をしていた。ベラはクレメンテよりも背が八センチ低く、体重が一〇キロ多かった。だがふたりは、そろって外角高目のとんでもないボールが大好きだった。通算三千本安打を達成したクレメンテは長い腕を思いきり伸ばして飛びつき、MVPを三度も獲得したベラはヘリコプター・スウィングと呼ばれた打ち方(説明は不要だろう)をトレードマークとした。「球が見えたら振れ。見えないときは見送れ。つぎはもう少しよく見えるから、そのときに振れ」というのは、いかにもベラらしい意見だ。この哲学は、七〇年代にパイレーツで活躍したマニー・サンギレンに受け継がれる。サンギ

ロベルト・クレメンテ（1934～1972）

レンは、ある日のカブス戦でワンバウンドの投球を二度打ち、二度ともインプレーの打球にした。しかもそのうちの一本は、左翼線を破る二塁打。打たれたのはのちに殿堂入りしたファーギー・ジェンキンスだから、サンギレンも笑いがとまらなかったことだろう。ちなみに彼が野球をはじめたのは二十二歳のときで、その前はボクシングと水泳に打ち込んでいたそうだ。「頭さえ動かさなければ、どんな球でもバットに当てられる」という発言は、変則パンチが得意だった輪島功一やナジーム・ハメドを彷彿させる。

それにしても、悪球打ちの選手にはヒスパニック系が多い。クレメンテはプエルトリコ、サンギレンはパナマ、ゲレロとソリアーノはともにドミニカの出身だ。彼らはおしなべて身体能力が高い。ブラジルのサッカー選手やキューバのバレーボール選手を見てもわかるように、彼らの動きは常識を超える。跳躍力や柔軟性は桁外れだし、眼と手の連動も非常にすぐれている。つまり彼らは、悪球を悪球と思わずに打っているふしがある。別の言い方をするなら、彼らのヒッティング・ゾーンは、審判が認めるストライク・ゾーンよりもかなり広い。もしくは、彼らのヒッティング・ゾーンは、ストライク・ゾーンと異なった領域に存在する。だとすれば、悪球振りと悪球打ちはおのずから別のものとなる。どんな球にでも食らいつくフリー・スウィンガーと、人の打てない球が打てるバッドボール・ヒッターとは似て非なるものなのだ。彼らの打率が高いことは、この事実によって証明される。

が、もしかするとこれは、悪球打ちを得意とする選手のメンタリティとも関係があるのではないか。先ほども触れたことだが、悪球打ちは現代野球のトレンドから外れた行為だ。もう少し大げさにいうなら、反時代的行為だ。つまりそこには、枠にとらわれぬ想像力が関与し、つむじ曲がりの体質がからんでくる。なによりも彼らは、自分たちが球界の異端であることを知っている。邪道とさえ呼ばれかねないことも自覚している。その一方で彼らは、自分たちがトニー・グウィンやカービー・パケットといった殿堂入り選手と同じ種族に属することを誇りに思っている。意外に聞こえるかもしれないが、二十世紀終盤を代表するふたりの安打製造機は、悪球打ちでも有名だったのだ。その種族は、少数だが不滅だ。「強く打つ本能」にめぐまれたノマー・ガルシアパーラや超絶技巧のイチローもふくめて、彼らには「もっとも危険な打者」の称号を手に入れる資格があるのではないか。視点を変えてみよう。悪球打ちの打者とは、投手の側から見れば「どこへ投げても打たれてしまう」打者の別名にほかならないのである。

打ちたがり

ロッコ・ボルデッリはどこへ向かう?

イチロー・スズキ＝71安打／16四死球／22三振
アルフォンゾ・ソリアーノ＝73安打／19四死球／50三振
カルロス・デルガド＝67安打／39四死球／46三振
アルバート・プーホルス＝66安打／20四死球／15三振
トッド・ヘルトン＝69安打／41四死球／26三振
ゲイリー・シェフィールド＝66安打／26四死球／16三振

前の三人はア・リーグの要注意打者である。うしろの三人はナ・リーグの危険な打者である。数字は五月三十一日までの累計だが、平たくいうなら彼ら六人は二〇〇三年シーズンの首位打者候補だ。が、ここにもうひとり、意外な選手を付け加えてみたい。

ロッコ・ボルデッリ＝73安打／9四死球／45三振

ボルデッリは二十一歳の新人である。所属は、年俸総額（ヤンキースの九分の一）も戦力（二年連続で百敗以上を記録している）も三十球団中最低のタンパベイ・デヴィルレイズ。ポジションは外野手。知名度は……一部の野球のファンを除いてあまり高くなかったが、ここへきて俄然有名になりつつある。二〇〇二年には、シングルAのベイカースフィールド、ダブルAのオーランド、トリプルAのダラムと三段跳びを果たして、ベースボール・アメリカ紙の「マイナーリーグ年間最優秀選手」に選ばれた。レベルの異なる三つの場所でプレーして3割3分1厘の打率と19本の本塁打を記録したのだから、選出は当然のことだろう。が、彼の才能を賞賛する前に、ある数字に注目していただきたい。「三振／四死球比率」である。

ボルデッリの三振数は、四死球数の5倍に達する。通常なら、これは思わずため息をつきたくなる数字だ。イチローが1・38倍、プーホルスが0・75倍、ヘルトンが0・63倍、「人間扇風機」と揶揄されるソリアーノでさえ2・63倍。それを思うと、5倍という数字は異様に高い。もっとも、この比率が高い打者はボルデッリひとりではない。ファン・ゴンザレスが5・2倍（10四死球／52三振）、アレックス・ロドリゲスが2・12倍（25四死球／53三振）、ジャック・ジョーンズが10倍（4四死球／40三振）といった具合に、名うての強打者もかなりの高率を残している。ただ、彼らの長所は概して「破壊力」である。であればわれわれは、一発屋アダム・ダンの2・54倍（26四死球／66三振）という数字や、ヤマ張り打者ホブ・ヘルナンデスの3・48倍（21四死球／73三振）という数字を見ても納得する。そもそもこのふたりの場合は、バットにボールを当てる能力に問題がある。

しかしボルデッリは、首位打者争いに顔を出している選手だ。四月には40本の安打を放ち、二年前にイチローがつくった「四月の新人最多安打記録」を更新した。ただし、ボルデッリは振る。

先ほどの数字を見てもわかるように、とにかくバットを振る。ある日の試合を例にとると、打席に5回立ち、投手が投げた18球のうち10球にバットを振り、安打を2本記録した。このときは初球こそすべて見逃したものの、2球目は5回のうち4回もスウィングしている。内訳は、安打2、凡打1、空振り1。要は早打ちである。こらえ性がない、忍耐心が足りないと非難されても仕方ないが、見方を変えればこれは積極的で攻撃的なバッティングというべきなのかもしれない。本人の弁を借りれば「リトル・リーグのころはかならず初球を打っていた。いまもじっくり待つのは苦手。好きな球が来たと思ったら、とりあえずは振る。選球を重視すると、考えすぎて自分の打撃ができなくなる気がする」ということになるのだが、その背景にはマイナー・リーグの投手とメジャー・リーグの投手の差があるのではないか。数少ない例外を除いて、マイナー・リーガーの投げる素直な球はベルトよりも上に来がちだ。こういう球は、遠くへ飛ばしやすい。一方、大リーガーの投げる球は低目に集められる。手もとで微妙に変化し、バットの芯を外すようにとやらしいコースをついてくる。二〇〇三年五月の松井秀喜を思い出していただければわかるだろうが、こういう球を投げつづけられると、打者は反射的に「とにかく打球を前に飛ばそう」とするものだ。それが内野ゴロになるかヒットになるか。結果を分けるのは、バットスピードとヒッティング・ゾーンの差だ。いまのところ、ボルデッリは松井よりもバットスピードが速く、強い打球を広角に打ち分けることができている。

もちろん、たった二カ月の成績でボルデッリを「未来の大器」と即断することはできない。ただ、弱体デヴィルレイズとしては初めて手にした金の卵である。オーナーのヴィンス・ナイモーリなどは、自分がボルデッリと同じイタリア系ということもあって舞い上がってしまったらしい。

神格化されているイタリア系野球選手の名を引き合いに出し、この新人に「ヤング・ディマジオ」の称号を授けたのだ。

なるほど、体型（一九〇センチ、八三キロ）を見て、守備位置（中堅手）を見て、背番号（5番）を見れば、彼はジョー・ディマジオを彷彿させるかもしれない。本塁から一塁までの九〇フィートをわずか三・八秒で駆け抜ける走力も、ディマジオに匹敵するものといってよい。が、ディマジオとボルデッリとでは、いまのところ「三振／四死球比率」がちがいすぎる。ディマジオは新人の年に206本の安打を放って（3割2分3厘）24個の四死球を選び、三振は39個しか喫しなかった（比率は1・63倍）。二年目になると、その比率は0・58倍という驚異的な水準に達する。十三年間の通算で見ても、その比率は0・47倍（790四死球／369三振）。これはもう、ボルデッリが三度生まれ変わっても実現できそうにない数字だろう。

だから……というわけでもないが、ボルデッリは「ディマジオの幻影」に惑わされる必要などないと思う。いや、だれよりも彼自身がそのことは承知しているはずだ。ボルデッリは「打ちたがり」である。打ちたがりは、得てして悪球打ちに走る。いまの選手でいうと、イチローやガルシアパーラやゲレロやソリアーノがこれに該当するが、ソリアーノを除く三人は三振の数がそう多くない。さらに野球史をさかのぼってみると、悪球打ちの強打者は、ヨギ・ベラ（十九年間通算＝704四死球／414三振）にせよトニー・グウィン（十九年間通算＝780四死球／425三振）にせよ、この比率が非常に低い。わずかな例外といえば、ロベルト・クレメンテ（十八年間通算＝621四死球／1230三振）とカービー・パケット（十二年間通算＝450四死球／965三振）くらいのものだろうか。さて、ここから先がきわどい。ファン・ゴンザレスやソリアーノほどの長打力に恵まれないボルデッリは、今後どんな道を歩むのだろうか。球をじっくり見て出塁率を上げる方向に進むのか。三振／四死球比率はこのままに、パワーをつけて長距離砲をめざすのか。昨年のソリアーノは、リーグ最多安打とリーグ第二位の三振数を同時に記録して、世間をぎょっとさせた。今季のボルデッリも、もしかするとこれに近い結果を残すかもしれない。最多安打と三振／四死球の最高比率を同時に実現するようなことでもあれば、これは椿事と呼ぶほかなくなるだろう。それともわれわれは、ソリアーノにつづく突然変異的な新種の出現に立ち会っているのだろうか。

遠くから

イチローが呼び出したG・シスラーとH・マナシュ

四月二十八日までに28本のヒットしか打てなかったときは私も首をかしげてしまったが、いまはもう、あのときのスランプが嘘のようだ。いや、もちろん嘘ではない。あれはまぎれもない事実だったし、開幕前のエキシビション・ゲームでいくら出来がよかったとしても、それをすんなりと公式戦に持ち込めないことぐらいは野球好きならだれだってわかっていたはずだ。ただ、不振の内容が悪すぎた。バットの芯で球をとらえられず、弱々しい内野ゴロに倒れることがいつになく多かったのだ。そうなると、周囲の対応も変わってくる。過去二年間、彼のバットと足に翻弄されつづけ、「魔法使い」と呼んで嘆息をつくしかなかった相手側の内野手が平然と前進守備の態勢をとり、「打った瞬間にゴロの飛んでくる方向がわかる」などと、見下した口を利きはじめたのだ。デビュー時から量産されていた内野安打は激減し、その一方で、野手の間を抜く強い打球はめったに見られなくなった。そうなれば、内野手はいよいよ安心して前進守備態勢をとることができる。なあに、抜かれてもたかだか塁をひとつ与えるだけのことじゃないか。そんな見くびりが守備側の表情に浮かぶのを見て、私は思った。この悪循環は、ちょっとつらいかもしれないぞ、と。

が、イチローは危機を克服した。五月の声を聞くと、別人のように打ちはじめた。しかも彼は、いままでになく「強い打球」を放つようになった。強くて速い打球は、前進守備の内野手にとって脅威だ。抜かれるのを恐れて、内野手は深めの守備位置をとる。すると当然、内野安打やバントヒットの数が多くなる。四月にイチローが味わった悪循環を、今度は守備側が味わっている。なるほど、天才の身を案じる必要などはなかった。結果論に聞こえるかもしれないが、これは万古不易の真理なのだ。彼らの苦境は放っておけばよろしい。つべこべいわずに静観していれば、天才はかならず脱出路や突破口を見つける。そもそも、その苦境や窮地とは、彼らがより高い水準をもとめる過程で、やむなく招き寄せてしまったものなのだ。イチローは、自身が味わった苦しさを、そっくりそのまま敵の野手にお返しした。

思えば今季の開幕前、イチローの打球は過去二年間にくらべて、あきらかに強くなっていた。いわゆる流し打ちや撫でるような打法が減り、バットコントロールの技術に頼ることなく「力で弾き返そう」とする意思がはっきりと見てとれたのだ。私は期待した。イチローは新たな段階をめざしている。技と知性のほかに、力という要素を加えようとしている。それも、パワーと英訳される力ではなく、ストレングス（強度）とでも訳されるべき力を。今季の彼は、六十二年ぶりの四割打者を視野に入れているのかもしれない。それとも狙っているのは、八十三年ぶりの年間最多安打記録の更新なのだろうか。

第一の期待は、四月の不振でとりあえずご破算になった。イチローの年間打数を680と仮定すると、四割を打つためには272本の安打が必要になる。大リーグの年間最多安打記録は、一九二〇年にジョージ・シスラーが達成した257本だ。それを15本も上回ることになれば大事件だし、七月五日までの84試合で360打数125安打というペースを見るかぎり、これはまず到達不可能といってよいだろう。

では、第二の期待はどうだろうか。正直な話、この更新も容易な業ではない。が、可能性は皆無ではない、と私は踏む。更新するには残り78試合で133本のヒットが必要となるわけだが、どこかで固め打ちを見せ、対抗馬ノマー・ガルシアパーラや大穴メルヴィン・モーラらと高水準の首位打者争いをつづけるならば実現不可能ではないはずだ。ただしそのためには、年間3割7分9厘以上の打率がもとめられる。一年分のスランプを四月で使い切ってしまったのなら不安はないのだが、ことはそんなにうまく運ぶだろうか。一年目も二年目も、イチローは夏の終わりごろから体力のおびただしい消耗に見舞われている。抜群の学習力に恵まれた彼が、この問題をどう乗り切るか。記録更新の可否はここにかかっているように思う。

もっとも、いまとりあげたふたつの数字は、実現されれば新聞の大見出しを飾るような性質のものだ。それよりも私は、いくらか渋めだけれど、イチローが「最初の三年間最多安打記録」を更新すると確信している。この記録の保持者は、一九二〇年代後半から三〇年代後半にかけて活躍したロイド・ウェイナーだ。ウェイナーは、新人の一九二七年、いきなり223本のヒット（純然たる新人としては史上最多。242本のイチローは日本でのプロ経験者だし、233本のシューレス・ジョー・ジャクソンは、新人資格こそ有していたものの、その前の三年間で30試合に出場している）を打って派手なデビューを飾る。その勢いは翌年以降もとまらず、二八年に221本、二九年に234本を打って三年通算で678本の安打を記録するのだ。シューレス・ジョーが656本、アル・シモンズが635本、ジョー・ディマジオが615本だから、ウェイナーの数字は飛び抜けているといわざるを得ない。これは、ピーク時の三年通算安打数記録（ジョージ・シスラーが一九二〇年から二二年にかけて打った719本や、ロジャース・ホーンズビーが同じ時期に打った703本）にくらべても遜色ないものといってよい。

ところがイチローは、デビュー後二年間で450安打を記録している。つまり彼は、今季229本以上のヒットを打てばウェイナーの記録を抜くことになる。これはあきらかに射程圏内だ。なにしろ彼は、新人の年に早くも242安打を放っているのだ。

この数字は、大リーグ史上第九位に当たる。ただし、年間安打数の上位十一人（シスラーが二度顔を出し、十位がふたりいるのだ）を見ると、イチロー以外の記録はすべて、一九三〇年以前に達成されている。最も古いのが一九一一年のタイ・カップ（248本）で、最も新しいのが一九三〇年のビル・テリー（254本）、チャック・クライン（250本）、ベーブ・ハーマン（241本）の三人。こう書けばお察しのとおり、二〇〇一年のイチローは、「ベーブ・ルース以前の野球」や「ルースと同時代の好打者」を人々の脳裡に呼び戻す役割を果たしたのだ。全米野球記者協会が日本から来た新人をMVPに選出したのは、数字もさることながら「観客に過去と交信させた功績」を評価したからにちがいない。

これは、他に替えがたいイチローの魅力だ。彼は、スタッツ（統計）やイメージを通じて過去の大選手と交信させてくれる。数字は数字を呼び、記録は記録と響き合い、特性は特性とこだまする。しかも、これには先がある。記録によって呼び出された過去の選手たちは、そのキャラクターゆえに、記録以外の部分でひょんな楽しさをわれわれに贈ってくれるのだ。たとえば私は、一九二八年に２４１安打（あと１本で七十三年後のイチローと並ぶところだった）を記録したハイニー・マナシュという外野手の逸話を反射的に思い出す。自他ともに認める「カップの愛弟子」マナシュは、タイガースやブラウンズを経てセネタースで活躍した。駿足巧打の左投げ左打ち。バットを短くもって鋭いラインドライヴを放ち、二塁打や三塁打を量産する――これが数字から見た彼の基本的なイメージといってよい。ところがマナシュは、三十二歳になってようやく出場したワールド・シリーズで一塁塁審チャーリー・モーランの判定に文句をつけ、球史に残る退場処分を受けてしまうのだ。といっても、暴言を吐いたり審判を小突いたりしたわけではない。マナシュは、モーランが締めていた蝶タイをつまんでぐいとひっぱり、ゴムバンドが伸び切ったところで手を放したのだ。パチン！　退場！　馬鹿だねえ、まったく。それでも彼はリーグ最多安打を二回も記録し（首位打者は一回）、のちにしっかりと殿堂入りを果たしている。

三冠とニアミス

あと一歩だったアルバート・プーホルス

下半身がサミー・ソーサで、上半身がホゼ・カンセコ。いいかえれば、太い幹が大地にがっしりと根を張り、それに劣らぬ立派な枝がぶるんぶるんと唸りをあげて回転している。それだけではない。重い音を立てて弾き返された打球は、センターを中心に左中間、右中間のいちばん深いところへたくましい弧を描いて飛んでいく。フライともラインドライヴともつかない不思議な打球。そんな打球を飛ばせるのは、彼が球を待てるからだ。タメをつくり、球を引きつけて、球の内側からバットを出すという基本。この基本を守れるのは、手の動きが速く、バットコントロールがすぐれているからだ。だからこそ彼は、センターを中心に力強い本塁打を打つことができる。ひっぱった打球よりも反対方向に飛んだ打球が強くなる打者など、そうそういるものではない。アルバート・プーホルス（カーディナルス）はそんな打者だ。オールスター戦の前日に行なわれたホームラン競争を見た方なら、私の意見にすぐさまうなずいてくださるにちがいない。

そのプーホルスが、三冠王達成という難事業を射程にとらえている。八月五日までの打率が3割7分3厘、本塁打が30本、打点が99。本塁打はバリー・ボンズに、打点はプレストン・ウィルソンにやや後れをとっているものの、首位打者はまず堅いだろうし、他の二分野でも三位以内の好位置は外していないのだ。

周知のとおり、アメリカ野球の三冠王は一九六七年のカール・ヤストレムスキー（レッドソックス）を最後にぴたりと途絶えている。プーホルスの属するナ・リーグに限定するなら、一九三七年のジョー・メドウィック（カーディナルス）以来、だれひとり達成していない。長い不在だ。長い長い空白だ。三冠王という種族は、もはや絶滅に瀕しているのだろうか。

二冠達成者ならば、もちろん大勢いる。ごく最近では、二〇〇二年のアレックス・ロドリゲス（レインジャーズ）が本塁打と打点の両部門でタイトルを獲得した。二〇〇〇年のトッド・ヘルトン（ロッキーズ）は首位打者と打点王の二冠に輝いた。一九九九年には、あのマーク・マグワイア（カーディナルス）がやはり本塁打と打点の二冠を手にした。そう、この二冠王ならまだまだいる。九七年のケン・グリフィー（マリナーズ）、九六年のアンドレス・ガララーガ（ロッキーズ）、九五年のダンテ・ビシェット（ロッキーズ）、九三年のバリー・ボンズ（ジャイアンツ）、九一年と九〇年のセシル・フィルダー（タイガース）、八九年のケヴィン・ミッチェル（ジャイアンツ）、八八年のホゼ・カンセコ（アスレティックス）、八七年のアンドレ・ドーソン（カブス）……。が、このなかで「ニアミス」という呼び名に値する選手はだれひとりいない。強いていうなら、九五年のビシェット（首位打者のグウィンに2分8厘差）と九三年のボンズ（首位打者のガララーガに3分4厘差）がかろうじてその資格を満たしている程度で、他の二冠王はいずれも打率がまったく届いていない。

最大の理由は、トニー・グウィンやウェイド・ボッグスという安打製造機が同時代に活躍していたことだ。その背後には、球団数の増加という要因も隠れている。球団数が増えれば競争相手が増え、それぞれの分野でエキスパート的な技量を発揮する選手も増えるからだ。最近では珍しく打率と打点の二冠を手中にしたヘルトンにしても、その年の本塁打数は一位のサミー・ソーサに8本もの差をつけられていた。これまたやはり、ニアミスと呼ぶのはくすぐったい。六八年以降、三冠にもっとも接近したのは七八年のジム・ライス（レッドソックス）だろうか。この年のライスは、あと1分9厘だけ打率が高ければ、ロッド・カルーを抜いて約十年ぶりの三冠王を獲得するところだった。

ア・リーグが誕生した一九〇一年以来、三冠王は十三回しか生まれていない。達成した選手は十一人。数が合わないのは、二度達成した大打者が二人いるからだ。ロジャース・ホーンズビー（カーディナルス）は、一九二二年と二五年に、テッド・ウィリアムス（レッドソックス）は四二年と四七年にこの偉業を果たした。ふたりに共通するのは野球に対する「完全主義」だった。いいかえれば、彼らは神話的存在となりうる要素をたっぷり備えていた。完璧なスウィング、厳密な選球眼、圧倒的な練習量、さらには信じがたいほどの継続性。スポーツライターのジョー・ウィリアムスは《安定と継続が宝石の名に値するなら、彼は真珠のロープだ》とホーンズビーを評した。作家のジョン・アップダイクは《私にとってのウィリアムスとは、暑い八月の平日、客もまばらな球場で紙一重の巧拙のみを賭けて戦う古典的な野球選手である》と書いた。ホーンズビーは六年連続で首位打者になった。ウィリアムスは首位打者を六回、本塁打王と打点王を各四回獲得した。一方彼らは、狷介不羈な性格でも知られていた。ホーンズビーは金の亡者だった。カーディナルスを去ってジャイアンツへ移った際は、以前から保有していた球団の株を買い値の倍以上の値段で引き取らせた。ウィリアムスは記者や観客と摩擦をくりかえした。最後の四割打者になりながらMVPになれなかったのは記者との確執が原因だったし、引退試合で本塁打を放ったときも客に向かって帽子のひさしに手をかけようとしなかった。

そんな彼らも、それぞれ一度ずつ苦汁を嘗めさせられている。一九二一年、ホーンズビーは二冠を手に入れながら、わずか2本の差で本塁打王をジョージ・ケリー（ジャイアンツ）に譲った。ウィリアムスにいたっては一九四九年、たった2毛の差で首位打者をジョージ・ケル（タイガース）に奪われている（もちろん二冠）。この年のレッドソックスは、あと1勝が足りずに最後の最後でリーグ優勝を逸した。つまりウィリアムスは、踏んだり蹴ったりの終幕を迎えたことになる。

歴史的なニアミスはほかにもある。ウィリアムスが三度目の三冠を逃した前年、スタン・ミュージアル（カーディナルス）は打率と打点で大きく他を圧しながら、あと1本ホームランが足りなかったばかりに三冠を逃した。さらに一九五三年、インディアンスのアル・ローゼンは、本塁打と打点の二冠を得ながら、わずか1厘差でミッキー・ヴァーノンに首位打者を奪われている。が、もっと悔しい思いをしたのは三二年のジミー・フォックス（アスレティックス）ではなかったか。「人類史上最強の二頭筋をもつ」と恐れられたこの強打者は、58本塁打、169打点の圧倒的な成績で二冠を獲得したにもかかわらず、3厘差で首位打者を逃して三冠の夢を絶たれているのだ。ただし、このときの相手がひっかかる。3割6分7厘の打率こそ立派だったものの、この年の首位打者デイル・アレクサンダーとは、あまりの拙守ゆえに五年間しか大リーグに在籍できなかった選手なのだ。しかも彼はこの年のシーズン序盤、タイガースからレッドソックスへトレードされている。同じ年に複数の球団に在籍して首位打者をとったのは、このアレクサンダーが第一号だった。もっともフォックスは、翌三三年、圧倒的な大差で三冠王に輝き、溜飲を下げたようだ。

それにひきかえ、なんとも不運というか、この栄光に縁がなかったのは、天才ベーブ・ルースにほかならない。ルースは本塁打王を十二回、打点王を六回も獲得しながら、首位打者には一度しかなれず、二冠を七回も経験した。こう書けばわかるように、彼のネックは打率だった。3割4分2厘という通算打率は堂々たるものだが、ルースの全盛期だった一九二〇年代には安打製造機が続出した。タイ・カッブこそピークを過ぎていたものの、ジョージ・シスラー、ハリー・ハイルマンといった四割打者がつぎつぎと出現し、彼の行く手を阻んだのだ。結局、ルースは三度のニアミスを体験した。二三年がハイルマンと1分差の打率二位。二四年がグース・ゴスリンと8点差の打点二位。そして二六年がハイニー・マナシュと6厘差の打率二位。これを思えば、二十三歳のプーホルスが慌てることはない。たとえ今季はニアミスに終わっても、彼はひたひたと怪物の域に近づいているからだ。

邪道も楽し

野球ワールドカップを夢想する

奇数の年には、スポーツの世界選手権が集中的に開催される。二〇〇三年でいえば、水泳、体操、陸上競技、柔道など、規模の大きな選手権が目白押しだ。当然だろう。オリンピックやサッカーのワールドカップといったビッグイヴェントの谷間に当たる年は、個々のスポーツの世界選手権を開くのにうってつけだ。客はすぐれた選手たちの（そして異民族や異人種の）競争に飢えているし、選手の側もこの時期に頂点を競い合えるのはありがたいにちがいない。四年に一度しかないオリンピックで、一発勝負にすべてを賭けるというのはやはり不条理というべきだろう。

となると、昨今賑やかになってきた「野球にもワールドカップを」という声は、どのように受け止めればよいのだろうか。ご承知のように、地球規模で見るなら野球はけっしてメジャーなスポーツではない。オリンピックの正式種目に採用されてからはまだ日が浅いし、二〇〇四年のアテネ五輪では、ヨーロッパでの不人気を理由に正式種目から外されそうになった。実際、周囲をぐるりと見渡しても、プロ野球のリーグが存在する国や地域の数はそんなに多くない。北中米、東アジア、カリブ海諸国……といったところが精々で、ＦＩＦＡの加盟国が国連の加盟国よりも多いと胸を張るサッカーとは、その辺の事情が大きく異なるといわなければならない。

それでもこの問題がリアリティをもつのは、アメリカ大リーグに外国籍の選手がずいぶん増えたからだ。今季開幕時のロースターを見ると、米国以外の出身者は全体の二八パーセントに当たる二百三十人にものぼる。なかには、ヴェトナムやドイツのように「一名のみ」というケースもふくまれるのだが、ドミニカ共和国（七十九人）やプエルトリコ（三十八人）やベネズエラ（三十七人）のように、複数のチームを編成できそうな国さえちらほらと見受けられるのだ。

数や量だけではない。トップクラスに眼を移すと、これはもう外国籍選手のオンパレードだ。たとえば、二〇〇二年のア・リーグ首位打者はドミニカ出身のマニー・ラミレスだった。最多得点と最多安打と最多盗塁を記録したのは、やはりドミニカ出身のアルフォンゾ・ソリアーノで、安打数二位には日本のイチロー、打点二位にはベネズエラのマグリオ・オルドニエスがつづく。このほかにも、ヤンキースの抑え投手マリアーノ・リベラ（パナマ）、アスレティックスの大砲エルビエル・デュラーゾ（メキシコ）、ドジャースの抑え投手エリック・ガニエ（カナダ）、カーディナルスの名遊撃手エドガー・レンテリーア（コロンビア）など、オールスター級の選手は枚挙にいとまがない。気の早い話だが、もし仮に野球のワールドカップが実現したとして、アメリカ（やはり本命はここになる）の対抗馬と見られる二強のラインナップを空想してみようか。


【ドミニカ】

4　アルフォンゾ・ソリアーノ（ヤンキース）
6　ミゲル・テハダ（アスレティックス）

7 アルバート・プーホルス（カーディナルス）
DH マニー・ラミレス（レッドソックス）
9 サミー・ソーサ（カブス）
8 ブラディミール・ゲレロ（エクスポズ）
5 アラミス・ラミレス（カブス）
3 カルロス・ペーニャ（タイガース）
2 ミゲル・オリーボ（ホワイトソックス）
先発 ペドロ・マルティネス（レッドソックス）
抑え ホゼ・ヒメネス（ロッキーズ）

【プエルトリコ】

8 カルロス・ベルトラン（ロイヤルズ）
4 ホゼ・ビードロ（エクスポズ）
3 カルロス・デルガド（ブルージェイズ）
5 マイク・ローウェル（マーリンズ）
9 フアン・ゴンザレス（レインジャーズ）
7 バーニー・ウィリアムス（ヤンキース）
DH ホルヘ・ポサダ（ヤンキース）
2 イバン・ロドリゲス（マーリンズ）

6 ホゼ・バレンティン（ホワイトソックス）
先発 ジョエル・ピニェイロ（マリナーズ）
抑え J・C・ロメロ（ツインズ）

なんだか中学生の野球ノートのようになってしまったが、このカラフルな顔ぶれはなんとも楽しい。ただ、両チームに共通する課題は投手力だ。ドミニカにはペドロという超絶的なエースがいるが、それにつづくバートロ・コロン（ホワイトソックス）やオダリス・ペレス（ドジャース）やミゲル・バティスタ（ダイヤモンドバックス）となると、やはりやや弱い。プエルトリコの場合はもっと層が薄く、ピニェイロの次となるとハビア・バスケス（エクスポズ）の名が浮かぶくらいで、短期のリーグ戦や五本勝負のプレーオフなどにはとても耐えられそうにない。アメリカの本命がゆるがないというのは、投手陣が圧倒的に強力だからだ。高齢のランディ・ジョンソンやグレッグ・マダックスは間に合わないにしても、バリー・ジートとティム・ハドソンのアスレティックス・コンビ、マーク・プライアーとケリー・ウッドのカブス・コンビ、さらにはロイ・オズワルト（アストロズ）やジェイソン・シュミット（ジャイアンツ）など、お釣りが来そうな分厚さには、他人事ながらため息が出てしまう。

それにしても、もし実際にこの大会が開催されるとしたら、どんな形態をとるのだろうか。日本の高校野球などといった数少ない例外はあるものの、この競技には本来ノックアウト方式が似合わない。野球の基本は、年間百六十試合を超える長丁場での戦いだ。紙一重の差でしつこく勝ち負けをくりかえし、その積み重ねによって地力や総合力の差を競い合う――野球のレギュラー・シーズンとは、この条件を満たすのにぴったりの器ではないか。そのためには、年間を通して戦える体力と気力、さらには、個人の能力が間に合わない部分を補う厚い選手層がもとめられる。

ところが、カップ戦となるとそうはいかない。まず、開催期間はおそらく大リーグ開幕前の一カ月程度になるはずだ（シーズン中は球団が首を縦に振らないし、オフシーズンは選手が嫌がる）。参加国は、環太平洋の十二ヵ国ぐらいが妥当だろう。開催場所は、球場がそろったアメリカ以外に考えられない。その時期の気候と施設を勘案するなら、フロリダ、アリゾナ、カリフォルニアの三州。どの州も大リーグの春季トレーニングを迎えた経験があるし、巨大なメジャーの球場のほか、マイナー・リーグの水準とはいえ、収容人員が一万を超える球場がごろごろ転がっている。

最後にして最大の問題は、予選リーグ＋決勝リーグの形をとるか、予選リーグ＋決勝トーナメントの形をとるか、だ。参加国の分け方にもよるが、私としては十二ヵ国を三つのブロックに分け（予選リーグでも各国が複数の試合を行なう）、各ブロックの最高勝率チームをふたたびリーグ戦形式でぶつからせてみたい。期間の制限があるだけに試合数はそう増やせないだろうが、勝敗の帰趨を握るのはやはり投手力ということになる。そうなると、野茂英雄、松坂大輔、川上憲伸、斉藤和巳、石井一久、井川慶と投手陣に粒のそろった日本チームも黒馬的存在に浮上する。打撃のほうも、小笠原道大、高橋由伸、松中信彦、城島健司など、日本人大リーガー以外にも魅力的な選手はけっして少なくない。やれやれ、邪道とは知りつつ、私もすっかり妄想をふくらませてしまった。このつづきはまたいずれ。

シカゴびいき

リグレー・フィールドの北風と太陽

シカゴの市内電車は、地面に潜ったり地上に出たりをくりかえす。潜れば地下鉄になる。地上に出ればLと呼ばれる。いうまでもないだろうが、Lとは「エレヴェイテッド・レイルロード（高架鉄道）」の略称である。

レッドラインのアディソン駅は高架になっている。狭いプラットフォームに立って眼を西へ向けると、低いビルの隙間からわずかに球場が覗く。リグレー・フィールドだ。一九一四年に建造された、大リーグで二番目に古い球場。シカゴ・カブスの本拠地。煉瓦づくりのバックストップ。ツタの密生した外野フェンス。一部が手動式のスコアボード。テレビで見ていても十分に魅力的だが、実際に足を運んでみると、その美しさにはやはり胸がときめく。よく晴れた夏の午後、手入れのよい芝の一本一本が際立つほど明るい陽光のもとでくりひろげられる野球の試合。運よくそんなゲームに立ち会うことができたら、「昼は青空、夜は星空」などというフレーズが思わず口をついて出てくるかもしれない。

そのリグレーが、今年は沸いている。この原稿が活字になるころには結果もすべて出ているだろうが、公式戦終盤からナ・リーグのディヴィジョン・シリーズ（NLDS）にかけて、「万年意気地なし」のカブスが、舌を巻くような奮戦ぶりを見せているからだ。なかでもシカゴ市民が昂奮したのは、NLDSの第三戦、対ブレーヴス戦に勝利した瞬間だろう。一勝一敗のタイで迎えたこの試合、カブスは二十三歳のマーク・プライアーをリグレーのマウンドに送った。ブレーヴスの先発は三十七歳の大投手グレッグ・マダックス。今季のマダックスは序盤こそ不調にあえいだものの、レギュラー・シーズンの幕が閉じるころには十六年連続で十五勝以上をあげるという歴史的快挙をなしとげていた。しかも彼は、八六年から九二年までカブスのエースだった。自身初めての二十勝達成と、サイ・ヤング賞の初受賞は、どちらも九二年に獲得した栄光にほかならない。そのマダックスをブレーヴスに奪われた事件は、カブス史上もっとも愚かな失政のひとつに数えられている。

そんな大投手を向こうにまわして、去年6勝、今年18勝と飛躍的に成長した大リーグ二年目の若武者は堂々と投げ勝ってみせた。終わってみれば被安打2、失点1の完投勝利。第四戦こそ落として二勝二敗のタイに追いつかれたものの、敵地アトランタでの最終戦を制したカブスは、NLCS（ナ・リーグ優勝決定戦）への進出を果たしたのだ。そういえば、カブスが本拠地リグレーでポストシーズン・ゲームに勝ったのは、一九八九年十月五日以来、じつに十四年ぶりのことになる。

いや、これくらいのことで驚いてはいけない。ワールド・シリーズであれ、ナ・リーグのチャンピオンシップ・シリーズであれ、ディヴィジョン・シリーズであれ、およそ「シリーズ」と名のつくポストシーズンの戦いをカブスが制したのは、一九〇八年以来、なんと九十五年ぶりの大事件なのだ。
一九〇八年のカブスは強かった。ジョー・ティンカー（遊撃手）、ジョニー・エヴァース（二塁手）、フランク・チャンス（一塁手）の併殺トリオ。「スリーフィンガー」の異名をとったエースのモーデカイ・ブラウン。四年間で123勝をあげて華々しく散っていったジャック・フィースター。伝説的な名選手を何人もかかえたカブスは、一九〇六年から三年連続でナ・リーグを制し、〇七年と〇八年には、タイ・カッブのいたタイガースを連破して二年連続のワールド・チャンピオンに輝いているのだ。そんな常勝球団が、このあと長い長い暗黒時代に突入してしまうとは、いったいだれが予想しただろうか。

一九一〇年＝ワールド・シリーズ敗北。
一九一八年＝ワールド・シリーズ敗北。
一九二九年＝ワールド・シリーズ敗北。
一九三二年＝ワールド・シリーズ敗北。
一九三五年＝ワールド・シリーズ敗北。
一九三八年＝ワールド・シリーズ敗北。
一九四五年＝ワールド・シリーズ敗北。
一九八四年＝ＮＬＣＳ敗北。
一九八九年＝ＮＬＣＳ敗北。
一九九八年＝ＮＬＤＳ敗北。

列記してみると、あらためて感心する。よくぞここまで負けつづけたものだ。「バンビーノの呪い」を受けているレッドソックス（バンビーノ＝ベーブ・ルースをヤンキースに売った翌年の一九一九年以降、ワールド・シリーズに勝てない）や、「ブラックソックス事件」に崇られているホワイトソックス（一九一九年、ワールド・シリーズで八百長事件を起こして以来、やはり一度もシリーズを制することができない）にしても、ここまで長いトンネルは経験していない。わけても、第二次大戦後は悲惨だ。四六年から現在までの五十七年間で勝ち越した年がわずかに十五回。これにはきっと超自然的な理由があるにちがいない——カブス・ファンがそう考えたとしても、べつに不思議ではない。そしてどうやら、彼らが思い当たったのは「ビリー・ゴートの呪い」だったらしい。

一九四五年、シカゴで酒場をいとなむウィリアム・シアニス（通称ビリー）は、カブス久々のワールド・シリーズ進出を祝って球場に足を運んだ。が、ちょっと奇妙なのは、ビリーがペットの山羊を連れていったことだ。冷淡というべきか当然というべきか（当然だと私は思う）、球場側は山羊の入場を拒否した。ビリーは怒った。怒り狂って呪いをかけた。シリーズ序盤を二勝一敗とリードしていたカブスは、第四戦と第五戦に連敗し、第七戦も落としてタイガースの軍門に降った。以後、ワールド・シリーズ制覇はもとより、ワールド・シリーズ進出は、カブスの見果てぬ夢となって現在に至る。

カブスのファンはこんな境遇に歯ぎしりをつづけた。歯ぎしりに疲れて、自虐という名の陰気な楽しみにさえふけるようになった。「リグレーは青空酒場だ」と虚勢を張り、「ひなたぼっこをして、そよ風に頬をなでられて、タンクトップのおねえちゃんまで見られるのだからいいじゃないか」と負け惜しみをつぶやきはじめたのだ。球団側や選手たちも、そんな情けない状況を後押しするような愚行に走りつづけた。

マダックス売却事件と並んで語り草になっているのは、一九六四年、入団四年目の天才ルー・ブロックをカーディナルスの投手アーニー・ブローリオと交換したことだ。盛りを過ぎていたブローリオは、シカゴに二年半在籍して7勝をあげたにとどまった。一方のブロックは、セントルイスで八度の盗塁王に輝き、のちには殿堂入りを果たす選手にまで成長した。

選手の愚行を象徴するのは、なんといってもジョー・ペピトーンのボーンヘッドだろう。そう、ヤンキース在籍時代は球場よりもナイトクラブで活躍し、日本のスワローズへ流れてきてからも奇行の数々でファンをあきれさせたあの「カツラ男」ペピトーンだ。ある日の試合で一塁に出た彼は、一塁コーチがウィンクを送ってくるのを見た。じつをいうと、これはヒットエンドランのサインだったのだが、塁上でカツラの修整に気をとられていたペピトーンはなにも考えなかった。コーチにウィンクを返し、投げキスのおまけまでつけた彼は、そのあとすぐに牽制で刺され、ファンの罵声を浴びながらベンチに引き返したのだった。

情けない逸話の紹介は、これくらいでやめておこう。これほどひどい目にあわされながら、ファンはカブスを見捨てなかった。「来年がある、来年がある」と呪文をつぶやきながら声援を送りつづけた。その最大の理由が、リグレー・フィールドの美しさではないだろうか。カブスが勝てば、センター後方のポールには白地に青でWの文字を染め抜いた旗がひるがえる。負けたときは、青地に白でLの文字を染め抜いた旗。選手がどんなヘマをしでかそうと、ミシガン湖から客席に吹き寄せる風がどんなにきびしかろうと、彼らは「太陽と芝と野球と冷えたビール」の楽しみを手放しはしないはずだ。来年の夏も私は、電車にゆられてリグレー・フィールドに出かけてみようと思っている。

カブス逆襲

埋められるか、九十五年の孤独

《ニューオルリンズなら、わが町と呼べる。ボストンかサンフランシスコなら、わが故郷と呼べる。こっそり頭の中でなら、フィラデルフィアを故郷と呼んでもいい。でもシカゴはちがう。ちょうど空飛ぶ円盤の町ロスアンゼルスがだめなのとおなじだ。というのも、ここは町じゃあない。むしろ風のようなペテン師の中継所みたいなもんだ。しばらく荒しまわって、それからからっ風をのこして出ていく》（ネルソン・オルグレン著／中山容訳『シカゴ、シカゴ』）

フランク・シナトラとキム・ノヴァクが主演した（というより、エルマー・バーンスタイン作曲のにぎやかな主題曲が反射的に耳もとで鳴り出してしまう）映画『黄金の腕』の原作者が、こんなことを書いている。もっとも、これは五〇年代の話だ。デトロイトに生まれてシカゴで育ったオルグレンは、この街に対して、愛憎こもごもの屈折した感情をいだいていたと伝えられる。まあ、そうだろう。そうでもなければこんな書き方はしない。しかも彼は、この口ぶりを執拗なまでに繰り返す。詩人もボクサーも詐欺師も野球選手も……発言の矛先は職業や肩書を選ばない。

オルグレンはスウェード・リスバーグのファンだった。苗字からもわかるように、このふたりはどちらも北欧系だ。ただ、野球ファンならご承知のとおり、シカゴ・ホワイトソックスの遊撃手リスバーグは「不運な八人《アンラッキー・エイト》」の一員だった。八人の選手は、一九一九年のワールド・シリーズで八百長に荷担した。もしくは、荷担したと疑われた。その結果、彼らは球界から永久追放された。八人のなかに伝説の強打者「シューレス・ジョー」ことジョー・ジャクソンがふくまれていたことはつけくわえるまでもあるまい。ホワイトソックスの本拠地があるシカゴのサウスサイドに暮らしていたオルグレン少年は、カブス・ファンが固まるノースサイドへ引っ越した折、リスバーグの名前を持ち出したばかりにこってりといじめられたらしい。

もしオルグレンが墓場からよみがえったら、今季のシカゴ・カブスを見てどう思うだろうか。大接戦のナ・リーグ中部地区を最後の最後で制したカブスは、ディヴィジョン・シリーズ（ＮＬＤＳ）で東地区の覇者ブレーヴスを三勝二敗でくだし、リーグ優勝決定戦（ＮＬＣＳ）に駒を進めた。いまはまだ戦いのさなかだから、今後の行方を下手に予測するのは控えておく。ただ、ＮＬＤＳを勝ち抜いただけでも、これは歴史的な事件というべきだろう。なにしろカブスは、一九〇八年を最後に、ポストシーズンのシリーズを制したことが一度もなかったのだ。ワールド・シリーズには七回出場して七回とも敗れた。ＮＬＣＳ（六九年開始）には二度出て二度とも敗退した。ＮＬＤＳ（九五年開始）にしたところで、これまでは一戦一敗。要するにこの球団は、レッドソックスやホワイトソックスと同様、長い長い敗北の歴史を体内に飼っている。「九十五年の孤独」などと気取ってみせてどうなる？　その負け癖は不治の病を思わせるものだった。四七年から六六年までの二十年間などは、勝ち越したシーズンが一度だけという、聞くだに背中が丸くなりそうな記録が残されている。

当然のことながら、カブスのファンは胸を痛めつづけた。ハートブレイクという単語がこれほどぴったりくる事例も珍しいのではないか。人々は「ビリー・ゴートの呪い」（四五年のワールド・シリーズで、ペットの山羊を連れた酒場の主人ビリーが、カブスの本拠地リグレー・フィールドで入場を断られた事件。ビリーは球団を呪い、以後のカブスは一度もワールド・シリーズに出られなくなった）を歴史の抽斗からひっぱりだした。今季の終盤などには、直接対決の相手アストロズに呪いを押しつけようとたくらんだ三人組のファンが、敵地ヒューストンに乗り込んで山羊と入場券を調達し、予定どおり球場で門前払いを受けるという椿事さえあった。それだけではない。監督のダスティ・ベイカーにしたところが、カーディナルス戦の試合前に、怪しげな土をリグレーの内野と外野に撒く姿を目撃されている。九月初旬のその日、カブスは0対6のリードを逆転するという劇的な勝利を収め、以後の快進撃につなげたのだった。

だが野球とは、愚かなまでに涙ぐましい努力や荒唐無稽なおまじないだけで勝てる競技ではない。今季のカブスがここまで強くなったのには、れっきとした理由がある。

最大の原動力は、ケリー・ウッドとマーク・プライアーの二本柱が確立されたことだ。ウッドは一九九八年に入団し、デビュー五戦目の五月六日に20奪三振という大リーグタイ記録を樹立して一躍時の人となった。一九二センチ、一〇〇キロの巨漢。同郷テキサス生まれのノーラン・ライアンや、テキサス大学出身のロジャー・クレメンスを彷彿させる豪速球。新人王を獲得したころのウッドは、「パワー・ピッチャーの化身」ともいうべき存在だった。ところが、百マイル前後の速球と大きく割れるスラーヴの連投がこたえたのだろうか、右肘の靭帯手術を余儀なくされた彼は、翌九九年をまるまる棒に振り、戦線に復帰した二〇〇〇年も8勝7敗、防御率＝4・80

といういまひとつ冴えない成績に終わってしまったのだ。

が、ウッドは虎視眈々と反撃の機会をうかがっていた。ベンチをあたためつづけていたころは、ジョン・リーバーやケヴィン・タパニといった老獪な僚友の投球術を観察し、現場にもどってからは球種のメニューにチェンジアップを加え……さらに大きな改善は、決め球のスラーヴを通常のスライダーに替えて肘の負担を軽くしたことだった。〇一年＝12勝、〇二年＝12勝と着実に復活の階段をのぼった彼は、今季、自己最高の14勝（266奪三振）をあげてカブスの快進撃に貢献した。わけても印象的だったのは、面構えの変わりようだ。正直いって私は、強気一本槍だったデビュー当時のウッドがあまり好きではなかった。驕慢と虚勢が同居し、いかにも将来の転落を予感させる若者。そういうひりひりした姿を見るのはけっして気持のよいものではない。しかし、今年の彼は顔がちがう。眼に沈着の色が加わり、口もとに自制の趣が漂いはじめた——などといえば大げさに聞こえるだろうが、要するに彼は成熟したのだ。そう、NLDSの最終戦で勝利を確定しながら完投を逃したときの表情には、マチズモやセンチメンタリズムを克服した男に特有の静けささえ感じられたではないか。

一方のプライアーは、もって生まれた野球的知性がすばらしい。入団して二年目、まだ二十三歳だというのに、マウンド上の落ち着きはらった態度はみごとなものだし、九〇マイル台中盤の速球と大きく縦に割れる八〇マイルのカーヴを組み合わせた投球術は、ツボにはまると相手打線をほぼ完璧に抑え込む。その好例がNLDSの第二戦、《2年目の背番号22が第2戦で相手を2安打に抑えた》と2並びの見出しが新聞を飾ったときのピッチングだろう。

130球の完投で、奪三振7、自責点1。ポストシーズン・ゲームのデビュー戦で、これほどの快投を見せた若者はまずいない。最近の例でこれに匹敵するのは、八一年の怪童フェルナンド・ヴァレンズエラ（二十歳。８回３分の１を投げて、被安打６、自責点１）と八六年の天才ドワイト・グッデン（二十一歳。７回を投げて被安打７、自責点１）ぐらいだろうか。この日、プライアーと投げ合ったブレーヴスの名投手グレッグ・マダックスにしたところで、八九年のＮＬＣＳに二十三歳で初登板したときは、４回を投げて被安打８、自責点８の乱打乱撃にあっているのだ。

　プライアーの落ち着き《ポイズ》は投球内容にも反映されている。今季２１１回３分の１を投げて奪三振が２４５。このレシオだけでも十分にすばらしいのだが、彼の場合は与えた四球が50個と極端に少ないのだ。やはり２１１回を投げて１００個の四球を与えているウッドの例を見ても、プライアーの制球力は抜群といってよいだろう。年齢からいっても、契約年数からいっても、この二枚看板にはまだまだ未来がありそうだ。となると、カブスの逆襲も一過性のもので終わらない可能性が出てくる。万が一今年が無理でも、呪いの解ける日は案外近いのではないだろうか。

荒れるな、ペドロ

マルティネスが壊したプレーオフ

去年のいまごろ、私はたしか《十月は天国だか地獄だかわからない月だ》と書いた。天国と感じるのは、野球が一年でいちばん美しくなる季節だからだ。地獄と思うのは、一日じゅう野球観戦に追われ、生活のほかの部分が機能しなくなってしまうからだ。野球が一年でいちばん美しくなる季節とは、野球が一年でいちばん緊迫する季節にほかならない。いいかえれば、試合の流れにいったん巻き込まれたが最後、その場を離れてなにかほかのことをはじめるのは至難の業となる。まして、今年のような場合は。

スリリングという意味合いでは、今季のポストシーズン・ゲームは、一九八六年のそれに匹敵するものではなかったろうか。しかし、あの年もすごかった。ALCS（ア・リーグ優勝決定戦）でレッドソックスと対戦したエンジェルスは、「あとストライクひとつ」というところでワールド・シリーズ進出を逃した。代わってシリーズに駒を進めたレッドソックスも、これまた「あとストライクひとつ」というところで六十八年ぶりの王座を逸した。九回表二死まで漕ぎ着けながら、3点差を守れなかったエンジェルスのドニー・ムーア投手は、三年後に銃で自殺した。

直接の原因は私生活の混乱と性格破綻にあったようだが、このときの失投は深いトラウマになっていたといわれる。一方のレッドソックスも、ワールド・シリーズ第六戦の延長十回裏二死までメッツを追い詰めながら、一塁手ビル・バックナーのトンネルによって痛恨の逆転負けを喫している。通算二千七百本以上のヒットを放ち、首位打者を獲得したこともある好選手バックナーは、この「世紀の失策」によって「戦犯」の烙印を捺されてしまった。嫌がらせは引退後にもおよび、彼は長年住み慣れていたニューイングランドの自宅を引き払わざるを得なくなるという目にあっている。

そんな一九八六年を彷彿させるほど、二〇〇三年のポストシーズンは接戦つづきだった。DS（地区シリーズ）では、両リーグ合わせて全18試合のうち、一点差の試合が四つに二点差の試合が八つもあった。LCS（リーグ優勝決定戦）は、14試合のうち一点差の試合が五つに二点差の試合が一つという内訳だった。しんがりに控えたワールド・シリーズも、全6戦のうち一点差の試合と二点差の試合がやはり二つずつ。つまりポストシーズン全38試合のうち、一点差試合と二点差試合はそれぞれ十一ずつあった計算になる。しかも今年は、異例ともいえるほど、シーソーゲームや最終回の決着が多かった。こうなると、競り合いは競り合いを生む。その消耗度の高さは近年まれに見るものだった。たとえば、十月十一日、フェンウェイ・パークで行われたALCS第三戦の四回。

レッドソックス一勝、ヤンキース一勝の五分で迎えたこの試合、ヤンキースの先発はロジャー・クレメンスで、レッドソックスの先発はペドロ・マルティネスだった。今季限りの引退を宣言した四十一歳のクレメンスは、レッドソックスの一員としてプロ生活を開始し、この球場で1

00勝55敗の通算成績を残している。レッドソックス時代の勝利数は192。彼は、押しも押されもせぬボストンの英雄だった。トロントを経てヤンキースに移ったあとも、彼に対するボストン市民の敬意は薄れていないと見るのが適切だろう。一方のマルティネスは、九八年からボストンにやってきた。彼が化けたのは、九七年のエクスポズ時代からだ。以後六年、その豪腕は「ひとりだけ別の次元に立っている」と周囲を嘆息させるほど超絶的なものだった。故障がちの今季は不満も多かったはずだが、終わってみれば防御率はやはりリーグ一位。つまり十歳ちがいのこのふたりは、それぞれの世代を背負って立つ名投手にほかならない。にもかかわらず……。

先に荒れたのはマルティネスのほうだった。2対2の同点で迎えた四回表、先頭打者のホルヘ・ポサダを四球で歩かせたあと、彼は六番のニック・ジョンソンに左越えのロング・シングルを許し、無死一、三塁のピンチを迎えた。打席には松井秀喜。松井はマルティネスの初球、甘いチェンジアップを強振した。打球は右翼手の頭上を襲い、ワンバウンドして観客席に飛び込んだ。グラウンドルール・ダブル。ポサダは勝ち越しのホームを踏み、松井とジョンソンは二、三塁を占めた。マルティネスの人相が変わったのはこの瞬間だった。不服と不機嫌と攻撃性が顔にありありと浮上した。あ、よくないと私が思う間もなく、次打者カリム・ガルシアへの初球は耳のうしろを通過して肩胛骨をかすめていた。ガルシアは首をすくめた。気色ばんでマルティネスを睨んだ。かついだバットに当たって球は脇へそれたが、審判は死球を宣告した。ヤンキースの監督ジョー・トーリは審判に抗議した。危険球だから降板させせろ、という内容にちがいなかった。ヤンキースのベンチでは、デヴィッド・ウェルズとコーチのドン・ジマーが眼を据わらせていた。どちらも短気で、どちらも血の気が多い。

無死満塁で打席に立ったアルフォンゾ・ソリアーノは遊ゴロ併殺に倒れた。ヤンキースは1点を加えたが、観客の眼は二塁に集まっていた。一塁走者のガルシアが、レッドソックスの二塁手トッド・ウォーカーに激しいスライディングを仕掛け、ここでも口論がはじまったからだ。ヤンキースのベンチから飛び出したポサダが、マルティネスを罵った。ポサダはプエルトリコ出身で、マルティネスはドミニカの生まれだ。当然ふたりは汚いスペイン語で言葉をやりとりしたはずだ。直後、マルティネスが人差し指で自分のこめかみを指した。これは、野球の世界では万国共通のサインだ。つぎは頭だ、頭に行くぞ。このしぐさによって、マルティネスに対する評価は大暴落した。放送席にいたレジー・ジャクソンは、のちにこう述べた。「あの姿を見たときは悲しかった。ギブソンやパーマーやハンターやシーヴァーやコーファックスが、一度でもあんな態度をとったことがあるか」

ジャクソンが持ち出した例は、いずれも殿堂入りを果たした大投手だ。十分前までのマルティネスは彼らと同列だった。いまはあきらかに、うしろの列に下げられている。もし後年、彼がひょっとして殿堂入りを逃すことになれば、この日の行動がきっと蒸し返されるにちがいない。マルティネスは試合後の記者会見で言い訳をした。「あのときはスペイン語で、おぼえとけよ、てめえのいったことは、と言い返したのだ。だからつい、あんなジェスチャーも……」

歯切れの悪い言い訳だ。しかもマルティネスは、直後の四回裏、もうひとつの失態を積み重ねた。今度の火付け役は、ボストンの主砲マニー・ラミレスだ。クレメンスの「報復」に対してよほど神経を尖らせていたのだろう、打席に入った直後から彼はぴりぴりしていた。そして、ツーストライク・ワンボールからの四球目、ラミレスは切れた。内角高目の球、とてもブラッシング・ボールとは思えない球に激高し、バットをもったままクレメンスに詰め寄ったのだ。これはあきらかに過剰反応だった。が、マウンド付近で両軍の選手がもみ合っているさなか、一塁のベースライン際では眼を疑うような光景がくりひろげられていた。そう、先ほどベンチで眼を据わらせていた七十二歳のドン・ジマーが、群れから離れていたマルティネスをめがけ、頭から突進していったのだ。マルティネスは、それをかわさなかった。ジマーの頭を両手ではさみこみ、相撲でいう素首落としの要領で、老人を地べたに叩きつけたのだ。ジマーはしばらく立ち上がれない。放送席ではブロードキャスターが叫んでいた。「投げ飛ばすことはないだろう。身をかわすか押え込むかすれば、すむことじゃないか」

結局マルティネスは、二度も失態を演じたことになる。これはやはりつらい。じつをいうと、こんな騒動のあとにもかかわらず、ふたりの大投手は五回と六回をぴしゃりと抑えた。が、私の印象に残っているのは、クレメンスの沈着さばかりだ。六回に迎えた無死一、二塁の危機も、三番ノマー・ガルシアパーラを三球三振に斬って落とし、四番ラミレスを遊ゴロ併殺に打ち取ってしのいでいる。ただ、しこりが残らないはずはない。ポストシーズン終盤になってヤンキースが失速した理由のひとつはこの消耗戦にあった、と私は思う。そのあたりの回顧は、また次回に。

敗着と消耗

レッドソックスは自滅し、ヤンキースは疲労した

われながらしつこいと思うが、二〇〇三年のポストシーズンをもう少し振り返ってみたい。釈然としないままくすぶっている疑問が、まだいくつかあるからだ。先月の私は、「荒れるな、ペドロ」と題してALCS第三戦の四回に起こったできごとを腑分けしてみた。じつは、あの事件には第二章があった。情念を無駄に暴発させた第一章とは異なり、こちらの章には「不可解」と形容したくなるような空気が漂っていた。もちろん登場人物は前章と大差ない。ローテーションから考えれば当然だが、あのとき直接対決したロジャー・クレメンスとペドロ・マルティネスは、五日後の第七戦でふたたび相まみえることになったのである。

今度のふたりは、さすがに同じ轍を踏まなかった。危険球は投げなかったし、挑発的な態度を見せることもなかったし、老人の頭をつかんで引き落とすような暴挙にも走らなかった。つまり彼らは、情念の制御に成功した。が、それは制御ではなく、抑圧と呼ぶべきものではなかったろうか。持ち越した疲労のせいか、なによりも四十歳のクレメンスにいつもの精彩がなかった。二回表、トロット・ニクソンに右翼越えの2点本塁打を打たれてまず2点を許し、三回表にはエン

リケ・ウィルソンの悪送球（一塁手のニック・ジョンソンは、ベースから足を離してでもこの送球を止めるべきだった）で3点目を与え、四回表にもケヴィン・ミラーに一発を喫してしまうのだ。これで得点は4対0。クレメンスは、いいところなく降板する。

こういうさみだれ式の失点は、負けにつながるケースが多い。水道の蛇口から少しずつ水が漏れるようなもので、ダメージがはっきりと伝わらない分だけあとになって悔恨の念が深まり、その結果、無用の焦りを生んでしまうからだ。いいかえれば、レッドソックスは心理的優位を楽々と手に入れられる筋書きに乗っていたはずだった。なのに、彼らには落ち着きがなかった。先頭に立ちながら背後を気にしてばかりいるマラソン走者のように、どこかそわそわした気配を漂わせていた。それを象徴したのがペドロ・マルティネスの投球であり、なんとも理解に苦しむグレイディ・リトルの采配だった。

なるほど、七回一死までのマルティネスは安定した投球をつづけていた。80球を投げて被安打3、自責点1。ボールが31でストライクが49という比率もけっして悪くはない。ただ、七回二死からジェイソン・ジオンビに二打席連続の中越え本塁打を叩きこまれると顔色が変わった。テレビの画像を通しても、顔が青黒くなり、口もとに不服の色が浮かぶのが見てとれたのだ。これは、マルティネスが調子を乱したときのお定まりの兆候だ。客席では、ヤンキースのGMブライアン・キャッシュマンが手を叩き、ボストンびいきの作家スティーヴン・キングが顔をこわばらせていた。しかもマルティネスは、まだ2点も差があるのに妙に力みはじめる。天敵のエンリケ・ウィルソンに一塁内野安打を許し、第三戦でトラブルの発端となったカリム・ガルシアにもライト前へ運ばれて、二死一、二塁のピンチを迎えてしまうのだ。ただ、このときのマルティネスは、かろうじて危機を切り抜けた。コーチのデイヴ・ウォレスに励まされ、この日3三振のアルフォンゾ・ソリアーノをまたも三振に斬って落とし、4対2のリードを守ったのだ。

問題のシーンは、八回裏におとずれた。じつは八回の表、レッドソックスはデヴィッド・オルティースの右越え本塁打で、ふたたび点差を3に広げている。が、だからといってマルティネスの右腕が回復するというものではない。七回裏の投球を見てもわかるように、彼のタンクは空だった。一死こそとったものの、マルティネスはそこから四連打を許す。それも、すべてツー・ストライクからのヒットだ。デレク・ジーターには右へ二塁打。バーニー・ウィリアムスには中前単打。松井秀喜には右翼線二塁打。そしてホルヘ・ポサダには、中前にぽとりと落ちる二塁打。

リトルがマウンドへ足を運んだのは、松井が打席へ向かう直前だった。ガムを嚙むこめかみの動きは、ひときわせわしなくなっていた。その前の二連打を見ても、マルティネスのガス欠は明らかだった。ブルペンでは、左腕のアラン・エンブリーと右腕のマイク・ティムリンが仕上がっていた。だとすれば、松井にエンブリーをぶつけ、そのあとは、絶好調のティムリンにつなぐ。たぶんすべての観客は、そう考えた。リトルは黙って右手を差し出し、エースからボールを奪い取るだけでよかった。なのに彼は、マルティネスにたずねた。「まだ行けるか。だいじょうぶか」

これほど愚かな問いはない。プレーオフの最終戦で、エースにこんなことを訊く監督はいない。ましてマルティネスの情緒不安定は、第三戦ではっきり証明されている。リトルは手ぶらでベンチにもどった。

ことがプライドと意地に関われば、率直さなど背後にひっこんでしまうからだ。

松井はペドロの球を痛打した。エースの球威は落ちていた。腕の位置が下がり、角度も威力も狡猾さもなかった。それでもリトルはベンチから出なかった。エースと心中、などという感傷は大リーグに通用しない。私の頭のなかでは、一九八六年にビル・バックナーを一塁守備から交代させなかったジョン・マクナマラ監督の像がよみがえった。「バンビーノの呪い」がほんとうに存在するとしたら、いまここで働いているにちがいない、とも思った。次打者はポサダだ。真意はどうあれ、第三戦でマルティネスが自分の頭を指さして威嚇した当の相手だ。リトルは、あのやりとりを忘れてしまったのだろうか。

マルティネスの123球目をとらえたポサダの打球は、三角形の真ん中に落ちた。二塁手と遊撃手と中堅手の間にできた小さな三角形の中央だ。好スタートを切った松井までもが生還して、ヤンキースは5対5の同点に追いついた。リトルはようやく腰を上げた。手遅れも手遅れ、これほどあからさまな敗着にはそうそう出会えるものではない。十一回裏に飛び出したアーロン・ブーンの本塁打が試合を決着させたのは事実だが、八回の継投ミスで勝負はついていた。

ただ皮肉なことに、勝ったヤンキースもこの試合で疲労困憊した。四回から六回にかけてはマイク・ムッシーナを、八回にはデヴィッド・ウェルズを注ぎ込み、最後の三イニングスをマリアーノ・リベラに託したからだ。おかげで、ワールド・シリーズのローテーションはめちゃくちゃになった。勝利の瞬間、リベラはマウンドにひれ伏し、野球の神様に謝意を表した。それはそれで感動的な光景だったが、このときヤンキースは、敗れたマルティネスと同様、ガス欠を起こしていた。そうでもしなければ、空気の抜けたようなワールド・シリーズの戦いぶりは説明がつかない。

もちろん、シリーズを制したマーリンズの投手力と守備力はみごとなものにちがいなかった。公式戦で一度も完投したことのなかったジョシュ・ベケットがポストシーズンで二度も完封するなど、番狂わせの必要条件ともいうべき「選手の大化け」も、このチームにはしっかり備わっていた。葉巻姿がどうしても板につかない老将ジャック・マッキーンの放任主義が若さと勢いに拍車をかけたという分析も、私は新聞や雑誌でくりかえし眼にした。

それでもやはり、私は「ヤンキースの疲れ」を重視せざるをえない。平均年齢の高さもさることながら、レッドソックスに土壇場で追いついたとき、競馬でいうなら、ヤンキースは「脚を使い果たして」いた。そのあとは、レッドソックスの自滅を待つような根っきり葉っきりの消耗戦。これは、同じ逆転勝利でも、並ぶ間もなくカブスをかわしてゴールインしたマーリンズとはまったく内容が異なる。マーリンズは、カブスを倒した瞬間、相手のエネルギーを吸収した。ヤンキースは、ただもうへとへとになってゴールにたどりついた。最後の二ハロンが、疲労に駄目を押した。そう、カブスとレッドソックスはまたもやみずからに呪いをかけてしまったのだが、今季のレッドソックスは、怨敵ヤンキースにも「呪いのおつり」をしっかりと持たせたようだ。ワールド・シリーズの後半でヤンキースが見せた貧血症状、もしくは老衰に近い症状は、この「おつり」がもたらしたものではなかったか。

遊撃手の系譜

松井稼頭央の原型を探る

大リーグに「第三のカズ」が参入する。最初がカズ（主浩）佐々木、つぎがカズ（一久）石井、そして今度はカズ（稼頭央）松井。ブラジルやイタリアのサッカー選手だったカズ（知良）三浦までふくめると、海外でプレーした（する）カズは四人にのぼる。

海外スポーツ界でポピュラーなもうひとつの名前は「ヒデ」だろう。わずらわしいので、こちらは本名だけを書いておく。野茂英雄、伊良部秀輝、松井秀喜、そしてサッカーの中田英寿。この分だと、日本の男にはカズとヒデしかいないのかと勘違いする人も……まあ、それはないだろうな。

われながらくだらないと思いつつ、だれかに先を越されると悔しいので、急いで唾をつけておいた。もしかして、すでに去年の酒場のジョークになっていたらごめんなさい。まったく、こんなことでほくそえんでいてどうするというのだ。そうか、こういうときには閑話休題と書けばよいのか。

で、カズ松井の話である。リトル松井と呼んだほうが最近は通りがよいようだが、これはまあどちらでもよい。とにかく、彼の株はアメリカでとても高い。もちろんこれには裏付けがある。いちばんわかりやすいのは、二〇〇二年の日米野球で彼が残した数字だ。七試合に出場して打率が4割4分。本塁打も、左右両打席から1本ずつ。このとき、すでに大リーグから高い評価を受けていたビッグ松井すなわち松井秀喜の打率が1割3分8厘だったこともあって、リトル松井に対する評価は跳ね上がった。しかも彼の場合は、西武ライオンズで「七年連続三割以上」「過去四年連続二十本塁打以上」「三十盗塁以上計五回」「1143試合連続出場」という文句なしの実績を積み重ねている。ついでに付け加えると彼には、オールスター出場七回、ゴールデングラヴ賞三回、MVP一回の勲章もある。つまり松井稼頭央は「強肩・駿足・好打・頑丈」を兼ね備えた万能遊撃手として認められているのだ。

だとすれば、彼につけられた「三年総額二千百万ドル」(松井秀喜とほぼ同額)という値札もそう不思議ではない。スピードにかけては大リーグでも一、二を争うあのイチローが、「ぼくより速いですよ」とメディアに語ったことも、リトル松井人気をあおることになった。「肩の強さと守備範囲の広さはオマー・ビスケル級」と賞賛する記事も、アメリカの雑誌にはすでに出ている。ビスケルといえば、「オズの魔法使い」ことオジー・スミスなきあと、最高の守備的遊撃手と謳われる存在だ。今年三十六歳を迎えるだけあってさすがにピークは過ぎたようだが、一九九三年から二〇〇一年までは九年連続でゴールド・グラヴ賞に輝いている。出身地ベネズエラの石ころだらけのフィールドに鍛えられたためかどうかはいざ知らず、「投手は、彼のいるところにゴロを打たせておけばよい」という常套句が捧げられる頻度は、最近ではこの選手が抜群に高かったと思う。

ただし、ビスケルはバットで稼ぐ選手ではなかった。そもそも遊撃手というポジションは「バットで稼ぐか、グラヴで稼ぐか」という棲み分けが比較的はっきりしている。「守備でキャデラックは買えない」とは一九五〇年代によくささやかれたジョークだし、「長打力のある選手は身体が大きく、身体が大きい選手は敏捷ではない」とする固定観念も、かつてはあまねく行き渡っていたといってよい。いいかえれば、八〇年代の序盤まで、ショートストップは「軽量ですばしこい選手の指定席」だった。この通念が打ち破られたのは、カル・リプケンに代表される、大型にもかかわらず敏捷と強打を兼ね備えた遊撃手が登場してからのことだ。破壊力と堅守を誇る現在のスーパースター遊撃手（アレックス・ロドリゲス、ノマー・ガルシアパーラ、デレク・ジーター）は、ほぼ例外なくこの系譜に属する。ただし、一七三センチ／八〇キロの松井稼頭央はこの一族からやや外れる。

その一方、「軽量ですばしこい選手」の伝統もけっして死に絶えたわけではない。一九二〇年代に活躍したラビット・マランヴィル（一六三センチ／七〇キロ）や、四〇年代のスターだったフィル・リズトー（一六五センチ／六八キロ）らの衣鉢を継ぐ守備的な現役遊撃手は、先に挙げたビスケルをはじめ、ラファエル・ファルカル、デヴィッド・エクスタイン、ジミー・ロリンズなど、かなりの数にのぼる。が、パンチ力にすぐれた松井稼頭央は、この種族からもはみだしてしまう。

私の考えでは、現代の遊撃手には、もうひとつのタイプがある。かつてマランヴィルが「ラビット」と呼ばれ、フィル・リズトーが「スクーター」と綽名された伝でいうなら……そして、リプケンやAロッドを高性能のRVと考えるなら、松井稼頭央を排気量の大きなバイク、もしくは中型だが瞬発力にすぐれたクーペに見立てることはできないだろうか。野球史をひもといてみれば、じつはこのタイプにもご先祖がいる。

たとえばサイズの面では、モンティ・ウォード（一八七八年デビュー）、ジョージ・デイヴィス（一八九〇年）、ジョー・ティンカー（一九〇二年）、デイヴ・バンクロフト（一九一五年）、ジョー・クローニン（一九二六年）、ルーク・アップリング（一九三〇年）、アーキー・ヴォーガン（一九三二年）、ルー・ブードロー（一九三八年）らの名が浮かぶ。身長ならば一七〇〜一七八センチ、体重ならば七二〜八一キロという数字が、彼らの平均値といってよい。が、外見と性能は得てして一致しないものだ。このなかには「強打拙守」の選手もいれば、「好守鈍足」の選手も混じっている。どれが突出しているというわけではないものの、走攻守の三拍子がバランスよくそろった松井稼頭央の原型を絞り込むのはそうたやすいことではない。

まず候補から消えるのは守備が拙いタイプだろう。たとえば、「ティンカーからエヴァンスへ。エヴァンスからチャンスへ」と、カブスの併殺トリオとして詩にも詠まれたジョー・ティンカーがいる。詩のフレーズとは裏腹に、新人時代の彼は二年間で141失策を記録するほど守備が下手だった。その後の彼は、必死の努力もあって八年間で遊撃守備率リーグ一位を四度も記録するほどの向上ぶりを見せるのだが、通算守備率9割3分8厘はお世辞にも高いとはいえない。

強打で鳴らしたクローニンやアップリングも、拙守の部類に属するというべきだろう。わけても叩かれたのは、選手として、監督として、さらにはア・リーグ会長としても球史に名を残した（球界の出世頭と呼ばれた）クローニンだ。彼の場合は野球人生の午後、つまりレッドソックスの監督兼選手として活動した三〇年代後半の時期になってから守備能力がみるみる低下した。このころの彼は、明るい笑顔と闊達な態度でアイルランド系市民の多いボストンで圧倒的人気を誇っていたのだが（彼自身もアイリッシュだった）、指揮される選手たちの評価は最低に近いものだった。レフティ・グローヴやジミー・フォックスとともにアスレティックスからレッドソックスへ移ってきたドク・クレイマー外野手などは「あのグラヴさばきじゃ、高校生のチームでも務まらないね」とクローニンの守備を酷評していたそうだ。

それを思えば、ア・リーグ最多失策遊撃手の汚名を五度も着せられたアップリングなどは、まだ救われるほうではないか。守備範囲の広かった彼は、エラーが多いのは本拠地コミスキー・パークの整地があまりにもひどいためだと同情されることが少なくなかったのだ。やかまし屋で知られた彼は、その声を聞き逃さない。第二次大戦中、陸軍に入隊した直後、「コミスキー・パークのイレギュラー・バウンドを思えば、弾をよけるなんて朝飯前だ」と強引な言い訳をして、世間の失笑を買ったのだった。

さて、つぎに消えるのは盗塁数の少ない遊撃手だ。時代によって野球のトレンドが変化することもあって、この数字はけっして絶対的な基準ではないのだが、それでもピーク時の年間盗塁数が二桁に達しない選手は、松井稼頭央の原型とはいいがたい。具体的にいうと、これまた強打で鳴らしたヴォーガンやブードローがここで姿を消す。となると、残るは……。

遊撃手の系譜（その二）

松井稼頭央はデイヴ・バンクロフトに近づけるか

（承前）九去法でも一が残るとはいうものの、こうやって絞り込んでいくと、リトル松井の原型は皆無になってしまうような気がしないでもない。いや、そう思い込むのは早計に過ぎるか。なるほど、打力はあっても守備の拙い選手はいる。攻守にすぐれていようと、盗塁のできない選手も少なくはない。まして松井稼頭央は、スクーターでも大型の高性能RVでもない俊敏な中型のクーペだ。職能の専門化が進む現代野球にあって、打率三割と二十盗塁と九割七分前後の守備率を同時に期待できる総合的な選手は減少の一途をたどっている。ロビン・ヨーント、アラン・トラメル、バリー・ラーキン……近年ならばこういった顔ぶれが浮かばないでもないが、彼らは松井稼頭央に比べると大型の選手だ。となると、彼の原型はやはり昔の大リーグに求めざるを得ない。たとえば私の念頭には、何人かの伝説的遊撃手の名が明滅する。

最初の選手は、一九一五年から十六年間にわたって活躍したデイヴ・バンクロフトだ。サイズは身長が一七四センチ、体重が七二キロ。遊撃手としてのリーグ最多刺殺が三回、最多補殺が二回、最多併殺が二回という記録もさることながら、「ビューティ」の愛称にふさわしく、この人の守備はじつに華麗だったといわれる。実際、一九一八年六月のある試合では、延長二十一回を戦って13刺殺。投手の球が低目に集められ、相手打線がその球をひっかけつづけたにしても、これはそうそう見られる数字ではない。

バンクロフトは、学習能力の高い選手だった。十七歳でプロ入りを志し、トライアウトに失敗すると二年間の学習を重ね、同じリーグ（クラスCのミネソタ／ウィスコンシン・リーグ）の別球団に入り、二割そこそこの貧しい打力を嘲られながらもリーグ最多の刺殺数と補殺数で玄人筋の眼を惹いた。さらに五年後、パシフィックコースト・リーグのポートランド球団に移った彼は、年間453という驚異的な刺殺数（大リーグ遊撃手の最多記録は425）を記録してメジャー昇格の足がかりとする。

彼がつぎに頭のよさを発揮したのは、フィリーズからジャイアンツへトレードされたときのことだ。移籍直後、ジャイアンツの捕手パンチョ・スナイダーがバンクロフトに声をかけた。新しいチームに来たのだから、うちのサインを教えてやるよ、というわけだ。

「最近変えたのかい」とバンクロフトは訊いた。いや、このところ変えてはいないが、とスナイダーは答える。「そうか。じゃあいいや」とバンクロフトはつづけた。「フィリーズにいたころから、お宅のサインはすっかりわかっていたんだ」

こういう逸話を聞くと、「リトル・ナポレオン」ことジャイアンツの猛将ジョン・マグローがバンクロフトを欲しがった理由がよくわかる。マグローは、オーナーのチャールズ・ストウナムに「十万ドルに選手ふたりを足してもいいから、バンクロフトをとってくれ」と直訴したのだ。ベーブ・ルースの破天荒な移籍金を除けば、これは大リーグ史上まれに見る高額トレードといってよい。電話で打診されたフィリーズの球団社長ウィリアム・ベイカーは金額の大きさに飛び上がり、翌朝一番の汽車に飛び乗ってニューヨークへ向かったといわれる。

この移籍は、バンクロフトにとって大きなステップとなった。一九二一年から二三年にかけて、ジャイアンツのリーグ三連覇に貢献しただけではない。スイッチヒッターとしての技術が飛躍的に向上し、それまで二割六分前後だった打率が優に三割を上回るようになったのだ。それともうひとつ、マグローがバンクロフトを贔屓した理由がある。ガッツだ。一九二三年、高熱を押して試合に出たバンクロフトは、ゲーム終了後クラブハウスで昏倒した。呼ばれた医者は肺炎と診断し、すぐに救急車を呼べといった。猜疑心の固まりといわれ、選手に絶対服従を要求するマグローも、このときばかりは「よくぞこんな状態で」と唸ったそうだ。

松井稼頭央の原型、もしくは理想型と見なすことのできる遊撃手はほかにもいる。たとえば、十九世紀から二十世紀への変わり目に活躍したジョージ・デイヴィス。一七三センチ／八〇キロのサイズは松井稼頭央とほぼ同じだし、スイッチヒッターという特性もふたりには共通している。が、写真で見ると、この選手はもっとずんぐりした印象だ。二十年間の現役生活で2660安打と616盗塁。9割4分の通算守備率も当時のグラウンド・コンディションを思えばかなり高いといわねばなるまい。

彼が本格的に活躍したのは、一八九三年、クリーヴランド・スパイダーズからジャイアンツへ移籍してからのことだった。これには理由がある。一八九三年といえば、ピッチング・ディスタンス（マウンドと本塁間の距離）が、五〇フィートから六〇フィート六インチへと広げられた年だ。これは、劇的なルール改変だった。姿を消した投手が何人もいた一方で、デイヴィスのよう

デイヴ・バンクロフト（1891～1972）

に一割以上も打率の高くなった選手が少なからず生まれているのだ。わけても眼を惹くのは一八九七年の成績だろう。この年の彼は、3割5分3厘、136打点（リーグ一位）、10本塁打（二位）、65盗塁（四位）の成績をあげて名を高める。デイヴィスは九年間ジャイアンツに在籍し、毎年三割以上の打率を残した。

ただし、このころのジャイアンツは「谷間の時代」にあった。モンティ・ウォードやティム・キーフの活躍した一八八〇年代後半はすでに過ぎ去り、マグローの築く黄金時代はまだ到来していないからだ。それどころか、球団は史上最悪のオーナーを迎えていた。タマニー派の腐敗政治家アンドルー・フリードマンが球団を私物化して吝嗇と気まぐれの限りを尽くし、選手とファンを苦しめていたのだ。なによりも困るのは、監督の首が頻繁にすげ替えられることだった。デイヴィスも一八九五年に33試合、一九〇〇年中盤から九一年にかけて229試合、監督兼任を命じられている。ただし順位は、九位、八位、七位。

嫌気のさしたデイヴィスは一九〇二年、創設されたばかりのア・リーグへ移る。ホワイトソックスに新天地を求めた彼は、ふたたび野球を楽しみはじめる。じつをいうと、この間にはナ・リーグとア・リーグの和解や、ジャイアンツのオーナー交代などさまざまな事件が起こるのだが（デイヴィスも一九〇三年に4試合だけジャイアンツへもどっている）、これはまた別の話になる。デイヴィスの名前が野球史の表面に再浮上するのは、一九〇六年、「ヒットレス・ワンダーズ」と呼ばれたホワイトソックスが、年間116勝の大リーグ最多勝記録を達成したカブスをワールド・シリーズで破ったときのことだ。この年、ホワイトソックスのチーム打率は、リーグ最低の2割3分だった。三十六歳のデイヴィスは、2割7分7厘、80打点の成績でチームをひっぱり、ワールド・シリーズでも両軍最多の6打点をマークして気を吐くのだ。ちなみに彼は、その前年の一九〇五年、遊撃手としてリーグ最高の守備率9割4分8厘をマークして、総合力の高さを示す。この選手が殿堂入りを果たしていないのは、謎というほかない。

とまあ、百年前までさかのぼると、リトル松井の水源に位置する選手は何人か探し出すことができる。彼同様、投手としてスタートしたあとで遊撃手に転向して成功した選手としてはモンティ・ウォード（一八七八～一八九四年。のちにジョージ・デイヴィスの弁護士をつとめた奇縁がある）がいるし、松井稼頭央と同じ身長で「リトル・ルーイ」と呼ばれたルイス・アパリシオ（一九五六～一九七三年）の守備と走塁（「叱られた犬のように走る」と形容された）も、私には印象的だ。いや、現役の遊撃手にも強敵は多い。ミゲル・テハダ、エドガー・レンテリーアの長打力は松井稼頭央よりも上だろうし、クリスチャン・グースマンやセザール・イズトゥリスの守備能力も侮りがたい。ただ、松井稼頭央は彼らにひけをとらないはずだ。思えば、ショートストップとは「第九のポジション」だった。一八四五年以前の野球には存在せず、初期の遊撃手は外野手に近い存在だったといわれる。いまも、このポジションを守る選手はどこかアウトサイダーの匂いをまとう。桑畑三十郎さながら七つの球団に声をかけられた松井稼頭央には、用心棒のたくましさを身につけてもらいたいと思う。

トレード上手

眼利きヤンキースは盗掘も巧み

今年も無事に「野球のある季節」が迎えられる。野球そのものも私自身も、どちらも消滅せずにすんだようだ。ありがたい。以前は、迎えて当然と感じていたのだが、これはやはり年齢のせいだろうか。それとも、ややこしい出来事が世間に増えすぎたせいなのだろうか。

いま、そんなことはどうでもよい。恒例行事だというのに、大リーグの開幕を目前に控えて、私はそわそわしている。エキシビション・ゲームを毎試合見るほど発情してはいないが、四カ月間の空白はさすがに大きい。それにこの時期は、挫折や失意や絶望がまだ選手におとずれていない。見る側にとっても、事情は同じだ。みずからの不明や浅見や鈍感を思い知らされる前とあって、野球好きはよってたかって予想の風船をふくらませる。しかも今年は、ストーヴ・リーグで大きな動きがいくつもあった。

最大の事件は、「現代最高の内野手」Aロッドことアレックス・ロドリゲスのヤンキース移籍だ。寝耳に水とは、このことをいうのだろう。なるほど、ヤンキースには、正三塁手のアーロン・ブーンがバスケットボール（怪我をしやすい競技なので、契約書には禁止事項として指定されている）をプレー中に膝の靭帯を損傷し、長期離脱を余儀なくされた（その後、解雇されてしまった）という切実な事情があった。となれば、ヤンキースが喉から手が出るほど内野手を欲しがったのも無理はない。ただし、Aロッドには去年の暮れ、レッドソックス移籍の噂が立っていた。それも、マニー・ラミレスやノマー・ガルシアパーラといったボストンの看板選手を巻き込んでの超大型トレードがもう少しで実現するところだったのだ。結局このトレード話は、Aロッドの高額年俸やら選手会の介入やらが障害となって流れてしまった。にもかかわらずその主役が、よりによってボストンの宿敵ヤンキースへ移籍することになったのだから、これはもう……。

世間は騒然となった。乱暴な言い方をすれば、これは強奪にひとしい。しかもこの両球団は、ベーブ・ルースの昔より因縁宿怨浅からぬ間柄である。つい数カ月前も、両者はリーグ制覇を賭けてドッグファイトを展開した。オフシーズンになってからは、ボストンがカート・シリングやキース・フォークを獲得し、二〇〇四年のシーズンに向けて一歩先んじる構えを見せた。これは効果的な補強だった。頼りになる先発が一枚増え、弱点だった抑えに渋い駒が加わったのだ。年が明けるや否や、「今季こそボストン」の声はますます大きくなった。一方のヤンキースは、アンディ・ペティート、ロジャー・クレメンス、デヴィッド・ウェルズといった熟練の先発投手陣をつぎつぎと失う。危惧の声は高まった。彼らの穴を、新加入のハビア・バスケスやケヴィン・ブラウンがどこまで埋められるのだろうか。なにしろ、前者には経験が足りず、後者には故障が多い。そもそも、左腕をひとりも持たない先発陣が、ボストンの強力打線を抑えられるのだろうか。

Aロッド入団は、そんな矢先の大ニュースだった。形勢は一挙に逆転したといっても過言ではない。デレク・ジーター、Aロッド、ジェイソン・ジオンビ、ゲイリー・シェフィールドと並ぶ中軸打線は、三十球団のなかでも群を抜く破壊力だ。そのあとに、ホルヘ・ポサダや松井秀喜やバーニー・ウィリアムスらが続くのだから、年俸総額一億九千万ドルという人件費も致し方あるまい。これでヤンキースは、ふたたびア・リーグ東地区の、ひいてはリーグ全体の本命に躍り出た。そうなると不思議なもので、ボストン自慢の強力打線に対しても、「昨年の再現は可能か」という冷ややかな疑念が湧いてくる。たしかに、首位打者をとったビル・ミラーや本塁打31本のDHデヴィッド・オルティース、あるいは得点圏打率が三割を超えたジェイソン・ヴァリテックなどは、力量の地相場から見て「去年はできすぎ」といわざるを得ない。

それにしてもヤンキースは、なぜこうもトレード上手なのだろう。それともこれは、レッドソックスをはじめ、他球団がヤンキースの苗床にされてしまうというべきなのだろうか。

先ほどもちらりと触れたが、私は一九二〇年一月三日の事件を念頭においている。この日、ベーブ・ルースはレッドソックスからヤンキースに売られた。芝居の興行主を兼ねていたボストンのオーナー、ハリー・フレイジーは、ブロードウェイの新作『ノー、ノー、ナネット』の金策に苦しみ、ルースの放出を決めたのだ。つけられた値札は十二万五千ドル。加えて三十五万ドルが、本拠地フェンウェイ・パーク建造のために貸し出された。これが「バンビーノの呪い」を生んだことは中学生でも知っている。それまでのレッドソックスは、ワールド・シリーズ最多制覇（五回）を誇っていた。ヤンキースは、シリーズを一度も制したことがなかった。だがこのあと、ヤンキースが二十六回も王者の指輪を獲得（ルース在籍中には四回）したのに対し、レッドソックスは、一九一八年を最後に王座から遠ざかってしまうのだ。

レッドソックスからヤンキースへ移って大成した選手は、ほかにもいる。一九二〇年十二月に二十一歳でトレードされたウェイト・ホイト（ボストンの二年間で10勝）は、ヤンキースに移ったとたん、九年間で155勝を稼ぎ出した。一九二三年一月に二十八歳で移籍したハーブ・ペノックは、ボストンで60勝、ヤンキースで162勝をあげた。十一年間のヤンキース生活で、シリーズ進出が四度。二三年から二七年にかけての五年間には、合計98勝と抜群の安定感を見せている。

一九三〇年五月、二十六歳の誕生日の三日後にトレードされたレッド・ラフィングの場合はもっと凄い。ボストン時代には六年一カ月で39勝96敗という情けない成績しか残せなかったのに、ヤンキースに在籍した十五年間には231勝124敗というみごとな数字を積み上げているのだ。彼もシリーズ進出が七回。四十三歳まで投げ続けると予想した人はそういなかったと思う。

彼ら三投手は、そろって殿堂入りを果たした。それにひきかえ、ヤンキースからレッドソックスへ移って成功した選手は皆無に近い。数少ない例外といえば、ホイトの交換相手だったデル・プラット（二塁手）やマディ・ルール（捕手）ぐらいのものだが、プラットの場合は移籍後四年間しか現役生活を続けられなかったし、ルールにしても、能力が開花したのは二年後にワシントン・セネタースへ移ってからのことだった。つまりボストンは、つねに貧乏籤を引かされていることになる。一九七二年に売られたスパーキー・ライル（抑え投手）も、本格化したのはヤンキースへ移ってからだったし、一九九二年に三十四歳でヤンキースへ移籍した安打製造機ウェイド・ボッグスにしたところで、移籍後は四年連続で三割以上の打率を残し、すでに盛りは過ぎたと考えていたボストンのファンを歯ぎしりさせたものだ。

もっとも、いい面の皮にされたのはレッドソックスだけではない。一九五四年十一月、ヤンキースとオリオールズは合計十七人の選手を巻き込む大型トレードを敢行した。通常、こういう交換劇はひと山いくらの形で行なわれる。が、ヤンキースが買い取った山のなかには宝が二個埋もれていた。ひとりはボブ・ターリーで、もうひとりはドン・ラーセンだ。ターリーは、五八年に最多勝と最多完封を記録してサイ・ヤング賞を獲得し、その年のワールド・シリーズでもMVPに輝く。ラーセンは、五六年のワールド・シリーズでドジャースを相手に史上初の（そしていまのところ最後の）完全試合を達成し、やはりシリーズのMVPに選ばれた。

ヤンキースに対する他球団の歯ぎしりは、今季も繰り返されるのだろうか。すべてはAロッドの活躍次第だが、歴史は教訓にこそなれ、法則にはならない。メディアがヤンキースとレッドソックスの決闘をあおり立てている間にも、これまた大補強に成功したエンジェルスや、若手の進境著しいブルージェイズがペナント争いにからんでくる可能性は十分に考えられる。それに、今季のもうひとつの鍵は投手力だ。その焦点に位置するナ・リーグ中部地区については、あらためて展望することにしよう。

天才よ、初夏にもどれ

マーク・プライアーの復調を待つ

東京の開幕戦では、通算二百勝を眼の前にしたマイク・ムッシーナが敗戦投手になった。「時差のせいで（東京の午後七時はニューヨークの午前六時なのだ）足に力が入らなかった」と、ナックルカーヴを武器とする頭脳派の好投手はこぼした。

ボルティモアでは、剛腕ペドロ・マルティネスが自身初の「開幕敗戦投手」を体験した。二回終了までに47球を費やす乱調ぶりで、球速も九〇マイル前後がやっとだった。フードや襟巻で顔を覆った観客が寒風に震え上がるほどの悪天候にわざわいされたのも事実だが、これほどまっすぐの走らないペドロを見るのは久しぶりのことだった。

ロサンジェルスでは、二年連続で開幕投手をつとめた野茂英雄が満塁弾をふくむ二発のホームランを浴びて火だるまになった。去年の同じ日、彼はあのランディ・ジョンソンとアリゾナで投げ合ってダイヤモンドバックスを完封した。が、この日の野茂はペドロよりもさらに直球が走っていなかった。なにしろ、九〇マイルを超える球が皆無なのだ。八〇マイル台中盤の棒球では、サク越えを連発されても仕方がない。去年の秋、私は「野茂の二〇〇三年ラストゲーム」をドジャー・スタジアムで見た。このときも彼は、アストロズに乱打乱撃された。右肩の内視鏡手術に踏み切ったのはその直後のことだ。手術の影響が今季にまでおよんでいなければよいのだが。

苦しんだのは、この三人だけではない。トロントでは、去年のサイ・ヤング賞投手ロイ・ハラデイが、去年11 9敗という屈辱的な敗戦数を記録したタイガースを相手に、6回3分の2を投げて10安打6失点と打ち込まれた。シンシナティでは、三振奪取王ケリー・ウッドが五回までに4点を奪われた。ヒューストンでは、七回まで好投をつづけてきたロイ・オズワルトが八回にバリー・ボンズの通算659号を浴びて沈んだ。ピッツバーグでは、去年ノーヒッターを演じたケヴィン・ミルウッドが味方打線の援護を得られず敗戦投手になった。シアトルでは、「四十歳の二十勝投手」ジェイミー・モイヤーがトロイ・グロースに2打席連続でバックスクリーンに本塁打を叩き込まれた。アトランタでは、去年の最多勝投手ラス・オルティースが、大リーグ初打席の松井稼頭央に初球をホームランされた。

こんなふうに書くと、二〇〇四年は「投手受難の年」と思われるかもしれない。なるほど、各球団のエースがこんなに枕を並べて討ち死にした開幕戦も珍しい。が、ひどい目にあっているのはマウンドに登った投手だけではない。もっとつらい境遇におかれたのは、今季サイ・ヤング賞の最右翼と期待されながら、春季トレーニング中に右のアキレス腱を痛めて五月までの欠場を余儀なくされたマーク・プライアーだろう。

正直な話、この報道はショックだった。私はがっかりした。去年の夏から秋にかけて彼の快投を目撃した人なら、だれしもその第二幕に期待をこめるはずだ。滑らかなモーション。伸びのある直球。膝もとで急速に沈み込むカーヴ。今年でメジャー三年目（フル稼働しはじめたのは二〇〇三年からだ）を迎える二十三歳とは思えぬほど落ち着きはらったマウンド上の態度。以前も書いたことだが、これほど潜在能力を感じさせる若者はそういない。そのプライアーが、最低一カ月間の故障者リスト入りを余儀なくされた。アキレス腱の痛みは去年の終盤にもあったそうだが、再発はうれしくない。しかもここへきて、右肘の不具合までがささやかれているのはなんとも気にかかる。

とまあ、こんな具合にやきもきしてしまうのは、私が今季のカブスにことのほか注目しているからだ。いうまでもないだろうが、昨年九月から十月にかけてのカブスは「台風の目」だった。最後の直線にあたる九月の成績が19勝8敗。この強烈な追い込みでナ・リーグ中部地区を制したカブスは、ポストシーズンでもあとアウト五つで五十八年ぶりのリーグ制覇という躍進ぶりを見せ、野球ファンの胸を高鳴らせたのだった。

躍進と呼んだのはほかでもない。一昨年（二〇〇二年）のカブスは67勝95敗でナ・リーグ中部地区の五位だった。首位のカーディナルスからは30ゲームもの大差。ところが昨年、監督がダスティ・ベイカーに替わり、プライアーを筆頭とする若手投手陣が本格化すると、年間勝利数は一挙に21も増えた。去年、これだけの飛躍を見せたのは、カブス以外にはア・リーグのロイヤルズ（62勝から83勝へ）しかない。

とはいえ、例によってカブスは情けない歴史に祟られている。一九八四年と八九年にナ・リーグ東地区を制した（当時はまだ東西二地区制が布かれていた）翌年、この球団は測ったように地区四位への転落をくりかえしているのだ。しかもその勝利数は、96から77（八四年〜八五年）、93から77（八九年〜九〇年）へと大幅な減少を強いられた。そもそも、第二次大戦後のカブスは、勝ち越しのシーズンをなかなか持続できない。手もとの資料をひもといてみても、勝ち越しがつづいたのは、一九四五年から四六年までの二年間と、六七年から七二年までの六年間の二度だけだ。後者の六年間は、カブスとしては例外的な安定期だったといえそうだが、このときも地区優勝は果たせなかった。カーディナルスやメッツやパイレーツが順繰りに「眼の上のたんこぶ」となり、シカゴ市民を落胆させつづけたからだ。

ひとりカブスにかぎらず、急速な躍進を果たしたチームがその翌年に失速するケースは珍しくない。むしろ、二年連続で勝ち星を伸ばすケースのほうが例外的というべきか。東西二地区制が採用された一九六九年以降のデータを探ってみると、前年にくらべて二十以上の勝ち星を増やした球団は（ストライキによって短縮された年を除いて）三十二を数える。ただし、翌年さらに勝ち星を上積みすることのできた球団は八つしかない。

最近では、九〇年代冒頭にブレーヴスがやってのけた三段跳び（65勝→94勝→98勝→１０４勝）がよく知られているが、私の記憶にいまも新しいのは、八三年から八六年にかけてのメッツだ。八四年、あのデイヴィ・ジョンソンを新監督に迎えた彼らは、後年のブレーヴスにお手本を見せるかのように、68勝→90勝→98勝→１０８勝という連続的な跳躍を見せて野球ファンをあっといわせたのだ。この二球団に共通するのは、すぐれた新監督の就任と、若い投手の急成長だろう。メッツがジョンソンを迎えたのと同様、九一年のブレーヴスはボビー・コックスを新監督に迎えた（二〇〇四年のいまも、彼は現職にある）。ドワイト・グッデンやロン・ダーリングといった新鋭投手が八四年のメッツで頭角を現したのと同様、九一年のブレーヴスではトム・グラヴィンやジョン・スモルツが一気に本格化した。

この構図は、現在のカブスにもあてはまらないだろうか。二〇〇三年、カブスはしたたかな戦略で知られるダスティ・ベイカーを新監督に迎えた。ケリー・ウッド、マーク・プライアー、カルロス・ザンブラーノ、マット・クレメントの先発陣は、平均年齢が二十五歳の若さだ。ここに老練グレッグ・マダックスが加わっても、その数値は二・五ほど上がるにすぎない。それともうひとつ、今季のカブスには「脇役の充実」というプラス材料がある。一塁にデレク・リーが入り、センターにコーリー・パターソンが復活しただけではない。三塁手のアラミス・ラミレス、左翼手のモイゼス・アルー、二塁手のマーク・グラジラネックなどは、いずれも「助演男優賞」を狙える職人肌のプレイヤーなのだ。彼らの存在は、八〇年代メッツのムーキー・ウィルソンやレイ・ナイト、九〇年代ブレーヴスのテリー・ペンドルトンやロン・ギャントといった渋い脇役たちを彷彿させる。私が今季のカブスに注目する理由は、これでわかっていただけるはずだ。が、そのためにはプライアーの戦線復帰が欠かせない。天才よ、あわてることはないから、腰を据えて故障を治してくれ。初夏のリグレー・フィールドで、きみがその才能を存分に発揮してくれる午後を、私も辛抱づよく待っている。

バント

策士とスモールボール

かつてこの地区は「コメディ・セントラル」とまで呼ばれていた。年間九十勝に満たなくともプレーオフに出られる低水準の地区。出れば出たで、あっという間に姿を消してしまう冗談のような地区。傑出した才能こそちらほら見受けられるものの、総体的にはいるのかいないのかよくわからないような選手たちの溜まり場。ざっと思い出すだけでも、嘲笑の種類はかなりの数にのぼった。実際の話、両リーグを通じて中部地区の水準はお世辞にも高いとはいえなかった。昨二〇〇三年を振り返ってみても、ナ・リーグ中部地区の覇者カブスの勝利数は、全六地区の覇者のなかで最低の88にとどまっている。が、ア・リーグに眼を転じると、そこにはさらに凄まじい惨状があった。デトロイト・タイガースが、年間119敗という「近代野球史上二番目に多い」負け数（最多記録保持者は、もちろん一九六二年のメッツ）を記録して、疫病神を一手に引き受ける構えを見せたのだ。

タイガースの逆襲劇については、いずれ稿をあらためさせていただこう。ここで取り上げたいのは、ナ・リーグ中部地区のめざましい発展ぶりである。それも、下馬評の高かったカブスやアストロズだけではない。古豪カーディナルスの善戦は当然としても、レッズ、ブルワーズ、パイレーツといった「弱小球団」が予想外の飛び出しを見せて、つむじ曲がりのファンを楽しませている。

四月の日程を終えたばかりのいま、ナ・リーグ中部地区全六球団の成績は、合計で72勝61敗である。去年のこの地区で、四月に勝ち越したのは、カブスとカーディナルスの二球団だけだった。ところが今季は、六球団中五球団までが勝率五割を突破している。唯一の例外であるパイレーツにしたところで、10勝11敗という成績はけっして恥ずかしくない。なにしろ他地区に眼を転じてみれば、東地区で勝ち越しているのはマーリンズのみだし、西地区でも五割を超えているのはドジャースとパドレスの二球団だけなのだ。この数字が意味するのは、中部地区全体の優位性にほかならない。インターディヴィジョン・マッチアップ（異なった地区に属する球団の対戦）を見ても、中部地区は、東地区に対して14勝6敗、西地区に対しても12勝9敗と完全に勝ち越している。

おもしろいのは、スタッツ（統計）だけではない。いや、おもしろいゲームをしているからこそ、おもしろいスタッツも生まれるといいかえるべきだろうか。たとえば私は、四月末に行なわれたブルワーズ対レッズの三連戦を頭に浮かべる。観衆は九千前後。

レッズの先勝を受けた四月二十七日の第二戦、ブルワーズは6対8と2点のビハインドで九回裏を迎えた。戦況は二死三塁。打席に入ったのは、この日サイクルヒットを記録したチャド・モーラー。しかし、彼の打球は平凡な三塁ゴロ。万事休すと思ったその直後、レッズの三塁手ブランドン・ラーソンが一塁に低投した。一塁手ショーン・ケイシーはその球をすくいあげられず、三塁からウェス・ヘルムズが生還する。これで1点差。そしてそのあとブルワーズは、代打ビル・ホールがサヨナラ本塁打を左中間にライナーで叩き込み、逆転勝利をつかんだのだった。

が、この逆転劇は前座にすぎなかった。さらにエキサイティングだったのは、翌二十八日に行なわれた第三戦である。じつはこの試合のヒーローもホールなのだが、絶頂を迎えるまでの展開がなかなかおもしろい。

この試合、ブルワーズは四回表まで9対0と大量のリードを奪われていた。普通ならば、これは捨てゲームにしかならない。しかも、初回の集中攻撃で一挙に9点を失ったのならともかく、この日のブルワーズは、一回と三回と四回にそれぞれ3点ずつを奪われている。いやな展開だ。精気を削がれるようなさみだれ式の失点といいかえてもよい。ところが、ブルワーズはあきらめなかった。四回に1点、六回に3点、七回に2点、八回に3点を返してついに追いつき、延長戦へと試合をもつれこませたのだ。

十回裏、ブルワーズは、先頭打者トレント・ダリントンが右翼フェンス直撃の二塁打を放ってチャンスをつかむ。次打者は一番に返ってスコット・ポドセドニック。強攻か、送りバントか。ポドセドニックがこの日4安打と当たっていただけに思案のしどころだったが、監督のネッド・ヨーストはバントを選んだ。これで一死三塁。ここで打席に入ったのが、昨夜サヨナラ本塁打(近ごろは「ウォークオフ・ホームラン」という表現が多くなった)を放っているホールだ。この日も彼は、八回裏に満塁の走者を一掃する二塁打を放って同点劇を演出している。その一球目。

ヨーストは、スクイズを命じた。

レッズの救援投手トッド・ヴァン＝ポッペルは、まっすぐのストライクを投げた。

ホールは完璧なバントを一塁線に決めた。ウォークオフ・スクイズが完成した。10対9。ブルワーズ、連夜のサヨナラ劇。

しかし……と私は思う。これは、大胆な戦術だった。もし一球目、ヴァン＝ポッペルの投球がワンバウンドもしくは低めぎりぎりのスライダーだったら、ホールはバントを決められただろうか。もし三塁走者ダリントンの離塁が早すぎたら、レッズのバッテリーはピッチアウトに出てやすやすと走者を刺していたのではないか。もしヴァン＝ポッペルの球が高目に浮き上がってきたら、ホールはポップフライを上げて併殺を招いていたのではないか。

あるいは、逆の立場で考えてみよう。レッズの監督デイヴ・マイリーは満塁策を選ばなかった。ホールを歩かせ、次打者のキース・ギンターも歩かせて塁を埋めれば、打席に今日2安打のジェフ・ジェンキンスを迎えなければならない。封殺や併殺の可能性こそ高くなるものの、これは危険が大きいとマイリーは判断したのだろう。ただ彼は、ヨーストのとった「初球スクイズ」という戦術を見抜けなかった。ヨーストは、ブレーヴスの策士ボビー・コックスのもとで十二年間もコーチをつとめていた経歴を持つ。

かくて、球史に残る逆転劇は完結した。これほどの大逆転は二〇〇一年九月に、インディアンスが12点差をひっくりかえしてマリナーズを破ったとき（最終的なスコアは15対14。日本のテレビでも放送されたから、ご記憶の方は多いだろう）以来である。資料を調べてみたら、ブルワーズは一九八六年に8点差を覆してインディアンスに勝ったことがあるが、9点差の逆転劇は球団史上初めてのことだった。一方のレッズは、はるか昔の一九三〇年、リグレー・フィールドでカブスに9点差をひっくりかえされたことがある。

それにしても、バントが試合を決めた場面は印象が強い。最近では二〇〇三年のALDS第一戦の十二回裏、アスレティックスのラモン・ヘルナンデスがレッドソックスを相手に決めたサヨナラ・バントヒットが記憶に新しい。あるいは、一九九七年のALCSでインディアンスがオリオールズのバント戦術をあざやかに読み切って、ワールド・シリーズ進出への足がかりとした場面を思い出してもよい。あれはたしか、0対0で迎えた七回裏のことだった。状況は無死一、二塁。打席には、抜群のバット・コントロールを誇るロベルト・アロマー。ヒットエンドランも送りバントも選択肢に入ってくるこの状況で、アロマーはインディアンスの投手チャールズ・ナギーの一球目を見送った。前進する構えを見せていた三塁手のマット・ウィリアムスも定位置に下がる。オリオールズのベンチはこのとき、「ローテーション」はないと判断したにちがいない。

「ローテーション」とは、打者のバントに対して、一塁手と三塁手が猛然とダッシュし、遊撃手が三塁を、二塁手が二塁をカバーする攻撃的な守備のことだ。ただしインディアンスは、この守備態勢を年に数回しかとらない。アロマーは二球目を三塁線に転がした。ところがその瞬間、ウィリアムスは全速で前に突っ込み、振り向きざま、三塁へ入ったオマー・ビスケルに送球して二塁走者のマイク・ボーディックを封殺したのだった。不意討ちのローテーションに遭って、オリオールズの好機は断たれた。インディアンスは久々にワールド・シリーズへ進出し、オリオールズの監督デイヴィ・ジョンソンは、その後、長い冬を迎えることになる。

エニシング・ゴーズ

浮上せよ、大底タイガース

レッドソックスがカート・シリングとキース・フォークを手に入れ、投手陣の大補強に成功した。それに負けじと、ヤンキースも「現代最高の内野手」アレックス・ロドリゲスを獲得した。そのヤンキースを出たアンディ・ペティートは、いったん引退を表明したロジャー・クレメンスとともに故郷テキサスのアストロズに新天地をもとめた。アストロズの好敵手カブスも、開幕直前に大投手グレッグ・マダックスの入団を発表し、ただでさえすばらしい投手陣をさらに強化した。

二〇〇四年の大リーグは、とかく大物選手の移動がメディアを賑わせた。これ以外にも、強打好守のブラディミール・ゲレロや剛腕バートロ・コロンを迎え入れたエンジェルス、球界最高の抑え投手ビリー・ワグナーをメンバーに加えたフィリーズなど、派手な補強に成功したチームは、かなりの数にのぼる。

いま挙げた球団が今季のペナントを争うのは、まずまちがいない。戦力だけを見ても、他の球団にくらべて彼らは圧倒的に層が厚い。年間百六十二試合の長丁場を乗り切るためには、この分厚さがなによりも決定的な要因となるはずだ。

ところが――。

各球団がまだ十試合も消化していない時点でこんなことをいうのはずいぶんせっかちな話だが、二〇〇四年の大リーグには「春の珍事」を思わせる現象が起こっている。

弱体球団の下克上だ。

デトロイト・タイガース（ア・リーグ中部地区）とシンシナティ・レッズ（ナ・リーグ中部地区）が、それぞれの地区で首位に立っている。ミルウォーキー・ブルワーズ（ナ・リーグ中部地区）、タンパベイ・デヴィルレイズ（ア・リーグ東地区）、ニューヨーク・メッツ（ナ・リーグ東地区）の三球団も、すべて勝率五割以上を保ち、各地区の上位に食い込んでいる。四月十二日現在、五球団の成績は、合わせて22勝13敗。その勝率は、なんと6割3分にも達する。

この数字に驚いてみせたのには、もちろんわけがある。昨二〇〇三年、レッズを除いたこれら四球団は、申し合わせたように各地区の最下位に沈んだ。唯一例外のレッズとて、ブルワーズと1勝差の地区五位だから、けっして胸を張れたものではない。四球団の平均勝率は約3割7分。ブルワーズ＝68勝94敗、メッツ＝66勝95敗、デヴィルレイズ＝63勝99敗という内訳を見れば、彼らの不甲斐なさはくっきりと浮き彫りにされるのではないか。

わけても凄まじかったのは、タイガースの残した43勝119敗という年間成績だった。あとひとつ負けていれば、このチームは、一九六二年にニューヨーク・メッツが残した「年間120敗」という近代野球史上最多敗戦記録に肩を並べるところだったのだ。

書物をひもとくまでもなく、このワースト記録を知らない野球好きはまずいない。十九世紀の昔にさかのぼれば、一八九九年にクリーヴランド・スパイダーズが残した20勝134敗という惨憺たる記録もあるのだが（この年、スパイダーズの観客動員数は平均二百人。シーズン終盤には24連敗したあとに1勝したものの、つづけてすぐに16連敗を記録するという、眼もあてられないほどの弱さを示している）、これはまあ、草創期にありがちな冗談のような事実と見なすべきだろう。

それはともかく、当時のメッツは「惨敗のシンボル」と呼ばれていた。新球団の新監督に就任したのはあのケイシー・ステンゲルだったが、毒舌をもって鳴る七十二歳の名将も、彼らの弱さには愕然を通り越して茫然とするほかなかったらしい。

《よくもあれだけつぎつぎと、新しい負け方を発明するものだ》

《メッツのゲームよりもひどいのは、メッツのダブルヘッダーだけだ》

こんな迷言が活字になって残るほど、メッツはひたすら負けつづけた。六三年以降の三年間もすべて百敗以上を記録し、最下位の座を永久指定席にするのではないかと揶揄されるほどだった。となると、その弱さを嘆くのは、ステンゲルひとりにとどまらない。そのころのニューヨークでは、《メッツが優勝する前に人類は月を歩くだろう》というジョークが大真面目でささやかれた。この冗談はやがて真実となる。ただし、アームストロング船長が月の表面を歩いた一九六九年七月あたりから、メッツは別の球団のように勝ちはじめ、ついには奇跡のワールド・シリーズ制覇をなしとげるにいたるのだ。まあ、これもまた別の話になるのだが。

二〇〇三年のタイガースは、そんなメッツを彷彿させる弱さを、いたるところで露呈した。まずこのチームは、開幕直後に9連敗を喫する。そして、初勝利の喜びもつかのま、そのあとすぐに8連敗を記録するのだ。

この屈辱劇の主役は、開幕投手マイク・マロースをおいてないだろう。チームが1勝17敗の不振にあえいでいるあいだ、マロースは六度つづけて敗戦投手になった。四月末の時点で0勝6敗の成績に終わった投手は、史上二人目である。五月上旬、リヴェンジを誓ってオリオールズ戦のマウンドに登った彼は、七回までノーヒットの好投を演じる。が、このときも、天は二十五歳の左腕投手に味方しなかった。これで7連敗となったマロースは、対ホワイトソックス戦で初勝利をあげるまでに、つづけて九度も敗戦投手の烙印を捺されてしまうのだ。

結局彼は、九月のトロントで記念すべき「二十敗投手」になった。記念すべき、などと意地悪な書き方をしてしまったのは、これが二十三年ぶりの珍事だからだ。昔にくらべてチーム間の戦力格差が縮小し、投手の分業制が発達した現在、二十勝投手が減った以上に二十敗投手の姿は見かけられなくなった。一八八三年にはジョン・コールマン（フィリーズ）という投手が年間48敗という気の遠くなるような数字を残しているものの、一九八〇年のブライアン・キングマン（アスレティックス。8勝20敗）を最後に二十敗投手は出ていなかったのだ。ついでに書いておくと、じつはタイガースにはもうひとり、二十敗投手の出現する可能性があった。もうひとりとは、弱冠二十歳のジェレミー・ボンダーマンだ。ただしこの芽は、九月に入って彼が18敗目を喫し、先発ローテーションから外されたことによって摘まれてしまった。理由を訊かれて、監督のアラン・トラメルは「ひとつのチームに、二十敗投手はふたりも要らない」と答えたらしい。

それでもタイガースは、二〇〇三年終盤、歴史を相手にあっぱれな戦いぶりを見せた。六二年のメッツが最後の20試合で4勝16敗の成績しか残せなかったのに対し、こちらは最後の6試合を

5勝1敗の好成績で乗り切り、かろうじて屈辱をまぬかれたのだ。最終戦の先発投手は、あのマロース。彼はこの登板を勝利で飾り、苦しみのつづいた円環を幸福に閉じることができたのだった。

そんな経緯を知っているだけに、私はタイガースの逆襲が気になってならない。惨敗の一年が過ぎたあと、この球団は、地味だが渋い補強に乗り出した。内野手のフェルナンド・ビーニャ、外野手のロンデル・ホワイトといった手堅い脇役に加えて、マーリンズを世界王者に導いた名捕手イバン・ロドリゲスをチームの一員に加えたのだ。

三十球団中最高のチームから最低のチームへ。そのずんぐりした体型から「パッジ」と綽名されるロドリゲスの加入は、若い投手の多いタイガースには大きな意味を持つ。じっさい、去年あれほど苦しんだマロースやボンダーマンは、わずかの間に明らかな進境を見せている。そもそも、この球団がこれほど幸先のよいスタートを切ったのは、一九八六年以来、じつに十八年ぶりのことではないか。

もちろん、この好調がいつまでもつづくとは私にも思えない。なるほど、十四年前にはブレーヴスやツインズが前年の最下位から一躍首位に躍り出て、ワールド・シリーズで相まみえるというおとぎ話もあった。が、前の年に百敗以上しながら、その翌年ポストシーズンへ進出したチームは史上皆無なのだ。私も、タイガースにそこまでの活躍は期待しない。ただ、このチームが両リーグを通じて最弱の地区に属しているだけに、ひょっとするとひょっとするかもしれない、という幻想だけは売り払わずにおこうと思う。ミュージカルの題ではないが、二〇〇四年の大リーグは「エニシング・ゴーズ（なんでもあり）」の気配を色濃くたたえているからだ。

ヒスパニック・オールスター

グレロ、ラミレス、プーホルス、ベルトラン

三年連続でファン投票第一位だったイチロー（マリナーズ）が、今年はいまのところ五番目の票数しか得ていない。ブラディミール・ゲレロ（エンジェルス）、マニー・ラミレス（レッドソックス）、ジョニー・デイモン（レッドソックス）、ゲイリー・シェフィールド（ヤンキース）の四人が彼の上にいる。断るまでもないだろうが、これはオールスターの得票数の話だ。もう少しくわしくいうなら、ア・リーグ外野手部門の争いだ。六月一日現在、イチローの得票数は約三十一万票。これはゲレロやラミレスの得票数の半分にも満たない。が、私などが案じるまでもなく、イチローはきっとファン投票でオールスターに出場するはずだ。なによりも強い追い風は、五月に達成した自身二度目の月間五十安打の記録だ。これで彼の打率は、リーグ七位の3割3分9厘にまで跳ね上がった。イチローの安打製造能力からいえばまだまだ物足りない数字だが、おそらく今季の目標は、新人の年から四年連続の二百本安打達成だろう。これは大リーグ史上、だれひとり打ち立てていない金字塔だ。そのためには、いまエンジンを全開にする必要はない。むしろ、夏の終わりの苛酷な時期を乗り切るためにも、ここは鞭を入れないほうがよいだろう。京都競馬

場の坂ではないが、「抑えて上り、抑えて下る」コツを、イチローはそろそろ会得しつつあるのではないか。

いや、ここで取り上げたかったのは、イチローの個人成績ではない。私が指摘したかったのは、七月十三日にヒューストンで行なわれる今年のオールスターが、いつにもまして多民族的な祭典になるのではないかということだ。さらにいうなら、その象徴はア・リーグの外野手部門かもしれない。

ゲレロとラミレスの破壊力は、とりわけ眼を惹く。六月一日現在、ゲレロは3割5分2厘／14本塁打／50打点、一方のラミレスは3割5分1厘／15本塁打／40打点と、ほぼ相似形の打撃成績を残している。ふたりは、ともにドミニカ共和国の出身だ。共通するイメージは、「怪物」。とくに、去年までエクスポズに在籍して弱小球団の悲哀をいやというほど嘗めさせられてきたゲレロは、西地区の首位を走るエンジェルスの主砲として、とても楽しげにプレーしている。去年はやはりドミニカ出身のアルバート・プーホルス（カーディナルス）があと一歩のところで三冠王を逃したが、今年はゲレロが最短距離にいる。顎を突き出し、地表すれすれの低い球をバットの先端に乗せて外野席まで運ぶ打撃を見ていると、大リーグが「怪物の楽園」であることをあらためて実感させられる。これにイチローや松井秀喜（ヤンキース）、さらにはキューバ生まれの絶好調男アレックス・サンチェス（タイガース）やエンジェルスの四番に成長したドミニカ出身のホゼ・ギーエン、やや調子落ちだが潜在能力は抜群のカルロス・ベルトラン（プエルトリコ出身、ロイヤルズ）あたりが加わると、アメリカ合衆国以外の国で生まれた選手だけで出場枠が埋まってしまうような気がする。

得票数の高い外国人選手は外野だけにとどまらない。「きつくて汚くて危険な3Kの職場をアメリカ人が嫌がった結果」と揶揄されることさえあるように、捕手というポジションはいまやヒスパニック系の独占状態に近づきつつある。人気投票の首位を争っているのは、イバン・ロドリゲス（タイガース）とホルヘ・ポサダ（ヤンキース）というふたりのプエルトリカンだし、そのあとにもハビー・ロペス（プエルトリコ出身、オリオールズ）やビクトール・マルティネス（ベネズエラ出身、インディアンス）といった実力派が控えている。

なかでも人気の高いのは、小太りの体型から「パッジ」と呼ばれるイバン・ロドリゲスだ。一九九二年から二〇〇一年まで、レインジャーズの中心選手として十年連続でオールスター出場を果たしてきた彼は、若手主体のマーリンズを世界王座に導いた二〇〇三年につづいて、今季は昨年119敗を喫したタイガースを勝率五割ラインに浮上させる原動力になっている。この調子だと、かつての地元に近いヒューストンで、《パッジを大統領に》と書かれたバナーの翻る光景が見られるかもしれない。

人気の高さでは、二塁手のアルフォンゾ・ソリアーノ（ドミニカ出身、レインジャーズ）もひけをとらない。現在46三振（それでもメッツの松井稼頭央よりは7個も少ない）と相変わらずの粗っぽさだが、獲得票数は、いまのところ全ポジションを通じて第一位。アレックス・ロドリゲス（ヤンキース）との交換で「テキサスに売られた」という同情票を集めた上に、奔放なイメージと意外性が観客に好感をもたれているのだろう。

ファン投票で選ばれるヒスパニック系は、ア・リーグではこの四人（ゲレロ、ラミレス、I・ロドリゲス、ソリアーノ）、ナ・リーグでは、アルバート・プーホルスとサミー・ソーサ（ドミニカ出身、カブス）の二人だろうが、監督推薦を受けそうな渋い脇役はほかにも多い。

私がア・リーグで注目するのは、二塁手のファン・ウリベ（ドミニカ出身、ホワイトソックス）と三塁手のメルヴィン・モーラ（ベネズエラ出身、オリオールズ）だ。このふたりは、とにかく打撃面での成長が著しい。二割七分ヒッターだったウリベはここへ来て三割台の打率をマークしているし、去年の後半戦まで首位打者争いにからんだモーラは、今季もいまのところ3割7分9厘の高打率（出塁率は4割6分5厘）で黒馬ぶりを遺憾なく発揮している。もし仮に、遊撃手のミゲル・テハダ（ドミニカ出身、オリオールズ）が推薦され、今季不振のカルロス・デルガド（プエルトリコ出身、ブルージェイズ）やラファエル・パルメイロ（キューバ出身、オリオールズ）が一塁手に選ばれたりしたら、ア・リーグは野手全員がヒスパニック系になる可能性も出てくる。

一方のナ・リーグにも実力派のヒスパニック系が少なくない。まず三塁には、マイク・ローウェル（プエルトリコ出身、マーリンズ）、アラミス・ラミレス（ドミニカ出身、カブス）、エイドリアン・ベルトレ（ドミニカ出身、ドジャース）と三割打者が三人もそろう。リーグMVPの最有力候補と目されるスコット・ローレン（カーディナルス）のファン投票首位は動かないだろうが、ローウェルの成績はローレンにひけをとらない。

ただ、今季のナ・リーグは、ヒスパニック系のオールスター常連にいつもの精彩がない。遊撃手のエドガー・レンテリーア（コロンビア出身、カーディナルス）やラファエル・ファーカル（ドミニカ出身、ブレーヴス）は二割五分前後の打率に低迷しているし、外野手のアンドルー・ジョーンズ（キュラソー出身、ブレーヴス）やボビー・アブレウ（ベネズエラ出身、フィリーズ）も三割の壁を破れないでいるのだ。むしろ今季の期待は、伸びざかりのミゲル・カブレラ（ベネズエラ出身、マーリンズ）や中堅として地歩を固めつつあるダニー・バティスタ（ドミニカ出身、ダイヤモンドバックス）あたりが担うべきなのかもしれない。
とまあ、こんなわけで、二〇〇四年のオールスター・ゲームはかなり多民族色の強いものになるはずだ。投手陣に眼を移しても、ペドロ・マルティネス（ドミニカ出身、レッドソックス）やマリアーノ・リベラ（パナマ出身、ヤンキース）といったお馴染みの顔に加えて、カルロス・ザンブラーノ（ベネズエラ出身、カブス）、ハビア・バスケス（プエルトリコ出身、ヤンキース）、ヒヨハン・サンタナ（ベネズエラ出身、ツインズ）らの登板に期待がふくらむ。それにしても、ヒスパニック系だけでオールスターのラインナップが組めてしまうというのは、かなり強烈な光景ではないか。大リーグの間口の広さといえばそれまでの話だが、ブラジル代表対多国籍チームのエキシビション・マッチが行なわれるサッカーの世界と同様、いずれはアメリカ代表対多国籍チームのオールスター・ゲームも企画されることになるだろう。その意味では、アメリカ人選手の新顔からも今季は眼を離せない。さしあたって私が注目しているのは、ジャック・ウィルソン（遊撃手）とクレイグ・ウィルソン（外野手）のパイレーツ・コンビだ。このふたりは、ひょっとすると大化けするかもしれない。

インターリーグ
原理主義者を黙らせた交流試合

二〇〇四年のインターリーグ・プレー（リーグ間交流試合）は、なかなか賑やかだった。まず、ヤンキースとドジャースが一九八一年のワールド・シリーズ以来、二十三年ぶりに戦った。そのドジャースは、レッドソックスの本拠地フェンウェイ・パークを、一九一六年以来、なんと八十八年ぶりに訪れた。当時のドジャースは、ブルックリン・ロビンズと名乗るチームだった。両者がワールド・シリーズで対決したのはこれが最初で、いまのところ最後だ。その年はレッドソックスが四勝一敗でシリーズを制するのだが、二年後、一九一八年にカブスを倒したのを最後に、彼らはワールド・チャンピオンの座から遠ざかる。背景に「バンビーノの呪い」があったことは、小学生でも知っている。

レッドソックスよりさらに運の悪いカブスは、同じシカゴに本拠地を持つホワイトソックスと今季6試合も戦った。この「南北対決」も、ワールド・シリーズでは一九〇六年以降、一度も実現しなかった。シカゴ北部の中産階級に愛されるカブスと、シカゴ南部の労働者階級に支えられるホワイトソックスの対決。九十八年前は、ホワイトソックスの勝利だった。二十世紀初頭に黄金期を迎えたカブスは、この年を皮切りに三年連続でシリーズに進出し、二度のシリーズ制覇を果たした。が、一九〇八年にタイガースを倒して世界王座についたあと、かくも長き不在がこの球団に訪れるとはだれが想像しただろうか。

いや、そこまで時代をさかのぼらずともよいだろう。文字どおりサンフランシスコ大地震に揺れたアスレティックス対ジャイアンツのベイブリッジ・シリーズ、インターステイト・フリーウェイ七〇号線で結ばれたカーディナルス対ロイヤルズのI―70シリーズ、そして知らぬ者とてないヤンキース対メッツのサブウェイ・シリーズ……思いつくままに指を折ってみても、今年のインターリーグ・プレーには「懐かしのワールド・シリーズ再現カード」がずらりと組まれていた。その結果、インターリーグ・プレーの観客動員数は、平均で三万三千二十四人に達した。今季、通常のリーグ戦観客数は平均で二万九千百四十一人だから、これは一三・三パーセント増という計算になる。この構想がスタートしてから今年で八年目。過去七年間の平均が一四・三パーセント増で、二〇〇三年が一二・四パーセント増だったから、興行的に見てもまずまずの数字だろう。シーズン中盤の欠かせない楽しみとして、この催しは完全に定着したと見てよいと思う。

一九九七年、この企画が初めて世に問われたときの反応はさまざまだった。最も大きな声で反論したのは「野球の原理主義者」と称される人々である。いまにして思えば、彼らの反対意見は単純だった。「そんなことをはじめたら、ワールド・シリーズの有難味がなくなってしまう」「ナ・リーグにはナ・リーグの、ア・リーグにはア・リーグの特質がある。それは、純粋培養して保持されるべきものだ」――大まかにいうと、これが反論の中身だ。

ところがいったん蓋をあけてみると、こうした反論は意外にあっけなく蒸発した。新しもの好きの私も、その年さっそくカリフォルニアの球場に足を運んでみたのだが、観客の反応はじつに楽しげだった。ロサンジェルスでは「守備の」ドジャースが、ケン・グリフィー・ジュニアを軸とする「強打の」マリナーズから二桁得点を奪って大勝した。サンディエゴでは……正確なスコアはもう忘れてしまったが、パドレスが延長戦でレインジャーズをくだした。それよりも記憶に鮮明なのは、ロサンジェルスからサンディエゴに移動する車のラジオでダイアナ妃の事故死を聞いたことと、クァルコム・スタジアムの電光板に『野球術』の著者ジョージ・W・ウィルの顔が大きく映し出されたことだ。そうそう、この日の暑さは凄まじかった。LAで合流した旧知の赤瀬川隼さんも私も、真っ赤になった腕や首筋を氷のたっぷり入ったレモネードでずっと冷やしつづけなければならないありさまだった。いやはや、そんな猛暑のせいか、こちらも観客の反応はおだやかというか、茫漠としたものだった。かたくなな原理主義者はどこにいるのか、と私は思った。思った直後、考えはすぐに変わった。一九七〇年のオールスター戦、延長十二回裏に二塁走者のピート・ローズがア・リーグの捕手レイ・フォッサムに体当たりしてサヨナラ勝ちを収めたときのような「リーグ間の激しい対抗意識」は、もはや消滅しているのだ。ヤンキースとドジャースが、七七年、七八年、八一年と続けざまにワールド・シリーズで対決したころの深い宿敵意識も過去のものとなっている。スパーキー・アンダーソンやトニー・ラルーサなど、両リーグを渡り歩く名将の数が増えたことも、垣根の崩れた一因といってよいだろう。ただ、注意深く見れば、微妙なニュアンスのちがいはそこここに存在する。最も顕著なのは、DH制の有無とそれに伴うバントやダブルスイッチの仕掛けどきだ。これもいっそ、普段は投手が打席に立つナ・リーグの球場で交流試合を行なうときにこそDH制を採用してみてはどうだろうか。観客を楽しませることをなによりも重視する大リーグならば、来年あたり、この企画を実行に移す可能性がある。

それにしても日本のプロ野球界はなぜ、インターリーグ・プレーの構想を推し進めなかったのだろうか。球団合併問題や一リーグ制への移行に揺れる昨今の状況を見るにつけ、私は首をひねらざるを得ない。彼らは、「五球団では日程が組めない」とこぼす。なるほど、両リーグの交流しない五球団ならば、その言い分は正しい。だが、合計四つの球団が合併して全体が十球団になった場合、五球団ずつの二リーグ制を布いても、インターリーグ・プレーの構想さえ導入すれば日程を組む上でなんら支障は生じない。

具体的にいおう。同一リーグ内の対戦を四試合とインターリーグ・プレー（セ・リーグの球団対パ・リーグの球団）を一試合組めば、日程上の空白は生まれない。そうすれば、従来のカードと並行して、今週はタイガース対ライオンズ、来週はカープ対ホークスといった具合に、普段は見られないカードを週替わりで楽しめることになる。あるいはここに、「リーグ再編」という考え方を持ち込んでもよいだろう。パ・リーグの観客動員がそんなに少ないというのなら、不人気の球団をひとつセ・リーグに移し、集客力の高いセ・リーグの球団（ジャイアンツに依存しなくてもやっていける球団）をひとつ、パ・リーグへ持ってくればよいではないか。それが無理なら、大リーグで実施されている贅沢税の導入という手もある。これは人件費に上限を設け、それを超えた裕福な球団が一定程度の金額をプロ野球機構に納め、収入の少ない球団に機構側がそれを再分配するというアイディアだ。いまとなってはもう手遅れかもしれないが、このシステムを導入し、ドラフトの逆指名制度を廃止しておけば、いまのような惨状は避けられたにちがいない。いや、それとも、そんなことは百も承知で、「惨状」の出現を待ち望んでいた勢力があったということか。

もちろん、これらの発想にも限界はある。リーグ再編や贅沢税の導入という処方は、プロ野球の財政危機がここまで深刻になる前に打つべき手だった。インターリーグ・プレーにしても、本来は長丁場のレギュラー・シーズンに対するスパイスやアクセントの位置を占める。いいかえれば、各チームが年間12試合から18試合、時期を集中して行なうところに、この制度の妙味はあるのだ。それを、シーズンを通して日常的に行なえば、新鮮味や緊張感はどうしても薄れてしまうだろう。ただ、と私はもう一度首をかしげる。いま日本の球界を騒がせている合併問題の背後には、「とにかく一リーグ制にしてしまえ。採算のとれない球団はつぶして、おたがい楽になろうじゃないか」という経営者側のコンセンサスがあまりにも露骨に見え透く。となれば、それに異議を唱える発想や構想は、すべて邪魔者あつかいされざるを得ない。だが彼らは、「観客を楽しませる野球」という側面をどう考えているのか。日本野球にはほとんど愛想を尽かしている私だが、野球の根源にある楽天性や寛容が、利益や権益のみを求める論理に押しつぶされてしまうのは、やはり見るに堪えない。野球に快楽をとりもどす手だては、まだまだほかに考えられるはずだ。

GMの七月

マネーボールだけでは終わらない

この時季が来ると、私は「心機一転」という言葉を思い出す。ふだんはめったに使わない言葉だし、そんな状態や実感が存在することさえ忘れかけているのに、そう呼ぶほかないような現実を目の当たりにすると、これが死語ではないことを思い知らされてしまうのだ。たとえば、マリナーズから戦力外通告を受けたジョン・オルルッド一塁手はヤンキースに拾われ、二日間で8打数5安打4打点の固め打ちを見せた。やや強引な六人トレードでドジャースからマーリンズへ移籍したポール・ロドゥーカ捕手も、ユニフォームが変わるなり三日間で12打数7安打3打点と大暴れし、ナ・リーグ東地区の混戦に拍車をかけようとしている。

ご承知のように、大リーグでは東部時間の七月三十一日午後四時に、シーズン中のトレードが締め切られる。より正確にいうと、「ウェイバーにかける必要のないトレード」が締め切られるのだが、これについてくわしく説明すると話がややこしくなるので、ここでは省くことにする。要するに、通常のトレードは、このあとシーズン閉幕までできなくなると思えばよい。

ということは、ここは各球団のGMにとって思案のしどころ、知恵の絞りどころとなる。プレーオフやワールド・シリーズを視野に入れている球団ならば、これは戦力補強の最後の好機だ。来季フリーエージェントの資格を得る大物選手をかかえている（しかもその選手がよそへなびきそうな気配を示している）球団ならば、これは千載一遇の売り時というべきだろう。経営資金に乏しく、年俸が安くて潜在能力の高い若手を必要とする球団ならば、これを願ってもない青田と見るにちがいない。

つまり、各球団の利害や思惑はそれぞれに異なる。ただ、われわれ観客側から見て最もわかりやすいのは、優勝争いをしているチームの戦力補強にほかならない。もっとわかりやすくいえば、「優勝を狙える球団が、下位に沈んでいる球団から有力選手を獲得する」という構図だ。今季の場合、目玉はアリゾナ・ダイヤモンドバックスのランディ・ジョンソン投手だった。

喉から手が出るほどジョンソンを欲しがっていたのは、ア・リーグ東地区を独走するニューヨーク・ヤンキースである。今季のヤンキースは、不思議な勝ち方をつづけている。打率も防御率もけっして傑出していないのに（本塁打数だけは全球団中最多）、とにかく負けない。もちろんこれには名将ジョー・トーリの采配があずかって力あるのだが、幸運の要素もいくらかは考慮する必要がある。が、運頼みの成果に安んじるほどこの球団は甘くない。高齢で故障の多い先発投手陣にテコ入れをしておかなければ、プレーオフでの苦戦は眼に見えている。二〇〇一年や〇三年のように短期決戦の切り札不足に泣くという失態は、どうにかして避けなければならない。そこで白羽の矢を立てられたのがジョンソンだ。もうじき四十一歳を迎えるとはいえ、今年の五月に史上最年長で完全試合を達成した三振奪取王の剛腕に衰えは感じられない。しかも今季は、所属するダイヤモンドバックスが信じられぬほどの不調で瓦解し、ナ・リーグ全体で最低の勝率

（あのエクスポズよりも低いのだ）に呻いている。もうひとつ、ジョンソンの契約は来年いっぱいまで残っているが、ダイヤモンドバックスはそれまでに二千二百万ドルという巨額の俸給を払わなければならない。あれやこれやの条件を勘案すると、裕福なヤンキースがジョンソンを獲得するのは既定の事実と思われていた。

結論からいうと、ジョンソンはアリゾナに残留した。ヤンキースが交換要員にあげた一ダース近い有望若手選手の名に、ダイヤモンドバックス側は魅力を感じなかったらしい。三角トレードではどうか、というヤンキースの提案にも、彼らはうんといわなかった。その裏には、いま売り急がずとも今季閉幕後にゆっくり交渉相手を探せばよいという計算の働いた可能性がある。ただ、ジョンソンとの契約には「ヤンキース以外にはトレードしない」という条項がふくまれているといわれる。となるとこれは、アリゾナの球団再建計画の根本とも関わってくる。ジョンソンやリッチー・セクソンなど高額年俸の選手を一掃し、長期的にチームを作りなおすか。それとも、ジョンソンやセクソンをパン種としてチームを改造し、比較的短期間のうちにそこそこの戦力を整備するか。私がGMならば前者を選択すると思うが、狸や蝮の暗躍するこの業界だけに、今後の展開は予断を許さない。

その一方で、世間をあっといわせたのは、遊撃手ノマー・ガルシアパーラのカブス移籍だった。いうまでもないが、ガルシアパーラは「不運の球団」レッドソックスの顔である。その彼が、不運にかけてはレッドソックスに勝るとも劣らぬカブスに移ったのだから、これはもうブロックバスターというほかない。しかもこのトレードには、四球団が関与している。ガルシアパーラとマット・マートン（シングルAの好打者）を獲得したカブスは、正遊撃手のアレックス・ゴンザレスに加えてフランシス・ベルトランとジャスティン・ジョーンズの両投手、さらには内野手のブレンダン・ハリスという若手の有望株を放出した。ゴンザレスとベルトランとハリスを受け入れたエクスポズは、今季終了時にFAの有資格者となるオーランド・カブレラ遊撃手をレッドソックスに譲渡した。レッドソックスは、それに加えてツインズの一塁手ダグ・ミントケイヴィッチを獲得する。ツインズはその見返りに、カブスが出したジョーンズ投手を手に入れた。

ややこしく見えるかもしれないが、これが四球団間トレードの鳥瞰図だ。ただ、私の眼から見ると、このトレードはきわめて合理的に映る。ア・リーグのプレーオフをにらんで、レッドソックスは内野の守備を固めたかった。ナ・リーグで同じ立場にあるカブスは、強打の遊撃手が欲しくてたまらなかった。本拠地移転直前のエクスポズは、カブレラよりも年俸の安い遊撃手と有望な新人を必要としていた。若手育成で経営維持を図るツインズは、ルー・フォードやジャスティン・モルノーの急成長で、ミントケイヴィッチを売りに出す余裕ができた。それともうひとつ、ガルシアパーラが今季の開幕前からトレード候補にあげられていたことを忘れてはなるまい。レッドソックスのGMテオ・エプスタインは、彼やマニー・ラミレスを売りに出してまでも、あのアレックス・ロドリゲスを獲ろうとしたのだ。Aロッドは、結局ヤンキースへ行った。かつて二度も首位打者に輝いたガルシアパーラは、この仕打ちに深くプライドを傷つけられた。つまり彼は「ボストンで最も不幸なスター」になってしまった。今季前半戦、アキレス腱の故障で38試合にしか出場できなかったのも、多分にメンタルな要因が作用しているはずだ。

ただ、文字どおり四方丸く収まったかに見えて、このトレードには落とし穴が隠されている。カブスとレッドソックスにとって最大の懸念は、今季終了時にFA資格を得るガルシアパーラやカブレラが、来季開幕前にさっさとチームを去ってしまうことだ。となると、両チームにはショートストップがいなくなる。双方とも裕福な球団だけに、そんな事態にはおそらく至らないだろうが、もしそうなった場合、有望な若手を放出してまでプレーオフに賭けたカブスの痛手は相当に深い。この数年、とみにカブスびいきの傾きを強めている私としては、今季こそ大団円(少なくともリーグ制覇)を期待したいところだが、さて、望みは叶うかどうか。

それにしても、大リーグのGMたちは、ほんとうによくものを考える。損得を緻密に計算し、権謀術数をめぐらし、チームの強化策に頭をひねり、なおかつ彼らは、身体の奥底で選手の才能に敬意を払い、「楽しい野球」を探し求めている。日本プロ野球界の経営者たちも、少しはこれを見習えないものか。「大衆迎合の姿勢はロクなものではない」と反ポピュリズムを標榜するのはけっこうだが、そんな彼らに「才能に対する敬意や愛情」が欠落しているのは致命的というほかない。野球選手は、実業家や政治家などよりもずっと稀有でずっとマジカルな存在なのだ。青いことをいうようだが、世の中を楽しくするのは金持ちや権力者ではなく才能ある人々だという事実は、忘れずにいたいと思う。

ヒットパレード

イチローがとまらない

いやはや、とんでもないことになってきた。それとも、なるべくしてこうなったというほうが正確なのだろうか。うっすらとした予感はたしかにあったのだが、こんなに早く実現に近づくとは思っていなかった。彼の素質の深さと学習能力の高さと進化の速さは、私の予想を上回っていたのだろう。いうまでもないが、私は二〇〇四年九月か十月にイチローが達成しそうな史上最多年間安打記録を念頭においている。

大リーグの年間最多安打記録は、一九二〇年にジョージ・シスラーが到達した257本である。過去八十四年間、この記録は塗り替えられずにきた。ロジャース・ホーンズビー、アル・シモンズ、ビル・テリーといった安打製造機も、ルー・ゲーリッグ、ジョー・ディマジオ、テッド・ウィリアムスといった天才も、ロッド・カルー、ウェイド・ボッグス、トニー・グウィンといった職人も、だれひとりとして破ることができなかったのだ。

その記録更新を、イチローが射程圏内に収めている。九月十日現在で229安打。残り23試合で28本のヒットを打てば、彼はシスラーと並ぶ。現在のペース（過去三十日間の27試合で115

打数52安打）を考えれば、怪我や病気や謀略や自滅に見舞われないかぎり、更新の可能性は非常に高い。

イチローの記録ラッシュは、八月末からはじまった。その勢いは凄まじいというほかない。私は、驚くのを通り越して笑い出してしまいそうになった。

まず八月二十六日には、「新人の年から四年連続で二百本安打」の大リーグ新記録が達成された。これは、ロイド・ウェイナー（一九二七年～二九年）とジョニー・ペスキー（四二年～四七年。四四年と四五年は兵役）が保持していた「三年連続」を久々に破るものだった。

八月二十八日には、五月と七月につづいて「今季三度目にして二ヵ月連続の月間五十安打」が生まれた。これまでは、一九三六年にジョー・メドウィックの達成した「一年に二度の月間五十安打」がベストだった。さらに九月二日、イチローは今季217本目の安打を放ち、カービー・パケットのつくった「四年間通算安打数」の戦後最多記録（879本）に並びかけた。去年までのイチローの通算安打数は三年で662本だから、今季256安打を放てば、彼はこの部門でも史上ベストワン記録に肩を並べることになる。ちなみに「四年間通算安打数」の最多記録保持者はビル・テリーだ。一九二九年から三二年にかけて、テリーは合計918本のヒットを打った。つまりイチローは、あと29本のヒットを積み重ねれば「不滅」と呼ばれた二つの安打記録を一挙に更新することになる。ついでにいっておくと、一九三〇年のテリーはシスラーの記録にあと3本と迫る年間254安打を放ち、いまのところナ・リーグ最後の四割打者となっている。

それにしても、と私はつくづく感心する。数字の語りかけてくる事柄もさることながら、イチローが呼び出してくれた伝説的プレイヤーの数は、いったい何人にのぼるのだろうか。

「年間最多安打数」の項目では、シスラーやテリーのほかに、レフティ・オドールやチャック・クラインの名が引き合いに出された。新人の年から、という枠を外せば「連続二百本安打」に関しては、ウィリー・キーラー（八年連続）、ウェイド・ボッグス（七年）、チャーリー・ゲーリンジャー（五年）やジェシー・バーケット（四年）の名がささやかれる。「四年間通算安打数」でいうなら、いまあげた選手たちのほかにタイ・カッブやジョー・メドウィックの名前がまたもや浮上してくる。

これではまるで「ある夜の降霊術師」ではないか。驚くのを通り越して笑い出してしまう、などと書いたのはそのためだ。ボッグスやグウィンやパケットといった数少ない例外を除いて、イチローと比較されるのは、一九三〇年以前に活躍した選手が多い。キーラーやバーケットにいたっては十九世紀に全盛期を迎えた選手だ。つまり彼は、デッドボール・エラ（飛ばないボールの時代）の選手たちを現代に呼びもどした。彼らの価値や魅力を、大リーグの考古学者だけにではなく、ごく普通の観客にも伝えた。パワーだけが大リーガーの条件ではないことを再認識させた、といいかえてもよい。その功績は大きい。

たとえば「ゴージャス・ジョージ」と呼ばれたシスラーは、タイ・カッブよりも七歳若く、ベーブ・ルースよりも二歳年長の世代に属していた。のちにルー・ゲーリッグやジミー・フォックス、さらにはハンク・グリーンバーグといった巨人が輩出したせいでとかく過小評価されがちだが、シスラーは「大リーグ初期では史上最高」の一塁手だった。当時の野球選手には珍しく大学へ進み、学生時代には投手として153イニングスを投げて232の奪三振を記録している。打者に転向したのは、セントルイス・ブラウンズに入団して二年目の一九一六年。例の257安打

（打率は4割7厘）を記録して初の首位打者に輝いたのは二十七歳を迎えた年のことだったが、抜群の身体能力を生かした一塁守備にもいくつか伝説が残されている。わけても有名なのは、痛烈なゴロを捕球して一塁へ山なりのトスを送ったときの話だろう。投手のベースカバーが間に合わないと見たシスラーは、脱兎のごとく一塁に駆け込み、自分が投げたトスをみずから捕って打者を刺したというのだ。逸話はまだある。三塁に走者をおいて相手チームがスクイズを仕掛けてきたときなどは猛烈にダッシュして打者走者にタッチし、そのまま本塁へダイヴして三塁走者までもアウトにしてしまったのだ。これなどは、盗塁王四回というデータからはみだす動物電気の高さをうかがわせるエピソードではないか。

もうひとり、イチローが呼び起こしたのはウィリー・キーラーの肖像だろう。一七九センチ、七七キロのシスラーも小柄だったが、キーラーは一七〇センチ、六三キロとさらに小さい。もちろん、腕力は乏しかった。使うバットも二九オンス（八二二グラム）と非常に軽量の上、極端に短く持つので、表面積の半分程度しか使うことができない。それでも彼は、あらゆる手段を講じてヒットを量産した。内野手が前進すればライナーで頭上を抜き、後退すればバントを決め、外野手の間を狙い撃ちして長打を放つ……というのはどれもイチローを彷彿させる技だが、野球史上最も名高いのは「ボルティモア・チョップ」と呼ばれた頭脳的内野安打だろう。

キーラーの所属したオリオールズ（ヤンキースの前身）の本拠地ボルティモアの内野は、暑い季節を迎えるとレンガのように硬くなった。キーラーはこの特性に眼をつける。ゴロをグラウンドに強く叩きつけて高くバウンドさせれば、落ちてくるまでに時間がかかるというわけだ。敵の野手は空を仰いでいらだち、キーラーは内野安打を稼いだ。七十数年後の人工芝球場全盛時代に

ウィリー・キーラー（1872～1923）

この打法がふたたび注目を集めたことは、われわれの記憶にも新しい。

そんなこんなの技巧を駆使して、キーラーは一八九四年から一九〇一年まで八年連続で二百本安打を記録し、二度の首位打者を獲得した。とりわけ輝いたのは一八九七年だ。この年239本のヒットを打って4割2分4厘の高打率を残した彼は、開幕から44試合連続安打という快挙も達成する。むろんこの記録は一九四一年のジョー・ディマジオに破られるのだが、ナ・リーグ記録としてはいまなお生き残っている（ピート・ローズとタイ）。

イチローは、こんな選手たちの神話や伝説を野球好きの脳裡によみがえらせた。野球が「過去と交信するスポーツ」である以上、その触媒的役割はとても大きい。アメリカのファンも、その価値には十分に気づいている。デイン・ペリー（フォックス・スポーツ）やジョン・ドノヴァン（スポーツ・イラストレイテッド）のイチローに対する批判（パワーが足りない。打点が少ない。優秀な選手だが偉大な選手ではない）が意外なほど反発を買ったのも無理からぬことだと思う。高まる一方のプレッシャーをはねのけて、最多安打記録はぜひとも達成してもらいたい。イチローはさらに先を眺望しているだろうが、それはまた別の話になる。

狂気と四割

イチローという驚異的変人

イチローの価値を探りたい。価値だけでなく、彼の「意味」も探りたい。意味というよりも「味」といったほうが適切かもしれないが、うまくいけば、それは探査の過程で追い追い明らかになっていくだろう。ま、これは希望的観測。

木を見て森を見ず、という言い方があるが、二〇〇四年のイチローは、この言葉とは対照的な作用を見る側にもたらす存在といってよかった。なにしろ、彼が安打数を増やすたびに、歴史的な大選手の名前、伝説的な強打者の名前がつぎつぎと呼び出されてくる。つまりわれわれ観客は、イチローという一本の木を通じて、アメリカ野球史という巨大な森のさまざまな姿に接することができたのだ。その現象については、前回も触れたことだからここでは詳述しない。ただ、二十一世紀の観客が、彼を通じてジョージ・シスラーやビル・テリーの名に親しむことができたという事実は、しつこく指摘しておきたい。イチローが262本のヒットを打たなかったら、彼らの名前はこの先しばらく、歴史の薄闇に埋もれたままだったかもしれないからだ。

数字に表れないイチローの魅力は、これだけではない。他の選手にくらべて寡黙なばかりか、表情やジェスチャーも抑えがちな彼は、「ストイック」とか「求道的」とかいった形容で語られることが多い。私には、この形容がしっくりこない。まちがっているとまではいわぬにせよ、抑圧や禁欲といった感情が彼を突き動かしている、もしくは動機づけの役割を果たしている、とは思えないからだ。むしろ、この寡黙や静謐には、なにがしかの狂気が秘められているのではないか。羊の皮をかぶった狼などといえばあまりにも不正確だし、誇張も過ぎるだろうが、この人の野球的頭脳のなかでは、凡人や部外者には想像もつかない文脈で打撃に関する理論や仮説が組み立てられているような気がする。

最も象徴的なのは、彼の悪球打ちだ。悪球打ち＝バッドボール・ヒッターは、いわゆるフリースウィンガー（ブンブン丸）と区別して考える必要がある。どんな球にも意地汚く手を出す後者に対し、バッドボール・ヒッターのストライクゾーンは非常に広い。いいかえれば、他の打者にとってのボールも、彼らにとってはストライクなのだ。しかも彼らには、つま先すれすれの球や、眼の高さの球をヒットにできるだけの打撃術が備わっている。イチローでいうなら、チョップ（上から叩きつける打法）やフリップ（バットの先にちょこんと合わせる打法）、さらにはシーカー（身体を前に突っ込ませながら、うしろに残した手で球を探り当てる打法）といった変則的なスウィングがこれに相当する。ただし、この技はつづけていると危険を招く。タイミング感覚や手もとのバットコントロールに依拠しすぎるあまり、基本となるインサイドアウトの打法やパワー・ストロークの姿勢を崩しかねないからだ。それでも二〇〇四年のイチローは、この危険を冒しつづけた。私の眼には、それが「狂気」に映る。危険を恐れぬイチローが、極めつきの変人に思える。

大リーグの歴史をひもといてみれば、奇人変人の系譜はたしかに存在する。二十世紀初頭に六年連続で三振奪取王となったルーブ・ワデルは火事が大好きだった。試合の途中でも、消防車のサイレンの音が聞こえると、彼はマウンドでの仕事を放ったらかして球場の外へと駆けていった。最高の技術と最低の人格を兼ね備えているといわれた一九一〇年代の球聖タイ・カッブは、どうしようもない人種差別主義者で癇癪持ちだった。あるとき彼は、自分をニガー呼ばわりした観客に腹を立て、客席に乱入して殴りかかった。その客は隻腕だった。見かねた周囲がカッブを制止すると、彼はこういった。「こんなやつ、両手両足がなくたって半殺しにしてやる」

一九三〇年に191打点という不滅の記録を残したハック・ウィルソンは、禁酒法時代のただなかにありながら手のつけられない大酒呑みだった。監督のジョー・マッカーシーは彼を部屋に呼びつけ、ウィスキーの入ったコップに虫を落として酒の害を説こうとした。「いいか、水の入ったコップに落ちても虫は大丈夫だが、酒のなかに落ちたときはすぐに死んでしまうんだぞ」するとウィルソンは眉ひとつ動かさずにこう応じた。「そうか。では先にウィスキーを飲み干しといてやれば、虫は死なずにすむわけですね」

同じ三〇年代にヤンキースのエースだったレフティ・ゴメスは「冗談王」として名高かった。インディアンスの火の玉投手ボブ・フェラーと投げ合った試合で打席に立ったとき、ゴメスは顔の前でマッチを擦った。球審のビル・サマーズが怪訝な表情を浮かべると、ゴメスはこういったそうだ。「今日は霧が濃いだろ。顔の場所をフェラーに知らせておけば、ぶつけられずにすむと思ってさ」

というわけで、奇人の奇行はとても多い。わりと近ごろでも、「登板前にビールのシックスパックをかならず空けた」オイルキャン・ボイド、「バットで球を打つよりも、拳で人をぶつほうがずっと早かった」ジョージ・ベル、「連続安打が途切れないうちは毎日チキンを食べつづけた」ウェイド・ボッグスなど、傍迷惑にはちがいないがどこか愛嬌を漂わせた行動はけっして少なくない。

ただしこれらの奇行は、わかりやすい狂気に裏づけされているような気がする。現象的には派手でも、底に横たわっているものがたんなる癖だったり稚気だったり縁起かつぎだったり凶暴な性格だったりすれば、謎はさして深まらない。

ところが野球の世界には、深く静かに潜行した狂気がときおり出現する。いま私が念頭においているのは、テッド・ウィリアムスの存在だ。「最後の四割打者」と呼ばれるウィリアムスは、十万人にひとりの視力に恵まれていた。一分間に七十八回転するSPレコードのレーベルに書いてある文字が読めたとか、球が投手の手を離れた瞬間、ボールに印刷されているア・リーグ会長のサインが読めたとか、その超人的な視力を物語る逸話はいくつも残されている。なかでも有名なのは、地元のフェンウェイ・パークで見逃しの三振を喫した際、ホームプレートが定位置からずれていることを指摘したという伝説だろう。そのとき、敵味方合わせて十一人の投手はだれひとりずれに気づかなかった。が、尋常ならざるウィリアムスの怒りようを見て、翌日、監督のジョー・クローニンは巻き尺を手に、プレートの位置を確かめてみた。ウィリアムスの眼が正しかったことは、付け加えるまでもあるまい。

ウィリアムスは自己管理も徹底していた。映画を見るときはゴムボールを手離さずに握力を鍛えた。試合のあとは腕立て伏せ百回を怠らなかった。夜更かしを避け、あの時代にもかかわらず、酒やタバコはいっさい口にしなかった。バットはふだんから象牙でこすり、繊維質の目が詰まるように心がけた。

つまり、彼は完全主義者だった。それも科学的な合理性を極めようとする完全主義ではなく、どこか通常の理性から逸脱した完全主義。ウィリアムスは「究極の打撃」を追求した。上半身の残し方やヒップの向き、さらには体重の右足への乗せ方など、美しい姿と優雅なスウィングの陰で、彼は偏執狂となった。「紙一重の巧拙のみを賭けて戦う」（ジョン・アップダイク）悪魔となった。

私は、その狂気に、イチローの狂気とひそかに通じるものを見る。むろん、ウィリアムスの打撃はイチローの打撃と大きく異なる。4割6厘を打った一九四一年、彼は145個の四球を得た。456打数185安打37本塁打120打点。二〇〇四年にイチローが残した704打数262安打8本塁打60打点49四球という数字とくらべれば、両者は対照的というほうが適切かもしれない。が、ウィリアムスに彼特有の狂気があったように、イチローにもイチローにしか持ち得ない狂気がある。もしかすると彼は、四球を増やして打数を減らすという「常識的な」四割への道をあえて捨て、あの悪球打ちをさらに進化させることで四割への可能性を探っているのではないだろうか。だとすると、未来に待っているのは、野球というゲームのバランスを崩しかねない安打数だ。しなやかな姿の陰で、イチローも悪魔に近づきつつある。

地滑りのあとで

ボストンはほんとうに復活したのか

勝てば連勝、負ければ連敗。「ツラ目のプレーオフ」だの「地滑りポストシーズン」だのと名づけたくなるような十月が終わった。初戦を失ったあと三連勝、三連勝＋四連敗と実にわかりやすい結果を残したヤンキースだけではない。ナ・リーグの覇者で止まったカーディナルスも、地区シリーズを三勝一敗で終えたあとは、二連勝＋三連敗＋二連勝、四連敗という軌跡をたどったわけだし、頂点に立ったレッドソックスにしてからが、三連勝、三連敗＋四連勝、四連勝という最もあからさまな形で三つのシリーズ（地区シリーズ、リーグ優勝決定戦シリーズ、ワールド・シリーズ）を突破しているのだ。

もちろん、バンビーノの呪いが八十六年ぶりに解けた瞬間に立ち会えたボストン・ファンは天にも昇る心地だったろう。が、醒めた眼で眺めれば、この勝利が相手側の自滅に助けられる側面をもっていた事実は否みようがない。他球団にもう少しマシな投手の駒がそろえば……走塁や守備のぼんくらミスがあんなに多くなければ、ボストンの制覇は叶わなかったのではないか。大体、ワールド・シリーズの第一戦と第二戦で合計八つもエラーを犯しながら四連勝で王座についたチームなど聞いたことがない。逆にいえば、敗退した七チームの意気地のなさは眼にあまるものだった。

たとえば先発投手陣は、少なくとも二枚の強力な駒をそろえていたボストンとヒューストンを除いてどこもかしこも弱体だった。強力打線を誇ったヤンキースやカーディナルスも、ひとつ歯車が狂うとまるで音なしになってしまうばかりか、リトル・リーグなみの失態を連鎖的に重ねた（Aロッドの「グラヴはたき事件」を見よ。ジェフ・スーパンの「三塁凍りつき事件」を見よ）。監督とても例外ではない。名将のほまれ高いトニー・ラルーサ（カーディナルス）は、通算で十回もポストシーズンに進出しながらワールド・シリーズ制覇は一度しか体験できないでいるし、彼と肩を並べるジョー・トーリ（ヤンキース）もどこか詰めが甘いらしく、これで四年連続して王者の指輪をはめそこなったことになる。つまり、今季のポストシーズンに出てきた八球団は、例年にも増して機能不全や脆い体質をかかえていたのだ。そうか、地盤が弱ければ地滑りが起こりやすくなるのも当然か。

とまあそんなわけで、レッドソックス・ファンには申し訳ないが、最近のこのチームにあまり魅力を感じていない私としては、いまひとつ気乗りのしない十月になってしまったことを告白しておかなければならない。それでも、私と交流のある「世界各地の」レッドソックス愛好家は、ほぼ軒並みに欣喜雀躍狂喜乱舞のEメールを送りつけてきた。ロサンジェルスの画家は、五歳の娘にシャンパンを飲ませようとして妻にこっぴどく叱られたそうだ。アムステルダムの歯医者は、呪いが解けたことを祝賀して（ありようは宿酔いがひどかっただけだろうが）翌日午前中の診療を中止したという。が、いちばん笑わせてくれたのは、地元ボストンの酒屋だ。その一家は、三代前から熱狂的なレッドソックス・ファンだったのだが、ワインを提げて父親の墓にレッドソックスの優勝を報告しにいった彼は、ボストン・グローブとボストン・フェニックスに添えて、にっくきニューヨーク・タイムズまで墓前に供えてきたそうだ。「地元紙だけじゃ信じてくれないと思ってね」と、彼は但し書きをつけくわえていた。

とはいえ、意外に醒めたレッドソックス・ファンもいなかったわけではない。ボストンびいきが三十年になんなんとするシンガポールの友人は「自分でも不思議なくらい、その瞬間を冷静に迎えた」そうだ。「あの選手たちの潜在能力で、どうしてワールド・シリーズに勝てたのでしょうか」と彼はつづけ、「呪いが解けたいま、ぼくはこれからなにを支えに生きていけばよいのかわからなくなりました」と結んでいたのだった。

最後の一節を除くと、私の意見もこれに近い。そもそも「イディオッツ」や「アニマルハウス」を自称する彼らの野性味には、どこか張り子の虎を思わせるところがある。なるほど、マニー・ラミレスとデヴィッド・オルティースのドミニカ・コンビはすさまじい破壊力を見せつけた。今季のレッドソックスが、レギュラーシーズンで八度も四連勝以上を記録している事実も認めなくてはなるまい。そして、そんな彼らのモメンタムを巧みに操ったのがテリー・フランコーナにほかならないこともたしかだろう。

戦略や戦術を見るかぎり、この監督はけっして卓越した知将とはいいがたい。ただ彼は、人心収攬術というか、選手心理の操縦術に長けていたようだ。自身のシーズン終盤四連敗に心を乱し、「ヤンキースはおれのご主人様みたいな存在だもの、勝てるわけがないよ」と世迷言を呟いていたペドロ・マルティネスや、右足の腱を痛めてポストシーズン登板に黄信号のともっていたカート・シリングが、それぞれの悪条件を克服して好投したのは、フランコーナの起用法に負うところが大きい。わけても、ペドロの投球数をきっかり百球以内に限定し（優柔不断の采配で敗北を招いた前監督グレイディ・リトルの轍を踏むまいと決心したにちがいない）、しかもかならずイニングの切れ目に交代させていたのは、戦闘的で自尊心の強い天才投手の性格を知り抜いた采配といってよいだろう。そしてそこには、ドジャース傘下のルーキー・リーグ時代にペドロを育てたデイヴ・ウォレス投手コーチの助言もあったはずだ。いずれにせよ、ペドロは最後の最後で潜在能力の絶対的な高さを示し、「腐っても鯛」の俚諺をわれわれの脳裡によみがえらせた。対カーディナルスの第三戦、ペドロは、本塁で滑り込みアウトになったラリー・ウォーカーが立ち上がったとき、背中についた土をグラヴではたいてやっていた。こういう余裕が滲み出るときのペドロを打ち崩すことは、まず至難の業に近い。

それにしても、レッドソックスの陣容はこの数年間でずいぶん変わった。野茂英雄が開幕戦（対オリオールズ）でノーヒッターを達成したのは二〇〇一年四月四日のことだが、あのときのラインナップをひっぱりだしてみると、今季まで残っている野手は三人しかいない。二番のトロット・ニクソン（右翼手）、四番のマニー・ラミレス（DH）、六番のジェイソン・ヴァリテック（捕手）がその三人だ（そういえば、野茂のかつてのチームメイトで今季のポストシーズンに出場できた選手も数えるほどしかいない。ペドロ、デレク・ロウ、ティム・ウェイクフィールドのボストン投手陣、カーディナルスのカル・エルドレッド、アストロズのブラッド・オースマス、ヤンキースのトニー・クラークぐらいしか見当たらないのだ。少数の例外を除いて寿命の長い大リーガーはそうそういないし、幸運の波に乗れる大リーガーはめったにいない）。いいかえれば、シリングやキース・フォークの投手陣はもちろん、レッドソックスの野手の大半は「金で買われた」傭兵にほかならない。ジョニー・デイモンも、オルティースも、オルランド・カブレラも、ケヴィン・ミラーも、全員がこの条件に該当する（ラミレスも〇一年にインディアンスから買われている）。

これは、同じく野性的な豪快さで世間を唸らせた数年前のアスレティックスの成り立ちとはかなり異なる。ティム・ハドソン、マーク・マルダー、バリー・ジートの投手陣。ジェイソン・ジオンビ、ミゲル・テハダ、エリック・チャベスの打線。生え抜きの（しかも年俸の安い）荒武者をそろえたあのチームにくらべると、今季のレッドソックスは「接ぎ木された野性」の印象をまぬかれがたい。いいかえれば、彼らはまだ確固としたスタイルや「人格」を獲得していない。勝つことだけを目標に、天敵ヤンキースと同じ手法を用いてチームを強化するほかなかったのだ。

この皮肉な事実は、なんとなく気にかかる。ペドロをはじめ、ロウやヴァリテックやカブレラといった主力選手がFAの権利を行使しそうなのも不安材料だ。そうなると、来季のレッドソックスも安閑としてはいられない。乱世の傾向はこれからもしばらくつづくだろうし、それを乗り切るには「勢い」を超えた底力が求められるからだ。果たしてレッドソックスは、底力を築く上に必要なスタイルと人格を手に入れられるのだろうか。

Ⅱ　セヴンス・イニング・ストレッチ

バナーは踊る

大リーグ・ファンは言葉遊びが好き

野球は発語衝動をそそのかす

アメリカ野球は言葉のスポーツだ。すでに言い古されたことかもしれないが、この事実にゆるぎはない。もうすこし正確にいうなら、野球というスポーツは、豊かに湧き出して涸れることを知らない言葉の源泉だ。その泉から水を汲むのは、なにもスポーツライターや記者だけにかぎらない。監督も選手も球団オーナーもコミッショナーも……さらにはファンのひとりひとりも、この泉から水を飲む。しかもこの水には、どういうわけか、飲んだ者の発語衝動をそそのかす成分がふくまれているようなのだ。

だとすれば、「ひとこといわせてもらいます」の衝動は抑えがたいものとなるにちがいない。大統領から囚人まで。大富豪から浮浪者まで。職業や階層を問わず、人々はいつも野球に対してなにかを語ろうとする。ゲームがはじまる前に。ゲームが終わったあとで。そして、ゲームが行なわれているさなかにも、彼らは抑えがたいむずむずをおぼえる。ひとつひとつのプレーについて。監督の采配について。傾向や戦術について。過去のできごとについて。テーマは枚挙にいとまがない。言葉の大半は反射的に口をついて出るものかもしれないが、いくつかの発言は人々の記憶に残る。テレビやラジオの電波に乗り、新聞や雑誌に印刷され、さまざまな書物に引用され……。たとえばこんな発言の数々。

《If a tie is like kissing your sister, losing is like kissing your grandmother with her teeth out.》（引き分けが妹とキスするようなものなら、敗戦はおばあちゃんとキスするようなものだ。それも、口をあけて歯を見せているおばあちゃんと）――ジョージ・ブレット

《All pitchers are liars and crybabies.》（ピッチャーってやつは、どいつもこいつも嘘つきの泣き虫小僧だ）――ヨギ・ベラ

《He has muscles in his hair.》（あいつ、髪の毛にまで筋肉がついてやがる）――レフティ・ゴメス

いうまでもないだろうが、発言者はいずれも一世を風靡した名選手である。ブレットは、通算3154安打を放ったロイヤルズの強打者。ベラは、ちんぷんかんぷんな語録と勝負強い打撃で恐れられたヤンキース第二期黄金時代の名捕手。ゴメスは毒舌と絶妙の投球術で名を馳せた三〇年代ヤンキースの左腕投手。ちなみに、ゴメスの言葉に出てくる「あいつ」とは、彼が天敵のごとく苦手にしていたアスレティックスの怪力打者ジミー・フォックスを指す。

こういう模範があると、ファンも張り切らざるを得ない。「うまいなあ。でも負けるもんか。よし、おれも一発」というわけで、彼らはバナー（横断幕）や巨大な画用紙をかかえて球場のゲ

ートをくぐる。もちろんその布や紙には、知恵を絞った言葉が書き込まれている。なかには「ない知恵を絞って」と意地悪をいいたくなるようなケースも珍しくないが、それでも思わず膝を打ったり、座布団を一枚あげたくなったりするような頓智がまぎれこんでいることはしばしばだ。少なくとも、私はそう思う。だからこそ、試合の途中（多くはイニングの合間）でテレビの画面に映し出される観客席は見逃せない。

たとえば、日本のファンにもすっかりお馴染みとなったセーフコ・フィールド（シアトル・マリナーズの本拠地）の客席を思い出してみよう。マリナーズの圧倒的な快進撃。新球場になってから初めてのオールスター戦開催。二〇〇一年のシアトルには盛り上がる要素がいくつもあったわけだが、昂奮に沸く客席では、かならずといってよいほど、

《SODO MOJO》

のバナーがゆれていた。いや、もっと正確にいえば、このフレーズは街角に貼られたポスターや、ふだんの試合の入場券の片隅にも記されていたのだ。私は最初のうち、このフレーズの意味がわからなかった。MOJOに薬物的なイメージがあることなら知っていたのだが、SODOの意味がつかめない。私は、いっしょに球場へ行った作家のW・P・キンセラ（映画『フィールド・オブ・ドリームス』の原作者）にたずねてみた。

「さあ、なんだろうか」とキンセラも首をかしげた。「MOJOが超自然的な力を意味してるのはわかるんだけどね。SODOのほうがわからない。語呂合わせにはちがいないんだが、もしかすると、どこかアフリカ系の言葉かなあ」

「そういえば、日本語にもソードーという言葉があるんだ。騒動と書いてね、暴動とか騒乱に近

い意味なんだけど」

いまにして思えば、なんともとんちんかんなやりとりをしたものだが、謎はあっけなく氷解した。球場に入り、席についてみると、すぐそばにすわった中年男がこのフレーズを書き込んだバナーを丸めているところだったのだ。迷うことなく私はたずねた。SODOって何？

「South of Downtown」

男は平然と答えた。キンセラと私は、思わず顔を見合わせて笑った。なんだ、そういうことか。ニューヨークのソーホー（SOHO）がSouth of Houston Streetの略称であるように、SODOとは球場の所在地（ダウンタウンの南）を指していたのだ。つまり、あのフレーズは「ダウンタウンの南で、とんでもなくおもしろいことが起こるぞ」という、期待のこめられた呪文だったのである。

躍進マリナーズの味方

セーフコ・フィールドにひるがえるボードやバナーはこれだけではない。わけても目立つのは、躍進の起爆剤となったイチローやブレット・ブーン、さらにはチーム生え抜きの大ベテランであるエドガー・マルティネスの名前を織り込んだボードだ。いくつかを紹介してみよう。

①《Ichi - Whoa !》（すごいぞイチロー！）
②《Ichiro Rules.》（イチローはサイコー）
③《Cheer 4 Ichiro》（がんばれイチロー）

④《Ichirrific!》（イチロー、かっこいい）
⑤《Ic - Hero》（イチローはヒーロー）
⑥《An Ichi You Can't Scratch.》（かゆいだろうが、かけないぜ）

⑥の Ichi は Itch（かゆみ）にひっかけてある。イチローは内野安打を量産する。イチローは盗塁する。イチローは相手のヒットを凡打に変える。つまり、敵にとってはなんともわずらわしい存在だ。それをイチローの名前（イチローはチームメイトに「イチ」と呼ばれている）にひっかけたわけだが、私が思い出したのは、シアトルの観光名所パイク・プレイス・マーケットで撮影されたテレビの映像だった。なんとも冴えないジョークだが、そこでは魚屋のお兄ちゃんが腋の下をぽりぽりとかきながら「イッチロー！」と叫んでいたのである。

他の五本に関しては、さほど説明を要さないだろう。①はイチローと「イチホー」のもじり。②の Rules は「＊＊はサイコー」という決まり文句の動詞。Nomo Rules とか Yankees Rule とかいったように、主語さえ置き換えればいつでも使える便利な言いまわしだ。そして③の 4 は for の代用。携帯電話の絵文字メールではないが、これまた頻繁に使われる省略記号と思えばよい。ついでにいうと、④は Ichiro と Terrific（すばらしい）の合成語であり、⑤は Ichiro と Hero を合体させたものだ。

⑦《Boom It Boonie!》（かっ飛ばせ、ブーニー！）
⑧《The Windup, the Pitch, Boone!》（ピッチャー振りかぶりました。投げました。ブーン、打ちました！）
⑨《Edgar Is Good.》（エドガーは有徳者）

⑩《St. Edgar's Cathedral》(エドガー様の大聖堂)
⑪《Spark Plug Mac!》(点火しろ、マクレモア!)
⑫《Hammerin' Cameron》(強打のキャメロン)
⑬《I Love Louis Ball.》(ルーの野球が大好きだ)
⑭《Aaron Will Sele the Deal.》(アーロン・シーリーは相手をぴしゃりと抑えるぞ)
⑮《Take Me Out to the Bald Game.》(ハゲの試合に連れてって)
⑯《Cool Hand Ole》(クール・ハンド・オルルッド)
⑰《Cutieagua, I ♡ You.》(かわいいパニアグアちゃん、愛してるよん)
⑱《Chicks Dig the Mariners.》(女の子たちはマリナーズにぞっこん)
⑲《Mariner Magic》(マリナーズの魔術)

まだまだあるが、これくらいにしておこう。⑦と⑧は打点の稼ぎ頭ブレット・ブーンの名前とboom(ドカーン)の掛け言葉。⑨と⑩はマリナーズが弱かったころから一貫して黙々と働いてきた真面目な強打者エドガー・マルティネスに対する敬意と賞賛の言葉。⑪と⑫は駿足のマーク・マクレモアや一発屋のマイク・キャメロンの応援。昔からの野球ファンならばHammerin'という枕言葉を聞いてハンク・アーロンの名を反射的に思い出すことだろう。通算755本塁打の大リーグ記録を保持するこの強打者はHammerin' Hankの愛称で親しまれたのだった。

⑬~⑭は、すこし説明が必要かもしれない。⑬のボードを掲げていたのはヒスパニック系の人たちだった。つまりLouisとはLou、すなわちマリナーズのルー・ピネラ監督を指すのである。

一方、⑭ではSeleという言葉が人名と動詞のダブル・ミーニングになっている。ここはふつうならば Seal（封じる）と綴られた単語が入るところだが、代用されたのはマリナーズの投手アーロン・シーリー（Aaron Sele）の姓だ。もちろん Sele はシールと発音することができるし、そのあとにつづくのが Deal という単語だから、脚韻を踏むこともできるというわけだ。というわけで、これはけっこう凝った部類に属するものだろう。

凝っているといえば、⑮〜⑰もなかなかのものだ。⑮は〈ジェイ・ビューナーズ・デイ〉に掲げられたバナー。ジェイ・ビューナーの顔は日本の野球ファンもご存じだろう。マリナーズの精神的支柱と呼ばれるこのベテラン外野手は、怪我でシーズンの大半を棒に振りながらも毎日ベンチ入りして他の選手に気合を入れつづけた。そう、ベンチの奥にすわり、一見おっかない顔をときおりくしゃくしゃにして笑っているあのスキンヘッドの選手がビューナーにほかならない。かくて、マリナーズは彼の功績に感謝し、ファンはかわいい冗談でこの日に応えたというわけだ。なお、蛇足をつけくわえておけば Take Me Out to the Ballgame とは、七回表終了時にファンが全員で合唱する例の歌にほかならない。

一方、⑯には映画のタイトルが織り込まれている。六〇年代にポール・ニューマンのファンだった方ならすぐに気づくだろうが、日本では『暴力脱獄』という題名で公開された Cool Hand Luke がこのボードのオリジナルだ。Ole は Olerud の短縮形で Luke と韻を踏む。これは二〇〇〇年十月十五日のアメリカン・リーグ・チャンピオンシップ・シリーズ（ＡＬＣＳ）の五回裏、マリナーズがジョン・オルルッドの本塁打でヤンキースを6対2と突き放した際にすかさず掲げられたものだ。たしかに、ノルウェー系の巧打者オルルッドには Cool Hand という形容がふさわしいかもしれない。

となると、ドミニカ生まれの美青年投手ホゼ・パニアグアには⑰のバナーがお似合いといえるだろう。このバナーを掲げていたのはヒスパニック系の女性たちだったが、彼女たちはその昔、六〇年代の中盤にジョニー・ティロットソンが歌った Cutie Pie というヒット曲を知っているのだろうか。ここはいっそ Cutie Pieagua と綴ってほしかったが、そうなると今度はパニアグアが意味を曲解しておかんむりにならないともかぎらない。

⑱と⑲は、さほど説明を要さないだろう。⑱の特徴は Chicks と Dig が「韻を踏んでいること。そして⑲は、褒め言葉の決まり文句。これも、主語さえ置き換えればどのチームに対しても使うことができる。

悪態バナーも哄笑を誘う

とまあこんな具合に、バナーには地元の球団やひいきの選手を称えたり誉めそやしたりするものが圧倒的に多い。が、裏を返せば、バナーは相手チームや選手に対する攻撃の武器ともなりうる。しかも人間にはなぜか、悪態や罵詈雑言を吐く段になるとにわかに潑剌となる傾向がひそんでいる。毒づき、罵り、嘲笑い……まあ、なかには聞くに耐えぬほど口汚いものも混じってはいるが、巧みに急所をつくブラックユーモアには、思わず哄笑を誘われてしまう。

この手のバナーでもっとも頻繁に見受けられるのは、去年まで地元球団に在籍していながら、他球団に移籍してしまったスター選手に対する悪口だろう。

「ホモ・モーベンス」(移動する民)と呼ばれ、他の国に比べて転居率が断然高いアメリカ市民といえども、地元チームに対する執着となると話は別のようだ。たとえば二〇〇一年の夏、クリーヴランド・インディアンスの本拠地ジェイコブス・フィールドで行なわれた対レッドソックス戦では

《Manny Who ?》（マニーってだれだ？）

《We ♡ Juan》（おれたち、ファンにぞっこんさ）

のバナーが何度も躍っていた。事情通の方は当然ご承知だろうが、マニーとは今季インディアンスからレッドソックスへ移籍したマニー・ラミレスを指し、ファンとは、それと入れ替わるようにタイガースからやってきたファン・ゴンザレスを指す。もちろん、ラミレスもゴンザレスも大リーグを代表する強打者であり、通常ならば敬意と賞賛と高給を一身にあつめる選手なのだが、このときばかりは「可愛さあまって憎さ百倍」の感情が優先されてしまったようだ。

これと似たバナーは、二〇〇〇年のALCSでも見かけられた。場所は、またしてもシアトルのセーフコ・フィールド。被害者は、マリナーズの看板打者Aロッドことアレックス・ロドリゲス。この年、フリーエージェントの資格を得たAロッドは、間もなくマリナーズを去ることが決定的になっていた。そしてじっさい、彼はシーズン終了後、総額二百七十億円の十年契約でレインジャーズへ移籍するのだが、鼻の利くファンはその情報を見逃していなかった。かくてスタンドには、

《Alex――$Money$ Can't Buy You Love.》（アレックス、愛は金では買えないぞ）

のバナーが掲げられたのだった。ついでにいっておくと、Oの文字はすべてハート印で代用されていた。さらに蛇足を加えると、このフレーズはビートルズのヒット曲 Can't Buy Me Love を

もじっている。もっとも、同じ日の別の客席では
《Retaliate w/bats Immediately.》（すぐにバットで報復だ）
の文字も躍っていた。こちらは、前日の試合で対戦相手ヤンキースのロジャー・クレメンスにきりきり舞いさせられたＡロッドを叱咤激励するバナー（w/bats は With bats と読んでいただきたい）。つまり、この日のマリナーズ・ファンは、主砲ロドリゲスに対して愛憎こもごもの感情をいだいていたといってよいだろう。

では、憎しみや嫌悪をあらわにしたバナーにはどんなものがあるのだろうか。Ａロッドに対する矛盾した感情が宙を舞っていた同じころ、シアトルの客席ではつぎのようなバナーが掲げられていた。


《Get the Punks Outta Here.》（ごろつきどもをここから叩き出せ）

《Import Sasaki, Export Yanks.》（佐々木を輸入して、ヤンキースを輸出しろ）

最初に出てくる Punks は Yanks と読み換えられるのが妥当だろう。なんとも直線的な表現だが、それよりも激しい罵倒が見られるケースもある。同じ時期、ニューヨークのシェイ・スタジアムで行なわれたナ・リーグのチャンピオンシップ・シリーズ（メッツ対ブレーヴス）では、

《John Rocker : 1% Pitcher, 99% Jackass》（ジョン・ロッカー＝投手一パーセント、脳足りんロバ九九パーセント）

《Don't Get on the 7th Train. Get under It, Jackass !》（おまえなんか七号線に乗るんじゃない！　七号線に轢かれちまえばいいんだ、この脳足りんロバ！）

という凄まじいバナーが掲げられていた。槍玉にあげられたのは、ブレーヴスの抑え投手ジョ

ン・ロッカーである。ご承知の方も多いと思うが、ロッカーはそのすこし前に「メッツでプレーすることを考えたことはないか」と記者に尋ねられて、こう答えていたのだ。――「おいおい、地下鉄七号線に乗って球場にかようなんて考えられるかよ。ありゃまるでベイルートだぜ。俺の隣には髪を紫色に染めたガキがいて、その隣にはエイズの同性愛者がいる。さらにその隣には、これが四度目の出獄直後というオヤジがいて、そのまた隣にいるのは四人の子供を連れた二十歳の母親。まったく気が滅入っちまうじゃないか」

この発言が〈スポーツ・イラストレイテッド〉誌に大きく掲載されたものだからたまらない。口の悪さでは人後に落ちないニューヨーカーたちは、ただちに猛反撃に転じた。ジョージア州の田舎町出身で、容姿がロバに似ていて、しかも無神経な暴言を吐いたロッカーは格好の標的となったのだ。あのころのビデオや雑誌写真を見ると、彼を罵倒するバナーには判で捺したようにロバの絵が描かれている。従順で穏和なロバにはずいぶん気の毒な話だが、Jackassという言葉には「ロバのようにまぬけ」というニュアンスがつきまとうのだ。もっともこの単語はDumbassなどと同様、基本的に放送禁止用語だからテレビキャメラにはあまり映し出されない。そういえば、「身長二メートル体重二〇〇キロの男たちが、十二歳のハックルベリー・フィンのようにふるまう」ことで人気が爆発したWWF（ワールド・レスリング・フェデレーション。現在はWWEと改称）の会場で掲げられる無数のバナーでも、悪役を罵る際にはCandyass（へなちょこ野郎）という単語がよく使われている。

機知こそ命、バナーの命

しかし、悪意や敵意をむきだしにするだけでは、やはりおもしろくない。ましてバナーやボードを掲げるのは、「辛辣な機知の帝王」を自認するニューヨーカーたちである。たとえば一九九九年のワールド・シリーズ。ヤンキースが四連勝でブレーヴスをくだしたこのシリーズは、おもしろいバナーの宝庫だった。

①《The Team of the Century.》（二十世紀最高のチーム）
②《Forget the Team of the Decade, Yankees Are the Team of the Millenium.》（九〇年代最高のチームなんてメじゃないよ。ヤンキースはここ百年で最高のチーム）
③《The Ultimate Dynasty》（究極の王朝）
④《Team of the All Decades》（時代を超えた最高のチーム）
⑤《25th Feather in Our Yankee Cap》（おれたちがかぶるヤンキースの帽子には二十五本目の羽根）
⑥《The Yankees "Own" the World Series.》（ワールド・シリーズはいつもヤンキースのもの）
⑦《Simply the Best》（なんてったって最高）

まずこの七本は、ヤンキースの無敵ぶりを賛えたものにほかならない。なるほど、九八年から九九年にかけてのヤンキースは掛け値なしに強かった。九八年にはア・リーグ新記録となる年間

114勝でペナントを制したあと、ワールド・シリーズでもパドレスを相手に四連勝。そして九九年は、公式戦こそ98勝に終わったもののポストシーズンに入ってからは11勝1敗という圧倒的な強さを見せて通算二十五回目のワールド・チャンピオンに輝いたのだった。だとすれば、ヤンキー・スタジアムを埋め尽くしたニューヨークの観客が勝ち誇るのも無理はない。しかもこのシーズンは一九〇〇年からはじまった百年紀の最後の年だ。「二十世紀最高のプレイヤー」や「九〇年代最高のチーム」が大々的に選出されたことも、ファンの競争意識をあおった。ヤンキースこそ最高と信じる彼らは、ロビン・フッドの故事を例に引いたり（⑤）、ヤンキースの黄金時代を表現する際にかならず使われるDynastyという単語をもちだしたり（③）して、その強さを誇示したというわけだ。となると、そのプライドが、ねじれた形で相手球団に向かうのもまたやむを得ないことなのかもしれない。

①《To Be the Best, You Need the Best.》（最高のチームになりたきゃ、最高の選手をあつめてこい）
②《Hey Atlanta, Forget about It!》（おいブレーヴス、往生際がわるいぞ！）
③《Sweep! Sweep!》（四連勝だ！　四連勝だ！）
④《Sweep Dreams》（夢のような四連勝）
⑤《Our Rocket Can Beat up Your Rocker.》（うちのロケットとおまえらのロッカーじゃ勝負にならないよ）
⑥《Nobody Beats Clemens.》（クレメンスは無敵）
⑦《No School Friday. I Have A Parade to Go.》（金曜日は休校にしてね。優勝パレードを見

にいくんだから）

⑧《The "Curse" Will Work on Any Boston Team. Braves !》（バンビーノの呪いは、ボストンのどのチームにも降りかかる。ブレーヴス、おまえたちもだ！）

⑨《Tomahawk Choke》（トマホークもパッタリ）

①と②は注釈を必要としないだろう。③のボードには、箒《ほうき》をもって地面を掃いているクレメンスの姿が描かれていた。野球ファンなら先刻ご承知のように、Sweep とは連戦での全勝を意味する。その願望が強くなると、Sweet Dreams という成語は Sweep Dreams に化け（④）、ブレーヴスのファンが得意とする Tomahawk Chop（チームのシンボルであるスポンジ製のトマホークを前後に大きく振って声援を送るアトランタ名物）も息が詰まったように（Choke）パッタリやんでしまうというわけだ（⑨）。

これがさらにエスカレートすると、今度はエースのクレメンスを絶賛するバナーが現われる。速球王クレメンスの綽名は「ロケット」だ。このロケットを、例の暴言男ロッカーと比較したり（⑤）、その剛腕ぶりを賛える文句にシリーズ最終戦を放送したＮＢＣの名前を織り込んだり（⑥）、工夫はさまざまに凝らされる。

だが注目すべきは、野球史に言及した⑧のバナーだろう。Curse を「バンビーノの呪い」と訳しておいたから、わかる人にはわかるはずだが、これは一九一九年のベーブ・ルース移籍事件を意味する。この年のシーズン終了後、ボストン・レッドソックスのオーナーは、借金の穴埋めのため、球界の至宝ルースをヤンキースに売却したのだ。そしてそれ以後、レッドソックスは一度たりともワールド・シリーズを制することができなくなってしまう。野球史の世界では、これを

「バンビーノ（ルースの綽名）の呪い」と呼ぶ。そしてもうひとつ、対戦相手のアトランタ・ブレーヴスはかつてボストンに本拠をおいていた。つまりこのバナーの作者は「ボストンに縁のあるチームには、すべて呪いがかかる」といいたかったわけだ。

しかしこのシリーズ中、私がいちばん笑ったのは

《Larry》（おまえ、ラリーだろ）

というボードを眼にしたときのことだった。このボードは、ブレーヴスの最強打者チッパー・ジョーンズが打席に立つたびに掲げられた。キャメラは、チッパーの顔とボードをかわるがわるに映し出す。ボードをもっている男は、にやにや笑いを隠そうとしない。そしてブロードキャスターがぽつりとひとこと。「チッパーの本名はラリー・ウェイン・ジョーンズです。みなさん、ラリーといえば……」

ラリーは、スリー・ストゥージス（三馬鹿大将）の一員である。アメリカ人なら、このコメディ・チームを知らぬ者はない。あとのふたりは、カーリーとモー。粗野で暴力的な彼らのスラップスティックは、いまもビデオで見ることができる。チッパー・ジョーンズは子供のころ、ラリーという本名が大嫌いだった。「おまえ、ラリーだろ」と友だちに冷やかされ、「なんでもいい、じゃ頭（ラリーのトレードマーク）じゃないんだよ」といじめられたそうだ。だから彼は、公式登録選手名もチッパーにしている。なのに、ヤンキース・ファンは意地悪だった。チッパーがなによりも嫌がっている戸籍名を物置の奥からひっぱり出し、彼の集中力を乱そうとしたのだ。だが、チッパーがこんな姑息な作戦で動揺したりしたら、それこそお笑いぐさというしかない。味方が四連敗するなかで彼は孤軍奮闘し、三本のホームランを放って意地を見せつけたのだった。

以後《Larry》のボードはあまり見かけられなくなる。

ハートがなくっちゃ笑えない

野球は観客が Take in するスポーツといわれる。なるほど、このゲームの観客に関しては、フットボールやホッケーなどとちがって、Spectator という言葉や Watch という言葉はさほど用いられない。いいかえれば、観客はゲームに直接参加する。グラヴをもってボールを追い、スコアカードに試合経過を記入し、バナーやボードを掲げてみずからも意思表明する。つまりこれは観客側からのメッセージだ。となると、そこに書かれる言葉は、勝敗や個人成績以外のものとも関わりをもつ。たとえば大リーグは、二〇〇一年九月十一日にアメリカを襲った同時多発テロのあと、一週間の中断期間をおいて九月十七日に再開された。すると客席のファンは、

《God Bless America.》(神よ、アメリカに恵みを)

《God Bless NYPD & FDNY》(神よ、ニューヨーク市警とニューヨーク消防局に恵みを)

《Baseball Is America.》(野球はアメリカだ)

《United We Stand.》(われらは団結して立ち上がる)

というバナーを掲げて、自分たちのハートのありかを示したのだ。それだけではない。ふだんはニューヨークを敵視してやまないシアトルのファンが、

《We Love You, New York.》(愛してるよ、ニューヨーク)

というバナーを掲げる姿もテレビの画面には映し出されていた。そう、「野球はアメリカの善

である」という格言を証明するバナーはほかにもある。とりこわされる古い球場や引退する名選手に別れを告げるときの例をいくつかあげてみよう。

①《Good Bye, Old Girl.》（さよなら、オールド・ガール）

②《Tiger Stadium, We'll Miss You.》（さみしくなるよ、タイガー・スタジアムがなくなると）

③《36 Years of Bond Family. Memories in These Great Seats. Thanks, Ol' Gal》（ありがとうオールド・ガール。きみは三十六年間にわたってわが家の絆を固めてくれた。すばらしい客席には思い出がいっぱいだ）

④《Certainly A Legend》（まぎれもなく伝説）

⑤《Farewell Ironman Thanx.》（さらば鉄人、ありがとう）

⑥《Cal, See You at Coopers town.》（カル、クーパースタウンで会おう）

最初の三本は、九九年九月二十七日、デトロイトのタイガー・スタジアムで最後のゲームが行なわれたときに掲げられたバナーの数々だ。ボストンのフェンウェイ・パークとならんで、大リーグ最古の歴史を誇ったこの球場は、その日のゲームを最後にとりこわされたのだった。この球場がOld Girlと呼ばれて観客に親しまれていたことを知れば、それぞれの言葉に説明は不要だろう。

あとの三本は、二〇〇一年のシーズンを最後に現役を引退する鉄人カル・リプケン・ジュニアに対する惜別の辞である。④はカルの名前を読み込み、⑤は試合を放送したＦＯＸの名前を文中に織り込んでいる。そして⑥のCooperstownとは野球の殿堂が設けられているニューヨーク州北部の聖地を指す。五年後の二〇〇六年、もしリプケンが殿堂入りを果たすことがなければ、太陽はもはや東から昇るまい。

《アメリカのハートを理解したければ、ベースボールを学ぶがよい。ゲームのルールを、ゲームのリアリティを学ぶのだ》

フランス生まれのアメリカ人教育家ジャック・バルザンはこう述べた。

《ベースボールはすばらしい。これはわれわれのゲームだ。アメリカ人のゲームだ》

詩人のウォルト・ホイットマンはこういった。

ふたりの言葉は正しい。野球は人々の参加をうながすスポーツだ。野球は言葉の源泉となりうるスポーツだ。そして野球は、善意や節度と相性がよいだけでなく、冗談や悪態やホラ話とも相性がよい。だから、人々は球場にあつまる。あつまって笑い、天才や怪物のプレーに驚嘆し、その記憶をもちかえったあと、ふたたび球場に足を運ぶ。だから、バナーに書き込まれる言葉は日々更新される。人々は《Tonight's the Night.》(決めてやる、今夜)と意気込んだあと、《The Fat Lady Is Warming up.》(終幕は近いぞ)と予感に震える。そう、The Fat Lady とは、オペラが大団円を迎える際、太った女性歌手が声高らかにアリアを歌うというお約束に由来する表現なのだ。今年の大リーグも、とうとう終幕を迎えた。そしてポストシーズン・ゲームの行なわれた各地の球場では、駄目押しをするかのように何枚ものバナーが踊った。野球が存在するかぎり、言葉のストリート・ダンスもこの先ずっとつづけられることだろう。

Ⅲ　ベースボール・ジャーニー

幸福なベースボール

ヤンキー・スタジアムとダマシュキー・フィールド

地下鉄の階段を昇りきると、闇の岩が眼の前にころがってきた。闇が大きなかたまりになっているわけではない。大波のように押し寄せてくるわけでもない。たとえていうなら、山崩れを起こした崖からころげおちてくる岩だ。あるいはまた、タイヤの形をした岩が、いくつもいくつもこちらに向かってころがってくる様子を想像していただいてもよい。

ニューヨークの一六一丁目。ブロンクスの一画。駅の階段を昇りきると、眼の前にヤンキー・スタジアムの巨大な外壁がそびえたっている。その壁がふしぎな闇のブロックをこしらえるあたりはそんなに暗くないのに、なぜかこの一帯だけは闇の密度が濃く感じられる。日の短い晩秋の季節などはとくにそうだ。いまは真夏の八時半。夜のとばりがようやく降りはじめる時刻だけれど、ここだけはすでに暗い。その闇を縫ってダフ屋の黒い影がうごめく。濃紺の制服に身を固めた警察官の姿も闇の隈どりを深める。なぜだろう、と私は思う。これは、この球場をおとずれるたびにおぼえるふしぎな感覚だ。科学的にいえば錯覚の一種にほかならないのだろうが、私の記憶のなかで、あるいは私の印象のなかで、ヤンキー・スタジアムの周囲はいつも黒く隈どられている。

ヤンキー・スタジアムはアメリカ最古の球場ではない。もっとも美しい球場でもなければ、もっとも快適な球場でもない。だがここは、世界でもっとも有名な球場であり、もっともオーラの強い球場だ。そのオーラは、ヤンキースの栄光によってのみもたらされたものではなさそうだ。もちろん、この球場は圧倒的な栄光を知っている。だがここは、栄光の歓喜以外に、失望や忍辱や悲哀や苦痛も知っている。それらすべてがからみあうからだろうが、ヤンキー・スタジアムはなんともいいがたい陰翳を帯びている。外の闇もその一部にほかなるまい。だが、内部に足を踏み入れてみると、そのオーラはより強烈に感じられる。薄暗い通路。かすかな黴のにおい。足早に行き交う観客の群れ。巨大な三層のスタンド。緑の天然芝と薄茶色の土のコントラスト。一投一打に沸き起こるどよめき。そのどよめきが、大伽藍のような球場全体を覆い尽くす。空気が震え、得体の知れない電流が走る。口笛が夜を切り裂き、足踏みが床をゆるがせ、あのあまりにも有名な「レッツ・ゴー・ヤンキース」のかけ声が、バスドラムの音さながら、腹にずしりとひびきわたる。

球場は、予想以上の混雑だった。空席はほとんどない。これはこれは、と私は思った。じつをいうと、今夜の試合はそんなに混まないだろうと考えていたからだ。なるほど、今季（一九九八年シーズン）のヤンキースは二十世紀最高に近い勝率で快進撃を続けている。だが、相手のホワイトソックスは不振にあえぎ、優勝争いから早々と脱落した状態だ。にもかかわらず、球場には五万を超える観客が詰めかけている。そうか、と私は思いなおした。今季のヤンキースは「歴史的なチーム」なのだ。昨日までの成績が71勝25敗。九十六試合を消化した時点でこれを上回る勝星を記録したのは、一九〇二年のパイレーツ（72勝）以外にない。そんなチームの試合を見逃したりしたら、このあと何年も悔むことになるだろう。少なくとも私はそう考えた。私よりも熱心なアメリカの野球ファンならば、もっと真剣にそう考えているにちがいない。

ヤンキー・スタジアムは「ルースの建てた家」と呼ばれる。一九二〇年、ヤンキースはレッドソックスからベーブ・ルースを買い取った。ルースは、その年に54本、翌二一年に59本のホームランを放ち、パワー・ベースボールの魅力を全身で表現した。ファンは熱狂し、一九二二年、ヤンキースは初めてアメリカン・リーグのペナントを獲得する。そして翌年、一六一丁目通りとリヴァー・アヴェニューの交差するこの場所に、ヤンキー・スタジアムは完成したのだった。

それから七十五年。ヤンキー・スタジアムはあまりにも多くの歴史的瞬間の立会人となってきた。一九二七年、ルースの60号本塁打はここで生まれた。三九年、ルー・ゲーリッグはここでファンに永遠の別れを告げた。五六年、ドン・ラーセンはここで完全試合を達成した。六一年、ロジャー・マリスはここで61号本塁打を記録した。七七年、レジー・ジャクソンはここで三打席連続本塁打を叩き込んだ。いや、彼らだけではない。ジョー・ディマジオもヨギ・ベラもミッキー・マントルも、ここをホームとして、それぞれが三度ずつMVPを獲得した。この球場で歓喜に身をふるわせ、この球場で苦痛に身もだえした選手の数は、いったいどれくらいにのぼるだろうか。そんな選手たちを眼のあたりにした幸福な観客の数は、いったいその何倍に達するだろうか。球場のどよめきに身をひたし、渇いた喉にビールを流し込んでいると、思わずそんな考えが頭の片隅をよぎる。

そしてこの夜、私もまた「幸福な観客」のひとりになることができた。ヤンキースが勝ったからではない。私が格別の思いをいだいている選手が二打席連続のホームランを打ってくれたからだ。

彼の名はダリル・ストロベリーという。私は一九八五年の夏、この選手をやはりニューヨークのシェイ・スタジアムで初めて見た。当時の彼は、まばゆいほどに美しいメッツの外野手だった。ダンサーを思わせるほっそりとした身体。その身体を鞭のようにしなわせ、外角低目の速球をこともなげに左中間へ弾き返す姿。ライトの守備位置をほとんど動こうとせず、それでいながらむずかしい飛球を楽々とさばく姿。どれをとっても、彼は「夏の少年」だった。クールであっけらかんとした「野球の申し子」だった。だがその後、ストロベリーは天才の身に起こりがちな災いをまるごと引き受けてしまう。ことの仔細は省くが、ドラッグや暴力の醜聞にまみれた彼は、成績も人気も急降下し、ある時期など、1Aの弱小球団で月給三十万円の生活を余儀なくされていたのだ。

それでも、ヤンキースに拾われてからの彼は徐々に復活の気配を見せはじめていた。私は、その姿に胸を突かれた。上昇と墜落を短期間に体験し、栄光と悲惨の両極を知った男には、独特の気配がまといつく。天才の数は少なく、挫折した天才の数はより少なく、失意の淵からよみがえった天才の数はさらに少ない。それを可能にするのは、なみはずれた才能のもたらす恩寵が、才能によってもたらされた災厄をほんの数ミリほど上まわったときにかぎられる。三十代後半にさしかかった彼は、慢性化した膝の故障に苦しみながら、いぶし銀のような活躍をつづけている。

そのストロベリーが、私の眼の前で二本のホームランを放った。一本目は四回裏、私が球場へ到着した直後のことだ。そして二本目は、この夜のハイライトだった。4対3とホワイトソックスのリードで迎えた六回裏、二死一塁の場面で打席に立った彼は、フルカウントから投げ込まれた外角低目の速球を見逃さなかったのだ。

打球は、低い弾道を描いてセンターへ飛んだ。センター・ライナーか、と私は一瞬思った。だがその打球はみるみる加速して中堅手の頭上を越え、バックスクリーン脇の客席に吸い込まれていった。逆転のツーランに客席は沸いた。だが私は、勝敗の行方とは別の感慨を味わっていた。もしかするとこれは「永遠の未完」と呼ばれた天才の晩年を飾る記念すべき一撃となるかもしれないのだ。きれいに振り抜かれたバット。あざやかな軌跡を描くラインドライヴの打球。足を軽くひきずりながらダイヤモンドを一周する姿。すべてはスローモーションの映像となって、私の眼に焼きつけられた。

数日後、私はまったく対照的な球場にいた。ニューヨーク州オニオンタ。耳なれない地名だろうが、ここはニューヨーク・ヤンキースの傘下にあるオニオンタ・ヤンキースの本拠地だ。球場の名はダマシュキー・フィールド。こちらのヤンキースは、1Aのニューヨーク／ペン・リーグに属している。読んで字のごとく、このリーグはニューヨーク州やペンシルヴェニア州に散在する十四球団によって構成されるマイナー・リーグだ。ただし、この地方の冬は長い。雪解けは遅く、寒さのおとずれは早い。いいかえれば、野球のできる季節は非常に短い。リーグは六月中旬に開幕し、九月第一週には終幕を迎える。年間の試合数は約75ゲーム。これは大リーグ（162

試合）の半分にも満たない数字だ。

オニオンタは、ニューヨーク・シティから車で四時間半ほど走ったオッツェゴ郡に位置している。ずいぶん不便なところ、と思われるかもしれないが、この町の二〇マイルほど北には、野球好きなら知らぬ者とてない有名な町がある。そう、視点を変えていうなら、ここは〈野球の殿堂〉があるクーパースタウンから車で四十分足らずの場所に位置しているのだ。

クーパースタウンからオニオンタへ向かう短いドライヴは、眼とハートを解きほぐしてくれる。州道二八号線の両側には、うねる波のような丘陵が広がる。緑地に点在する農家やサイロの傍では、牛や羊がのんびりと草を食んでいる。農家の前庭には《とれたてのブルーベリーありまナ》とペンキで書かれた即製の看板が見える。道端には、野球の殿堂をもじった《ハンバーガーの殿堂》や《中古車の殿堂》がぽつりぽつりと店を出している。行き交う車の量は多くない。夏の風は、車の窓から草木の匂いを運び込んでくれる。

ダマシュキー・フィールドは、オニオンタの目抜き通りにあたるグランド・ストリートから少しはずれた公園のなかに、ひっそりとたたずんでいた。ヤンキー・スタジアムが「闇の大伽藍」だとすれば、こちらは「たそがれの四阿《あずまや》」といった趣きだ。収容人員四千二百。飾り気はない。派手な看板も、花や風船をあしらったアーチも見当たらない。着ぐるみのマスコットはいないし、そろいのコスチュームに身をつつんだ従業員の姿も眼につかない。売店にはビールもおいていない。切符のモギリとホットドッグ売りを兼ねているのは、球団のジェネラル・マネージャーだ。マイナー・リーグの球場多しといえども、これほど素っ気ないボールパークは珍しいのではないか。

だが、その素っ気なさは、妙に私の心をとらえた。私が幼年期を過ごした金沢には、かつて兼六園球場というささやかな野球場があった。小学校に上がりたてのころ、野球の試合があるたび私はそこに足を運んだ。家からは歩いて十分足らずの距離で、祖母がときおり一緒だった。球場の通用門があいているときなどは、裏道を通って五分ほどで客席にもぐりこむことができる。高校野球、ノンプロ野球、ときおりやってくるプロ野球。野球のゲームであればなんでもよかった。青田昇、箱田淳、宮地惟友、権藤正利らの顔はいまも記憶に新しい。私の指定席は三塁ダグアウト上方だった。そこは、無銭入場が可能な通用門からいちばん近い席なのだ。

ダマシュキー・フィールドは、なぜかその兼六園球場を思い起こさせた。ネット裏のグランド・スタンド。一塁線と三塁線に沿って設けられたブリーチャー。三塁側の座席はアルミでできているが、一塁側は昔ながらの木製ベンチだ。グランド・スタンドの青い椅子にも背もたれなどはついていない。その数およそ七百五十席。最上段の座席の奥には梯子がついていて、それを昇ると鳥籠を思わせる放送席が設けられている。ここは、この球場の「いちばん高い場所」だ。昔の映画に出てくるような殺風景なテーブルの上には旧式のマイクがぽつんとおかれている。

私はグランド・スタンドの最上段に席を占めた。ここからの眺めはすばらしい。左翼後方にはキャッツキル山地のなだらかな曲線。一塁側ブリーチャーの向こうには雑木林。右翼フェンスの先にはかなり深い森が広がる。左中間に設けられたスコアボードの右端には、シルクハットとステッキでお馴染みのヤンキースのシンボルマークをあしらった時計がはめこまれている。それらすべてが、じわじわと忍び寄ってくる夕闇に染められ、たがいの輪郭を溶かし合う。背後の金網ごしに振り返ると、さっきまではがらんとしていた駐車場に車の数がふえはじめている。いや、車だけではない。手にグラヴをはめた子供たちの姿もちらほらと見える。彼らの狙いは、やがて場外に飛び出してくるはずのファウル・ボールにちがいない。

オニオンタ・ヤンキースはこの夜、オーバーン・ダブルデイズを迎え撃っていた。ダブルデイズは、ヒューストン・アストロズのファーム・チームだ。試合は速いテンポで進んでいく。三振の数は多い。エラーの数も少なくない。だが送りバントは一度も見られないし、攻守交替もじつにきびきびとしている。たったふたりの審判（球審と塁審がひとりずつ）も要領よく動いてトラブルを招かない。快いリズムだ。無駄に試合時間をひきのばす日本のプロ野球のありようとは対照的といってよい。私はふと思った。深慮遠謀だの権謀術策だのと自称しながら、あれはその実、たんなる決断の鈍さもしくは判断停止の変形にすぎないのではないだろうか。

客席はいつしか七割がた埋まっている。私の左隣は引退した鉄道員だ。ホームゲームのある日は一時間近くをかけてかならず観戦にやってくるというだけあって、この人は選手の内情に大変くわしい。あの打者は去年にくらべて内角打ちがうまくなった、この投手は今年になってからスライダーの切れがよくなった、といった具合に、ぼそぼそとツボを押えた解説をしてくれる。ふむふむとうなずきながら聞いていると、子供ふたりを連れて右隣に陣取った中年男が話に参加してくる。

こちらはニューヨークの弁護士だという。この地方のマイナー・リーグめぐりをするのは、彼らにとって夏休みの恒例行事らしい。高校生と中学生の息子は、六回の裏になると球場の外へ出ていく。席に残った父親は、ファウルの打球が場外へ飛ぶたび、その方向を指示している。スティーヴ右だ、ダニー左だと、うしろを振り向いて金網ごしに声をかけながら、その顔はさすがに照れくさそうだ。なるほど、この席からはフィールドも駐車場も等分に見わたすことができる。どこに飛んでくるかわからないファウル・ボールを待ちかまえる他の子供たちにくらべて、スティーヴとダニーはずいぶん優位に立っているわけだ。もと鉄道員と私は、にやにや笑いながらファウル・ボール争奪戦にときおり眼をやる。二ダースほどのガキどものなかには、あきらかに三十代とおぼしき赤毛の男も混じっている。赤毛男はさすがに強い。大股で走り、子供たちを無理やり押しのけてボールを手に入れる。しかし、その情熱はいささか常軌を逸している。弁護士も加えて、われら三人は思わず苦笑を浮かべる。

試合はすでに終盤にさしかかっている。八時半を過ぎると照明灯にも出番がまわってくる。暮れなずむ茜色の空と照明灯の光がブレンドされて、フィールドはふしぎな気配を帯びる。暖かい、と私は思った。色から受けた印象のせいかもしれない。だが、それだけではない。この球場のたたずまいは、観客のたたずまいとなぜかとてもよく釣り合っている。大声を出さず、金切り声をあげず、あくせくすることも泣きべそをかくこともない。そう、ここにただよう暖かさとは、平穏を保ちつづけることのむずかしさやきびしさを知り尽くした上で獲得された暖かさにほかなるまい。

もと鉄道員にたずねると、ダマシュキー・フィールドの原型は一九〇五年に早くもできあがっていたという。アメリカン・リーグが創設されたのが、一九〇一年のことだから、この球場はアメリカ野球の草創期を体験していたわけだ。二〇年代には、ベーブ・ルースがここでエキシビションゲームを行なった。六七年にヤンキースの傘下に入ったあとは、ドン・マッティングリー、バーニー・ウィリアムス、アンディ・ペティートといった錚々たるスターたちがこの球場から巣立っていった。そういえば、アメリカン・フットボールの名QBジョン・エルウェイや、日本ハム・ファイターズの捕手だった田村藤夫も、このチームに在籍していたことがある。

しかし大半の野球選手にとって、オニオンタからブロンクスまでの距離は果てしなく遠い。よしんばあの「大伽藍」でプレーできる能力と幸運にめぐまれたとしても、そこから野球の殿堂へたどりつける選手は千五百人にひとりしかいないといわれる。ルーキー・リーグや1Aを起点に考えたりしたら、その確率は砂漠で落としたコインを見つけ出す確率にひとしくなるだろう。だが、その困難さだけで野球を測る必要はない。ふたつの夏の夕暮れ、ふたつの球場で私は幸福な観客になることができた。天然芝のフィールド。振り付けられたダンサーのように躍動する選手。彼らを見つめ、彼らを見守る観客。その観客を受け入れるボールパーク。野球は文化だ、という言い方を私はあまり好まないが、ここに存在する野球は、われわれに与えられたひとつの明快な営みにほかならないと思う。野球は美しい。野球は過去の時間を呼び起こしてくれる。そして、野球は、いつもそうとはかぎらないが、他に替えがたい幸福感をわれわれのハートにそっと運び込んでくれる。

瞬間の凍結と記憶の解凍

一九九八年を回顧する

スポーツにかぎったことではないが、あるシーンが突然スローモーションで見えはじめる瞬間がある。夜空を垂直に切り裂く数本の稲妻。花が咲いたように笑った男の横顔。急な坂道を駆けのぼる女の足首。速い流れに押されながら河を渡っていく一隻の小舟。魔法をかけられたようにひたすら惰眠をむさぼっている老人の顔。小さな弧を描いてゴールに吸い込まれる球体の軌跡……。いや、スローモーションで見えるのは、なにも劇的な場面や詩的な光景ばかりではない。ともすれば見落としてしまいがちなこまかい動きや表情が、なにかのはずみにふしぎな化学変化を起こしてわれわれの眼の奥に刻み込まれる例はけっして珍しくない。

記憶とはこうした作用にほかならない。ほとんど無意識のうちに、われわれはある瞬間を凍結し、記憶のなかに蓄積しようとする。それはたぶん、われわれが「瞬間」の意味を本能的に知っているからだ。ある「瞬間」が、つぎの瞬間にはすでに過去の時間に組み込まれてしまうことを、だれに教わるでもなくわれわれは理解している。だが、そうなったからといって、その瞬間が簡単に死滅するわけではない。意識しようとしまいと、われわれには過去の時間と交信しようとする本能が授けられているからだ。

一九九八年、私はいくつかの場所でいくつかの瞬間を記憶に凍結させた。たとえばこんなベスト・ナイン――。
①二月十四日。長野。ホッケー。カナダ対スウェーデン。第二ピリオド、アル・マッキニスが右四十五度からのスラップショットを決めた瞬間。
②六月十一日。ボルドー。サッカー。イタリア対チリ。後半三十九分、ロベルト・バッジョがチリのDFロナルド・フエンテスの手を狙い撃ちしてPKを奪った瞬間。
③六月十四日。トゥールーズ。サッカー。アルゼンチン対日本。前半三十七分、クラウディオ・ロペスのダイヴィング・ヘッドを、川口能活が反射的に右へ飛んでセーヴした瞬間。
④七月二十四日。ニューヨーク。野球。ヤンキース対ホワイトソックス。六回裏、ダリル・ストロベリーが二打席連続となる弾丸ライナーの本塁打をセンターへ放った瞬間。
⑤七月二十八日。オニオンタ。野球。オニオンタ・ヤンキース対オーバーン・ダブルデイズ。場外の駐車場へ飛んだファウル・ボールを、子供にまじって追いかけていた赤毛の三十男が全力疾走して強引に奪い取った瞬間。
⑥七月三十日。ビンガムトン。野球。ビンガムトン・メッツ対ニューブリテン・ロックキャッツ。九回表、メッツの右翼手テレンス・ロングが右中間に飛んだ痛烈なライナーをダイヴィング・キャッチした瞬間。
⑦八月四日。アナハイム。野球。アナハイム・エンジェルス対クリーヴランド・インディアンス。八回表、セットアップとして登板した長谷川滋利が、この日2本塁打のマニー・ラミレスを

二塁ゴロ併殺に討ち取った瞬間。

⑧十一月十五日。東京。日米野球最終戦。三回裏、イチローがアル・ライターの投げた球を、糸を引くようなライナーで右中間に弾き返した瞬間。

⑨十二月一日。東京。サッカー。レアル・マドリッド対バスコ・ダ・ガマ。後半三十八分、クラレンス・シードルフの決定的なパスが左前方のラウルに通った瞬間。

もちろん、これらは氷山の一角にすぎない。白馬で原田雅彦のジャンプを見た人、長野で清水宏保の滑りを見た人、サンテティエンヌでマイケル・オーウェンのドリブルを見た人、マルセイユでデニス・ベルカンプのトラップを見た人、セントルイスでマーク・マグワイアの62号本塁打を見た人、シカゴでサミー・ソーサの投げキスを見た人、甲子園球場で宙に舞う権藤博の姿を見た人、サンディエゴでケヴィン・ブラウンの青ざめた顔を見た人、チェンマイで稲本潤一の攻め上がりを見た人、そしてペルージャで中田英寿のバイシクル・シュートを見た人……。熱意と偶然にみちびかれて、これらの「瞬間」に現場で遭遇した幸福な人々はかなりの数にのぼるはずだ。

残念なことに、私はこれらのシーンをテレビジョンという窓を通じて目撃したにとどまる。それでもなお、ここに羅列した瞬間は、記憶のなかで鮮明に凍結されている。これは、あっけなく消費されていく社会的な事件や一過性の情報などがもたらす反応と決定的に異なる。同時に、私は思う。一九九八年とは、先ほど述べた「過去との交信」が、当事者の側でもひときわめだった年ではなかったか。

もっとも顕著な例は、マグワイアとソーサの本塁打レースだ。人為的なシナリオ、極端なショーアップ……球界やメディアの周辺でネガティヴな要因がいくつか露出したことは否めないにせよ、このレースがベーブ・ルースやロジャー・マリスの魂を招き寄せたことはまぎれもない事実だと思う。70号本塁打を放ったマグワイアが、ホームプレートを踏む直前、天に向かって人差し指を高々と突き上げたシーンを思い出していただきたい。あのとき彼は、ルースやマリスに向かって最大級の敬意と感謝を表していたにちがいない。そして、それとはいささか異なるニュアンスで、権藤博は三十七年前の、原田雅彦は四年前の、ケヴィン・ブラウンは一年前の自分自身と遭遇していたはずだ。そんな彼らの姿を見て、われわれもわれわれ自身の記憶をよみがえらせる。すくなくとも私は、八八年のマグワイアや六一年の権藤博の姿を、つい昨日のことのようにおぼえている。

そう、凍結され蓄積された記憶は、解凍される日を待ちつづける。その日がいつやってくるかはわからない。もしかすると、フリーズされた記憶はそのまま凍死してしまうかもしれない。それでもわれわれは、凍結された瞬間を身体のなかに飼いつづけることを厭わない。それは、記憶が解凍されたときに放たれる熱や蒸気の稀有な感触を、われわれが身体で知っているからだ。一九九八年の「瞬間」はすでに過去となった。だがわれわれは、いつかきっとこの「過去」と膝をまじえて語り合うはずだ。その楽しみを味わうためにも、私は一九九九年以降の「現在」を目撃しつづけていきたいと思う。

九八九八とその後

本塁打記録は凶事を招く?

ああ、野球はやはりマジックだ――「世紀のホームラン・ダービー」を見ながら、私はあらためてそう思った。マーク・マグワイアが70本。サミー・ソーサが66本。率直にいって、ずいぶん無茶な数字を弾き出してくれたものだという気はしないでもないが、あの盛り上がりを眼にしたあとでは、少々のオーバーランは致し方ないと思う。それに、私だって十分に楽しませてもらったのだ。メディアによるショーアップや、いささか作為のめだつシナリオをあげつらうよりは、あのレースがもたらしてくれた快感について語るほうがずっとよい気分になれるにちがいない。そう、あれは「レース」というよりも「スラッグフェスト(豪打の祭典)」と呼ばれるにふさわしいできごとだった。

一九二七年、ベーブ・ルースは年間60本のホームランを打った。一九六一年、ロジャー・マリスは年間61本のホームランを打った。メディアがくりかえし紹介してきたことだから、この事実はあらためて詳述するまでもないだろう。だが、彼らの周辺に起こったできごとやそこから派生するはずの連想については、意外なほど照明が当てられていない。これはもしかすると、電子辞書やインターネットの悪弊に通じるものかもしれない。書物や雑誌と異なり、これらの道具は、調べようとする対象へ一直線に突き進む特性をもつ。が、その一方、そこで得られる情報には「周辺のノイズ」が少ない。どうでもよさそうに見えてどこか味のある情報が抜け落ちてしまうといいかえてもよいが、無駄のない情報というものはどこか口ざみしいものだ。

まあ、そのことの是非は深く追及しないことにしよう。メディアにはメディアの都合があることだろうし、私としてもこの場でメディア批判を展開するつもりはないからだ。ただ、マグワイアとソーサの競り合いを見ているうち、私の頭のなかでさまざまな地図や年表が明滅したことはやはり言い添えておきたい。幹線道路からバイパスが生まれ、主要路線から支線が延びるように、連想の糸がつぎつぎに広がってほとんど収拾のつかないありさまを招き寄せてくれたのだ。どうやら私は、またしても野球に魔法をかけられてしまったらしい。マジックという言葉が反射的に浮かんだのはそのためだ。いやはや、ありがたいやら情けないやら。

それにしても、新たな本塁打記録が生まれたり、従来の記録が更新されたりするときの前後には、なぜいろいろな事件が起こるのだろう。それともこれは、記録を目撃したわれわれがあわてて周囲のできごとに眼をやり、その結果、なにかを発見するという現象にすぎないのだろうか。

一九二〇年、ベーブ・ルースが史上初めて五十本を超えるホームランを打ったのは、ブラックソックス・スキャンダルとレイ・チャップマン事件の直後だった。一九一九年、ワールド・シリーズの八百長事件に加担したホワイトソックスの八選手が球界を永久追放されたあの事件については、説明の要もないだろう。だが、野球ファンの心に暗い影を落としたという意味では、チャップマン事件も無視しがたい。一九二〇年八月十六日、インディアンスの遊撃手レイ・チャップマンは、頭部に死球を受け、大リーグ史上最初の（そしていまのところ最後の）犠牲者となったのだ。そのときの投手は、ヤンキースのカール・メイズ。メイズに対する直接の処分は行なわれなかったものの、これ以後スピットボールに対する規制は強化され、泥に汚れて見えづらくなったボールの使用は極力避けられることとなる。ルースは、そんな事件があいついだ「野球の冬の時代」に逆らうように官能的なアーチを描きつづけ、ファンを球場へ引きもどしたのだ。

だが、彼が60号本塁打を記録した一九二七年は、社会現象的にいうならもっと劇的な時代だった。禁酒法、ジャズ・エイジ、婦人参政権の承認といった世相的背景はいうまでもない。この年、チャールズ・リンドバーグは人類史上初めて大西洋単独無着陸横断飛行に成功した。映画の世界では、初のトーキー映画『ジャズ・シンガー』が公開された。同じころ、テニス界にはビル・ティルデン、ゴルフ界にはボビー・ジョーンズ、ボクシング界にはジャック・デンプシーといったスーパースターが出現した。だがさらに衝撃的なのは、二年後の一九二九年に「暗黒の木曜日」と呼ばれる株式大暴落が起こっていることだ。

マリスがルースの記録を三十四年ぶりに破った一九六一年も、時代の雲行きはけっして平穏ではなかった。前年の六〇年には、ブルックリンのエベッツ・フィールドがとりこわされた。同年、常勝将軍ケイシー・ステンゲルはヤンキースを去った。六一年にはタイ・カッブが死去し、史上初めてのエクスパンション（球団増設）も実施されている。だが、なによりもわれわれの記憶になまなましいのは、マリスが新記録を樹立した二年後に起こったJ・F・ケネディ暗殺事件だろう。以後のアメリカが建国以来最大の混乱に見舞われていくことは、いまさら指摘するまでもない。

では、今度のスラッグフェストは、そういった副産物を生み出すのだろうか。だれもが反射的にいだいたのは、九四年に発生した大リーグの長期ストライキ後遺症が、これでようやく癒されたという思いにちがいない。じっさいの話、九八年の観客動員数は久しぶりに七千万の大台を突破したわけだし、通常なら閑古鳥が鳴くはずの消化試合でさえ、ふたりの出場する球場は満員の観客で埋め尽くされた。おかげで、世間の失笑を買うほかなかった「大統領の下半身スキャンダル」は力なくフェイドアウトし、全米はもとより世界じゅうの野球ファンはめったに体験できない昂揚感と幸福感を味わうことができたのだった。この点を見るかぎり、ホームランを「世界の復元力」と呼ぶことはけっしておおげさではないと思う。

しかし、幸福や平和とは得てして長つづきしないものだ。しばらくたって振り返ったとき、九八年九月八日は……つまりマグワイアがマリスの記録を三十七年ぶりに塗り替えたあの瞬間は、どのようにとらえられるのだろうか。ルースの場合は、一九二〇年に54本を打ったあと、二一年に59本、二七年に60本という具合に自己記録を二度にわたって更新している。だがそのあとは壁が厚かった。ルース本人のみならず、ハック・ウィルソン、ジミー・フォックス、ハンク・グリーンバーグといった強打者が、いずれもあと一歩のところで涙を呑んでいるのだ。一方、ポスト・マリスの時代はやや異なる。本塁打の量産を危惧した大リーグ機構がストライク・ゾーンを広げ、マウンドを高くしたことによって、その後しばらくは圧倒的な「投高打低の時代」がつづくのだ。サンディ・コーファックスやボブ・ギブソンといった剛腕が球史に残る大記録を打ち立てたのは、いずれも一九六五年から六八年までのあいだのことだった。

ポスト・マグワイアの時代には、どちらのシナリオが用意されているのだろうか。常識的に考えるなら、次回のエクスパンションが予定されている西暦二〇〇〇年が過ぎるまでは打高投低の時代がつづき、その間に本塁打量産が行きすぎた場合（それでも七十本を超えるのは至難の業ではないか）、なんらかの制度変更が実施されると見るのが妥当なところだろう。なるほど、これで万一、巷間ささやかれている世界恐慌でも起これば、人々はルースの本塁打記録を例に引いて野球と社会現象の暗合を喋々するかもしれない。だが、それは健康な傾向とはいいがたい。歴史は教訓にこそなれ、法則にはならないはずだ。野球の特性とはリアリズムとヒロイズムであって、マキャベリズムやセンチメンタリズムではない。そんなスポーツには「したり顔の予言者」という顔よりも「世界の復元力」という顔のほうがよく似合うと思う。

二都のバラード

シカゴとボストンは蘇るか

一九〇八年の夏の一日。あるヴォードヴィリアンがマンハッタンの高架鉄道に乗っていた。芸人の名はジャック・ノーワースという。ノーワースは、電車のなかに貼られた一枚のポスターに眼をとめた。《本日、野球の試合あり。ポロ・グラウンズにて》――そっけない宣伝だったが、その言葉は彼の好奇心をそそった。近ごろ評判の野球なるものを、ノーワースはまだ一度も見たことがない。見てみよう、と彼は思った。思ったとたん、まだ見ぬ野球のイメージが脳裡に浮かび上がった。電車が球場へ到着したとき、ノーワースは一篇の詩を書き上げていた。主人公はケイティ・ケイシーという娘。ケイティは野球狂で、映画を見にいこうというボーイフレンドの誘いに耳を貸さない。「教えてあげましょうか、わたしがほんとにしたいこと」と前置きしてケイティはつづける。「わたしを野球に連れてって《テイク・ミー・アウト・トゥ・ザ・ボールゲーム》」

だれもが知っているあの歌は、こうして生まれた。ノーワースは友人のアルバート・フォン・ティルツァーに曲をつけてくれと頼む。そのティルツァーも、野球を見たことがなかったという。歌が初めて発表された場所は、ブルックリンのアルフィオン・シアターの舞台。客の反応はいまひとつだったが、ふわりとした歌詞のおかしさは人々の心に残ったようだ。皮肉といえば皮肉なことだが、映画館へ足を運ぶ客が、道すがらこの歌を口ずさみはじめたのだ。そしてほどなく、『わたしを野球に連れてって』は全米の愛唱歌となる。

当時の映画は、もっぱらサイレントの短篇だった。世にいうニッケルオデオンの時代である。「映画の父」D・W・グリフィスが処女作『ドリーの冒険』を発表したのは、まさにこの年のことだ。T型フォードの一号車やサンタモニカ埠頭がつくられたのもこの年だし、四年前には日露戦争がはじまっている。ルイ・アームストロングは八年前に、ルー・ゲーリッグは五年前に、ジョン・ウェインやキャサリン・ヘプバーンは一年前に生まれた。要するに、世間ではこんなことが起こっていたわけだ。

一方この年、ナショナル・リーグの球場ではとんでもない事件が起こっていた。時は一九〇八年九月二十三日。場所はノーワースが足を運んだポロ・グラウンズ。試合はシカゴ・カブス対ニューヨーク・ジャイアンツ。主役はジョニー・エヴァースとフレッド・マークル。

この時代のカブスは、掛け値なしに強いチームだった。それを象徴するのは二年前の一九〇六年に残した、116勝36敗（勝率7割6分3厘）という驚異的な数字である。しかもこのとき、カブスは後半65試合で55勝の荒稼ぎをしたというから恐ろしい。恐怖の殺人打線で知られる二七年のヤンキースも、無敵の投手陣を擁した五四年のインディアンスも、この大リーグ記録は破れなかった。「ドリーム・チーム」と呼ばれる今季のヤンキースにしたところで、この数字にはおよびそうもない。今後もよほどのことがないかぎり、記録更新はむずかしいだろう。

ただ、当時の野球は現在とずいぶん異なる。最大の要因はデッドボール（飛ばないボール）が使われていたことだ。一九〇六年、ナ・リーグのチーム平均本塁打総数は15・75本。一方、平均防御率は2・62で、平均盗塁数は１８３個。この数字だけを見ても、その特性はいやというほどわかる。投げて走ってよく守る——この三要素を満たさないかぎり、強いチームをつくることは不可能だった。ライヴボール（飛ぶボール）が採用される二〇年代まで、この事情に変化はおとずれない。

　カブスはこの必要条件を、おつりが来るほど満たしていた。モーデカイ・スリーフィンガー・ブラウン（彼は若いころ、機械にはさまれて右手人差し指の第二関節から先を失っていた）、エド・ルールバック、ジャック・フィースターの投手陣。フランク・チャンス、ジョニー・エヴァース、ジョー・ティンカー、ハリー・スタインフェルトの内野陣。なかでも勇名をとどろかせたのは、「ティンカー・トゥ・エヴァース・トゥ・チャンス」と戯《ざ》れ歌にも詠まれた併殺トリオだった。書いたのは、ニューヨーク・イヴニング・メール紙の記者だったフランクリン・P・アダムス。アダムスは、原稿の最後の八行をどうしても埋められず、戯れ歌を添えてお茶を濁そうとしたのだが、皮肉なことに後世に残ったのはその部分だけだった。お世辞にもうまい詩とはいえないが、一部を訳してみよう。

ティンカー・トゥ・エヴァース・
トゥ・チャンス
やつらは小鳥よりもすばやい三匹の小熊《カブス》
われら巨人《ジャイアンツ》の地を噛むゴロを

こともなげにさばき
安打を併殺打に変えてしまう
それはさながら疫病神を思わせる言葉
ティンカー・トゥ・エヴァース・
　トゥ・チャンス

一九〇五年の初夏、結核で倒れたフランク・シーリーのあとを受けて監督に就任したのは一塁手を兼ねるフランク・チャンスだった。のちに「無比の指導者《ピアレス・リーダー》」と呼ばれただけあって、二十八歳のチャンスはめざましいリーダーシップを発揮する。シカゴのある新聞は《恐れを知らず、機略に富み、なおかつ人をそらさない》と彼を評した。三歳年下のティンカー、四歳若いエヴァースもチャンスを慕った。ただし、試合中ものべつまくなしに悪態をつきつづける二塁手のエヴァースには、チャンスも閉口したらしい。たびかさなる死球の影響で左の耳がよく聞こえなかったチャンスは「右の耳が不自由だったらよかった」とぼやいている。なるほど、ふたりの守備位置を思えばこの不平はわからなくもない。

ともあれ、カブスの快進撃はつづいた。一九〇六年はもちろんのこと。翌〇七年にもナ・リーグを制覇。〇六年のワールド・シリーズこそ貧打のホワイトソックスに苦杯をなめさせられたものの、翌年は若き日のタイ・カッブを擁するタイガースに四連勝し、ついに世界一の座を獲得するのだ。モーデカイ・ブラウンに抑え込まれたカッブは「あんなに落ちるカーブは見たことがない」と述べている。そして、問題の一九〇八年九月二十三日――。

この年のナ・リーグは三強の接戦がシーズン終盤までつづいていた。名将ジョン・マグローに率いられ、剛腕クリスティ・マシューソンを投手陣の大黒柱とするジャイアンツ。「最高の野球選手」ホーナス・ワグナーを中心にまとまったパイレーツ。そしてもちろん、三連覇をめざすカブス。

九月二十三日のゲームは、文字どおり頂上決戦となった。マシューソンとフィースターの好投で、試合は1対1のまま九回裏を迎える。ジャイアンツは、ここで二死一、三塁の好機を迎える。三塁走者はムース・マコーミック。一塁走者は十九歳のフレッド・マークル。打席にはアル・ブリッドウェル。そしてブリッドウェルは、フィースターの球をセンター前に弾き返す。マコーミックは悠々と生還し、サヨナラ勝ちに狂喜した観衆はフィールドになだれこむ。とそのとき、二塁を守っていたエヴァースが中堅手のアーティ・ホフマンにボールを要求する。しかし理由がよくわからなかったせいだろうか、ホフマンの返球は大きく逸れてフィールドを埋めた群衆のなかに飛び込んでしまう。ジャイアンツの三塁コーチ、ジョー・マギニティはエヴァースの意図を見抜いた。人ごみに突進した彼は、横取りしたボールをスタンドに投げ込む。場内は蜂の巣をつついたような騒ぎになった。転々と移動するボール。そのボールを奪い返そうとするカブスの選手。だが、最後にボールを手にした（どこかから調達したという説もある）エヴァースは、二塁にタッチし、得点の無効を主張した。すでにお祭しのことと思うが、マコーミックの生還を見届けた一塁走者のマークルは、二塁を踏む前にクラブハウスへ引き上げていたのだ。球審のハンク・オデイは二塁封殺をコールし、場内の混乱と日没を理由に引分けを宣告した。これが、球史に名高い「マークルズ・ボーナー」の概略である。カブスは十月八日の再試合を4対2で制し、三年連続のナ・リーグ制覇をなしとげるのだが、試合終了後のポロ・グラウンズは惨憺たるありさまとなった。球場の外壁はぼろぼろにこわされ、チャンスとブラウンは観衆の袋叩きにあった上、護衛つきの車でかろうじて球場を脱出したのだった。

一方、エヴァースの機略は世に知れわたった。世間は彼を「ルールブックを使ってジャイアンツの優勝をもぎとった男」と呼んだ。が、彼にいわせれば伏線はいくつもあったようだ。なにしろエヴァースは、審判がインフィールドフライを宣告した瞬間（内野手がじっさいに捕球する前に）、二塁からタッチアップして三塁を陥れようとした男なのだ（このプレーはさすがに認められなかった）。さらにこの頂上決戦に先立つ九月四日、彼は対パイレーツ戦でまったく同じ状況に遭遇し、まったく同じアピールをしていたのだ。この抗議は従来の慣例をタテにしりぞけられたのだが、そのとき審判をつとめていたハンク・オデイがエヴァースの意見の正当性を認め、「今後同じケースが発生した際にはアウトを宣告する」と約束していたのだった。

かくてカブスはこの年もワールド・シリーズに進出し、タイガースに圧勝して二度目の世界一に輝いた。だが、その後のカブスはゆるやかな落日を迎える。一九一〇年から四五年にかけてこの球団は七度のリーグ優勝を飾り、ハック・ウィルソンやギャビー・ハートネットといった大選手を擁するのだが、一九〇八年を最後に、世界一の栄光からは延々と見放されつづけるのである。

一九一二年。フランク・チャンスがカブスの監督を辞任し、フェンウェイ・パークやタイガー・スタジアムが建設され、野次を飛ばした隻腕の男をタイ・カッブが半殺しの目にあわせ、タイタニック号が北大西洋で沈んだ年、アメリカン・リーグでは新球場を本拠地とするボストン・

レッドソックスが久々の巻き返しを見せていた。レッドソックスは、もともとそんなに弱いチームではない。ア・リーグが創設された一九〇一年（当時はピルグリムズと名乗っていた）には二位。伝説の名投手サイ・ヤングを擁した〇三年と〇四年にはリーグ優勝を飾ったばかりか、記念すべき第一回ワールド・シリーズ（対パイレーツ）をも制しているのだ。

が、その後のア・リーグではデトロイト・タイガースとフィラデルフィア・アスレティックスの天下がつづいた。カッブやヤングはもとより、ルーブ・ワデル、ナポレオン・ラシュウェイ、ウォルター・ジョンソン、アディー・ジョスといった「草創期の怪物」が暴れまわったのはこの時期のことだ。ハイランダースと名乗っていたヤンキースは、まだ雌伏の季節を過ごしている。そのころは「ニューヨークの球団」といえば、だれもがナ・リーグのジャイアンツを連想した。宿敵カブスに何度か苦杯を喫してはいたものの、その安定度は両リーグを通じて最高といってよい。一九一二年、ジャイアンツは前年につづいてワールド・シリーズに駒を進める。

一方、ア・リーグを勝ち抜いたのは前年五位のレッドソックスだった。監督は一塁手を兼ねるジェイク・スタール。打撃と守備の要は中堅手のトリス・スピーカー。投手陣の柱は、この年34勝5敗、10完封の成績を残したスモーキー・ジョー・ウッド。

「スモーキー」という通称にふさわしく、ジョー・ウッドの球は恐ろしく速かった。「ブルーベリーを投げても軍艦に穴をあける」と評されたあのウォルター・ジョンソンが「あいつの球はだれよりも速い」といったくらいだから、その怪腕ぶりは容易に想像がつくだろう。「見えない球は打てない」という迷言を残したのはヤンキースの強打者ハル・チェイスだが、彼はのちに「私の念頭にあったのは、ジョンソンとウッドのふたりだった」と告白している。

一方、トリス・スピーカーは外野守備の概念を変えた選手として名高い。打者の癖を知り抜いた守備位置。打球の行方をたちどころに察知する反射神経と抜群の強肩。わけても彼の名を高めたのは「第五の内野手」とまで称された極端に浅い守備位置だった。センターライナーを前進して捕り、そのまま二塁へ駆け込んで、帰塁の遅れた走者を刺す。このアンアシステッド・ダブルプレー（ひとり併殺）や4―8―3の併殺にスタンドが沸くのは当然のことだった。一九一二年、スピーカーは80補殺、35刺殺の驚異的な数字を残す。

そんなスピーカーに率いられたレッドソックス外野陣は史上最高の守備力を誇った。左翼手のダフィ・ルイスは、あのグリーンモンスターの手前に設けられていた斜面（現在はない）を自分の庭のように上り下りした。一方、スライディング・キャッチを得意とした右翼手のハリー・フーパーは、十七年間の通算で344補殺と375盗塁を記録している。このふたりを、スピーカーは指揮者のようにあやつった。彼が左へシフトすると、ふたりはそれに倣う。右へ動けば右へ。移動する距離も同じ。その読みは恐ろしいほどよく当たったたといわれる。

公式戦105勝の余勢を駆って、レッドソックスはジャイアンツに挑んだ。戦前の予想は、もちろんジャイアンツの優勢。そしてじっさい、8試合（第二戦が引分け）を戦い終えてみると、ジャイアンツはレッドソックスに対して打率で5分（2割7分対2割2分）、防御率で0・97（1・71対2・68）の差をつけていた。

しかし、シリーズを制したのはレッドソックスだった。最終戦となった第八戦、1対1の同点で迎えた延長十回表、ジャイアンツはあのフレッド・マークルの適時打でついに一点を勝ち越す。だが十回裏、フェンウェイ・パークでは四年前のポロ・グラウンズを彷彿させるシーンが展開されることになる。

今度の悪役は中堅手のフレッド・スノッドグラスだった。好守を誇ったこの中堅手は、あろうことか、代打クライド・エングルのなんでもない飛球をぽろりとやってしまったのだ。エングルは二進し、次打者フーパーのセンター・フライ（このときはスノッドグラスがすばらしい美技を見せた）の間に三塁を陥れる。つづくスティーヴ・ヤークスが四球で歩いたあと、打席に入ったのはトリス・スピーカーだ。ここでマシューソンは二度目の悪夢に遭遇する。スピーカーが一塁コーチズ・ボックス付近に打ち上げたファウル・フライが、捕手のチーフ・マイヤーズと一塁手のマークル（またしても！）の間にぽとりと落ちてしまうのだ。命拾いしたスピーカーはライト前へ適時打を放つ。これで同点。そしてラリー・ガードナーのライトフライで、三進していたヤークスがサヨナラのホームを踏む。いつもは冷静なマシューソンが、このときばかりは悔し涙を流しながらマウンドを降りたという。翌日の新聞は《スノッドグラス、三万ドルの落球》と書き立てた。もしシリーズを制していれば、ジャイアンツの分配金があと三万ドル増えていたからだ。

とはいえ、スノッドグラスは攻守に堅実な外野手として通算九年間、大リーグでプレーした。一方、もうひとりの悪役フレッド・マークルは、なんと十六年の長きにわたって大リーグに在籍している。そして驚くべし。一九一八年のワールド・シリーズで、われわれはカブスの中心選手として活躍するマークルの姿を目撃することになるのだ。

じつをいうと、この年のシリーズは、カブスとレッドソックスの最初にして（いまのところ）最後の直接対決となった。アメリカ合衆国は、前年の一七年、第一次世界大戦に参戦した。大リーガーも二百四十七名が出征し、三名が戦死している。カッブもマシューソンも、グローヴァー・アレグザンダーも戦場へおもむいた。この年カブスに移籍したアレグザンダーなどは、わずか三試合に登板しただけでユニフォームを軍服に着替えている。シーズンは短縮され、カブスは129試合、レッドソックスは126試合を戦ってシリーズに駒を進めた。

カブスのエースはヒッポ・ヴォーン。レッドソックスには、公式戦で13勝、11本塁打と投打にわたる活躍を見せた二十三歳の「バンビーノ」ことベーブ・ルースがいた。そしてもうひとつの理由で、このシリーズは歴史に名を残す。九月六日、コミスキー・パーク（カブスはリグレー・フィールドよりも大きなこのア・リーグの球場を本拠地に選び、レッドソックスもナ・リーグが使うブレーヴス・フィールドで戦った）で行なわれた第二戦の途中、セヴンス・イニング・ストレッチの際に「星条旗よ永遠なれ《スタースパングルド・バナー》」が場内で演奏されたのだ。戦時中ということもあって観客は昂揚した。以後、この曲は全米各地の球場で演奏されるようになり、現在の習慣につながる。ただし、この曲が米国国歌として議会で承認されるのは一九三一年になってからのことだ。

投手戦に終始したシリーズは、結局レッドソックスが四勝二敗で制した。レッドソックスのチーム打率は1割8分6厘。カブスは2割1分。ルースは2試合に先発して2勝をあげた。だが彼は翌年の29本塁打を置き土産にヤンキースへ売られ、以後のレッドソックスはシリーズに振られつづける。四回の挑戦で制覇はゼロ。しかもすべて第七戦での敗退。テッド・ウィリアムスもロジャー・クレメンスも、球団の運命を変えることはできなかった。人々はこれを「バンビーノの呪い」と呼ぶ。彼らはいつか大いなる眠りからめざめるのだろうか。そしてカブスが九十年間の氷河期に別れを告げる瞬間は、やがておとずれるのだろうか。

グレープフルーツの種とサボテンの苗

春季トレーニングの起源

フロリダのメキシコ湾岸に、ブラデントンというひっそりしたたたずまいの町がある。タンパからインターステイト二七五号線を南西に下り、セントピータースバーグを素通りして、巨大な虹の形をしたサンシャイン・スカイウェイでタンパ湾の入口をまたげば、この町はもう眼と鼻の先だ。

一日二時間の昼寝を欠かさないようなこの穏やかな町に、マッケクニー・フィールドという小さな球場がある。一九六九年以来、ここはピッツバーグ・パイレーツのキャンプ地となっている。収容観客数六千五百六十二。数字だけでいえば最小規模ではないが、私の頭のなかでこの球場はセピア色に彩られている。なにしろここは「フロリダのフェンウェイ」と呼ばれる球場だ。いわでものことながら、フェンウェイとはボストンにある大リーグ最古の球場フェンウェイ・パーク（一九一二年使用開始）を指す。

マッケクニー・フィールドは一九二三年に建造された。現在スプリング・トレーニングに使われている球場のなかで、ここは最高齢である。二番目に古いダニーディンのグラント・パーク

（三〇年建造）やヴェロ・ビーチのホールマン・スタジアム（五三年）、さらにはクリアウォーターのジャック・ラッセル・スタジアム（五五年）などをわずかな例外として、フロリダの球場はどれも比較的若い。ディズニー・ワールドの敷地内につくられたブレーヴスのキャンプ地などは、生まれてまだ二年しか経っていない。

マッケクニー・フィールドでひときわ眼を惹くのは、緑色のフェンスと緑色の客席だ。九四年に改装されてずいぶん近代的になったとはいえ、ダグアウトの板張りの床とこの緑色に変化はない。フィールドと客席をへだてるフェンスも腰の高さまでしかないし、一塁側と三塁側のファウルグラウンドも非常に狭い。いいかえればこの球場には、野球と観客が親密だった時代の匂いが濃厚に残っている。木のバットが白球を弾き返す音。観客のどよめき。ピーナッツ売りの呼び声。無人のスタンドに腰をおろすと、私の耳にはこれらの音声がありありとよみがえってくる。

スプリング・トレーニングの最大の魅力は、この「親密感」にほかならないだろう。球場と観客の親密。球場と選手の親密。選手と観客の親密。観客と観客の親密。そして球場と風景の親密。セントピーターースバーグのアル・ラング・スタジアムでは海からの微風が頬を撫でる。レイクランドのジョーカー・マーチャント・スタジアムの三塁側ブリーチャー上段に腰かければ、右中間フェンスの彼方にパーカー湖の水面が広がり、発電所の巨大プラントも遠くに望むことができる。色とりどりの花が咲き乱れるヴェロ・ビーチのドジャー・タウン（ここのホールマン・スタジアムにはダグアウトがない）。サボテンとジョシュア・ツリーに縁どられたフェニックスのミュニシパル・スタジアム。岸辺に忍び寄ったワニがホームラン・ボールに食らいつくウィンターヘイヴンのチェイン・オブ・レイクス・パーク。駱駝のこぶに似た赤茶色の岩山を借景とするスコッツデイル・スタジアム。……フロリダやアリゾナへ足を運ぶたび、私の眼には忘れがたい風景がいくつか刻みこまれる。

スプリング・トレーニングの原型が生まれたのは南北戦争の直後、遠く一八六〇年代末にさかのぼる。当時、野球は職業として確立されていなかった。ナショナル・リーグはもとより、それに先駆けて組織されたナショナル・アソシエーションもまだ生まれていない。となれば、冬から早春にかけて、選手たちが賃仕事に精を出して糊口をしのがなければならなくなるのは当然のことだ。そんな環境であれば、オフシーズンの身体づくりや来季にそなえてのトレーニングなどといった発想は、ほとんど実情にそぐわない……。

ところが、意外な球団が春季トレーニング第一号に名乗りをあげる。球団の名はニューヨーク・ミューチュアルズという。球団のオーナーは、腐敗政治家の代名詞とまで呼ばれたウィリアム・〝ボス〟・ツイード。ツイードはニューヨーク市の財源から三万ドルをかすめとり、本来なら検視官や清掃局職員に支払われるはずだった金を選手の俸給にまわしたといわれる人物だ。そんなツイードに倣ったわけではあるまいが、ミューチュアルズの評判もけっしてかんばしいものではなかった。一八六八年、野球史上初の大規模な八百長試合を行なったのも彼らなら、ナショナル・アソシエーションが結成された七一年、宿敵トロイ・ヘイメイカーズの選手を球場外でいきなり襲撃したのも彼らの仕業とされている。なんともはや、某プロレス団体の内部抗争を思わせる話だが、一八六九年の早春、なにを考えたものか、オーナーのツイードはこの球団をニューオーリンズへ送り込んでいるのだ。

ミューチュアルズは、野球不毛の南部で地元のクラブと何度かエキシビション・ゲームを行ない、予想外の収益をあげた。貪欲なツイードが、これを狙って南部へ進出したかどうかは定かではない。すべては伝説の霧につつまれたできごとだが、この成功を見て他球団も動いた。翌七〇年には、シンシナティ・レッドストッキングスとシカゴ・ホワイトストッキングスがやはりニューオーリンズへ足を伸ばし、春季トレーニングの基礎を築く。そしてナショナル・リーグ結成から十年が経過した一八八六年、「十九世紀野球界の企画発明王」と呼ばれたキャップ・アンソンに率いられたホワイトストッキングスが、アーカンソー州ホットスプリングスで初の本格的キャンプを張ることになるのだ。それを追いかけるように、フィラデルフィア・アスレティックス、ピッツバーグ・アレゲニーズ、ルイヴィル・エクリプスといったアメリカン・アソシエーションの各球団もサウスキャロライナ州チャールストンに春の拠点を築く。

かくてアメリカ南部は、早春の一時期、つかのまのにぎわいを見せるようになった。このにぎわいは、やがて西部へも広がっていく。一九〇八年の春、テキサス州マーリンスプリングスをおとずれたニューヨーク・ジャイアンツは、以後十一年間、ここに居を定める。ただしこの時代、春季トレーニングは万人に歓迎されたわけではない。オーナーたちは、温暖な南部で身体をゆるめた選手が四月の東部で怪我をしやすくなるのではないかと恐れ、選手のほうも、自宅でトレーニングさえ積んでいればたくさんだと考えていた。さらに排他的な土地柄の南部では、若くて乱暴な野球選手に部屋を貸し渋るモーテルがかなりの数にのぼったらしい。

そのころ、フロリダのセントピータースバーグでひとりの実業家が派手に招致活動を開始した。実業家の名はアル・ラングという。ピッツバーグで事業を成功させたラングは、温暖な気候をもとめてセントピートに移住し、ほどなくこの街の市長となる。南西部諸州の成功を横目で見ているうち我慢できなくなったのだろうか、金もうけと野球が大好きな彼は、まず一九一三年、ゆかりのあったパイレーツに引っ越しをもちかける。景色もよく、練習後に釣りも楽しめるこの街でキャンプを張ってはどうかと誘ったのだ。が、パイレーツのオーナー、バーニー・ドレイファスはこのせりふを聞いてつむじを曲げた。頑固者で知られる彼は、選手が物見遊山気分で練習に出かけるなどもってのほかと考えたのだ。しかし、ラングはめげない。翌一四年、セントルイス・ブラウンズに的を絞った彼は、監督のブランチ・リッキーを口説き落とし、ようやく年来の宿願を果たす。ところが、そこには思いがけない落とし穴が待っていた。金がからむと人格の変わるリッキーは、ラングの頭越しにセントピートの有力者と話をつけ、キャンプ費用の全額を市が負担するという条件をとりつけたのだ。他方、ケチにかけては人後に落ちないラングも、それを聞いて額に青筋を立て、六千五百ドル以上は支払えないと突っぱねる。リッキーは不承不承その条件を呑むものの、その後二度とセントピートへはもどらなかった。

にもかかわらず、フロリダ人気はじわじわと上昇をつづける。二九年には、大リーグ十六球団のうち十球団までがこの半島を「春の家」としていたくらいだから、これはブームにひとしい。十球団のなかには、ヤンキース、ドジャース、ブレーヴス、ジャイアンツといった有力球団もふくまれていた。当然のことながら、地元のマイナー・リーグやクラブ・チームは双手をあげて歓迎する。経費が大変だと初めてのうち渋っていた球団オーナーたちも、グレープフルーツ・リーグがもたらしてくれる入場料収入に笑いがとまらなくなった。かくてフロリダは「ベースボールの春の首都」となり、四九年のドジャー・タウン完成を機に、大がかりな施設をつぎつぎと開発していく。

一方、アリゾナを拠点とするキャクタス・リーグの誕生には、第二次世界大戦の終結を待たなければならなかった。一九二九年、デトロイト・タイガースが一年間だけフェニックスでキャンプを張ったことはあったものの、東海岸との距離や戦時中の輸送難、さらには不十分な施設などにさまたげられて、この地が注目をあつめるまでにはかなりの時間を要したのだ。だがここでも、野球史に名を刻むふたりの怪物オーナーが大胆な決断をくだす。ひとりは、のちにジャイアンツの西海岸移転を敢行するホレス・ストウナムであり、もうひとりは、奇抜なアイディアを連発して世間の度胆を抜いたインディアンスのビル・ヴェックである。

当時、ジャイアンツはマイアミで、インディアンスはクリアウォーターでキャンプを張っていた。ところが、どちらの土地も集客力が低い。頭をかかえていたストウナムは、友人から情報を得て、買収可能な軍の敷地があるツーソンに眼をつける。同時に彼は、これまた集客難にあえいでいたヴェックに誘いの声をかける。派手好きなヴェックが、人に無視された状態のままで耐えられるわけがない、とストウナムは読んだのだ。「ウチはツーソンでキャンプを張る。そちらはフェニックスでどうだ?」――こうもちかけたストウナムに対して、ヴェックは意外な答を返した。「いま思い出したのだが、私はツーソンに広大な牧場をもっている。どうだろう? そっちがフェニックスへまわってくれないか」

結論は出た。一九四七年、両球団は史上初めてアリゾナで本格的な春季トレーニングを行なう。もっともヴェックの著書を読むと、アリゾナに眼をつけたのは自分のほうが先で、ストウナムはそれに追随したにすぎないとされている。まあ、強力なエゴイストたちに向かってことの真偽は問うまい。この年、インディアンスはツーソンの七試合で一万六千人の観客をあつめ、ジャイアンツはフェニックスの八試合で二万三千人の観客を動員した。ふたりの名物オーナーは頰をほころばせ、キャクタス・リーグはこれを機に急成長していったのだった。晴天率の高さ、球場同士の近さ、社会的空気の寛容さ。アリゾナには、フロリダに見られない美点がいくつかある。四七年にア・リーグ初の黒人選手ラリー・ドビーを入団させたインディアンスや、四九年に二名の黒人大リーガーを登録したジャイアンツが、そのころ閉鎖的な空気の残っていたフロリダを避けてアリゾナを選んだのも、けっして故なしとしないことだ。

以後の発展や変化については、また別の機会に語らせてもらおう。一九九九年現在、フロリダでは二十球団、アリゾナでは十球団がスプリング・トレーニングを行なっている。春のおとずれを待ちきれない野球ファンは、この季節の「楽園巡礼」を欠かさない。約六週間にわたるこの時期、近年の観客数は延べ三百万人を超えるという。

奇跡は二度起こる

ミラクル・ブレーヴスとミラクル・メッツ

「おれたちは世界を仰天させてやった」――NLDSでジャイアンツを破ったあと、マーリンズのジェフ・コーナインは、マイクの前でこう叫んだ。が、いまにして思えば、これはなんとも慎み深い快哉だったというほかない。マーリンズは、NLCSでカブスを倒した。それも二勝三敗とリードを許してシカゴに乗り込み、敵の二枚看板マーク・プライアーとケリー・ウッドを打ち込んでの勝利だった。

それでも、人々はマーリンズの強さを眉唾ものと考えた。正直に告白すると、私もそのひとりだ。エクスポズを売り飛ばしてこの球団を買い取ったオーナーの行動に疑問をおぼえたことが理由のひとつ。第二の理由は、試合運びにいまひとつ風格やスタイルが感じられず、勢いで勝っているという印象を受けたことだ。しかしマーリンズは、大本命ヤンキースを四勝二敗でくだして、ワールド・チャンピオンに輝いた。二〇〇三年の開幕前、この結果を予想した人は、いったい何人いただろうか。

が、野球史を振り返ってみると、マーリンズの奇跡をしのぐ奇跡はいくつか実現されてきた。

こういわれて野球好きが反射的に思い浮かべるのは、なんといっても一九六九年のメッツだろう。そう、世界をびっくり仰天させたあの「ミラクル・メッツ」。

球団が創設されてから七年間、メッツはずっと「失敗のシンボル」でありつづけた。創設された一九六二年に残した40勝120敗という数字は、いまなお近代野球の最多敗戦記録だ。それだけではない。六三年＝111敗、六四年＝109敗、六五年＝112敗と、四年連続で100敗以上（もちろん四年連続最下位）を記録し、初代監督ケイシー・ステンゲルにいくつもの迷言を吐かせたことは知らぬ者とてない。《いままで私もいろいろ敗戦を経験してきたが、まだこんなに変わった負け方があるとは思わなかった》という台詞を見ても、《メッツの試合よりもひどいのはメッツのダブルヘッダーだけ》という発言を聞いても、その弱さが際立っていたことは容易に推察できる。

そんなメッツが少しは見られる成績を残したのは、一九六八年のことだった。この年から采配を振るったギル・ホッジスは、首位から24ゲーム差の73勝89敗でリーグ七位につける。もとより胸を張れた数字ではないが、70勝を突破したのは球団創設以来の快挙だ。ホッジスは、翌年の春季トレーニングで「今シーズンの目標は85勝」と記者団に述べた。なるほど、サンディエゴとモントリオールに新球団が二つ増え、東西二地区制が採用されたことを思えば、これは妥当な数字といえそうだ。ただし、ラスヴェガスの賭け屋がつけたメッツの優勝オッズは、なんと百倍。

一九六九年は「投手の年」と呼ばれた。カーディナルスのボブ・ギブソンとスティーヴ・カールトン。ジャイアンツのファン・マリシャル。カブスのファーギー・ジェンキンス。これら錚々たる顔ぶれに抗して、メッツにはトム・シーヴァー、ジェリー・クースマン、ゲイリー・ジェントリー、さらには新鋭のノーラン・ライアンといった駒がそろっていた。

五月と六月を好調に乗り切ったメッツは、首位カブスのあとを追って七月に入った。ただし、七月十四日時点で、ゲーム差は9・5。これはちょっと、と人々が思った矢先、メッツは爆発する。

六九年にアメリカで流行ったジョークに《メッツが優勝する前に、人類は月を歩くだろう》というのがあった。なるほど、このジョークはやがて現実となる。が、アームストロング船長が月面に第一歩を記した六九年七月二十日以降、メッツは白星街道を驀進しはじめるのだ。八月末のゲーム差は2・5。ひと息入れたあとの九月九日には待望の首位。以後も快調なペースは維持され、カブスの急降下も手伝って、最後は8ゲーム差をつける地区優勝が果たされたのだ。

メッツの勢いはとまらなかった。クースマンやライアンの好投もあってNLCSでブレーヴスを三タテしたあとは、十月の最終章を残すのみ。ただし、相手はリーグ一位の防御率とリーグ二位の打率を誇るボルティモア・オリオールズだ。ふたりのロビンソンが立ちはだかる公式戦109勝の相手は、なまじのことでは倒せそうもない。ところが「ミラクル・メッツ」の神話は、ハリウッドの脚本家も想像できなかったような形で完結する。第一戦こそマイク・クエイアーに牛耳られて落としたものの、二戦目以降は、クースマン、ジェントリー、シーヴァーが好投し、オリオールズ打線を3試合で2失点に抑えるのだ。そして最終戦となった第五戦では、伏兵アル・ワイスの大活躍。過去八年間で6本塁打、打率も二割そこそこだった物静かな遊撃手は、この日の本塁打をふくめて4割5分5厘の高打率を残し、ニューヨークの街に舞った紙吹雪を、だれよりも多く浴びたのだった。

四年連続最下位の屈辱を嘗めたあとでワールド・シリーズを制したチームは、メッツだけではない。一九六九年からさらに時をさかのぼること五十五年、一九一四年に「奇跡の球団」と称されたのは、ボストン・ブレーヴスにほかならなかった。

メッツと同様、ブレーヴスも四年連続最下位と四年連続100敗以上を同時期に経験している。一九〇九年＝108敗、一〇年＝100敗、一一年＝107敗、一二年＝101敗というのがその内訳だ。そして、これまたメッツと同様、この球団も監督交代によって面目を一新した。

一九一三年、最弱と侮られつづけたブレーヴスの監督に就任したのはジョージ・ストーリングスだ。ストーリングスは、「ジキル博士とハイド氏」を地で行く怪人だった。彼のなかでは、合理的な戦略家と異様なまでの迷信家が同居していた。空の樽を積んだ馬車を球場近くで見た日にはチームの勝利を確信し、ダグアウトの前に紙屑が舞っているときはかならず掃除をさせ、水を飲んでいるときに自軍が打ちはじめたときは、攻勢が終わるまでグラスを口から離さず……。その一方で、彼の補強はことごとく功を奏した。外野手のレスリー・マンやジョー・コノリー。内野手のチャーリー・ディールやブッチ・シュミット。そして「フィールドの監督」と称された名手ジョニー・エヴァースの獲得。七月中旬まで指定席の最下位に沈んでいたブレーヴスは、「ビッグ・スリー」と呼ばれる投手陣（ディック・ルドルフ＝27勝、ビル・ジェームズ＝26勝、レフティ・タイラー＝16勝）の大活躍もあって、あれよあれよという間に勝ち星を重ね、八月二十三日にはついに首位のジャイアンツに並びかける。そして……。

ワールド・シリーズの相手は、過去四年間で三度も王者に輝いているフィラデルフィア・アスレティックスだった。下馬評はもちろん、圧倒的にアスレティックスの優勢。主戦投手のチーフ・ベンダーなどは、「敵の様子を見にいってこい」と監督のコニー・マックに言い渡されたにもかかわらず、「なぜ、そんなことをしなきゃならんのですか。相手はブッシュ・リーグのレベルですよ」と一笑に付したくらいだ。その様子を見たストーリングスは、怪人の本領を存分に発揮する。偵察部隊を先乗りさせながら、「アスレティックスをスカウトする必要はない。われわれが四戦全勝で勝つからだ」と公言しただけではない。フィラデルフィアに到着した直後、敵将コニー・マックに電話で舌戦を挑んだばかりか、話がつかないと見ると、敵の本拠地ベイカー・ボウルに乗り込んでマックを面罵し、鼻先にパンチを突きつけて脅すという挙にまで出ているのだ。

この陽動作戦が効いたのだろうか、ビッグ・スリーはアスレティックス打線をシリーズ通算1割7分2厘に抑え込み、ほんとうに四連勝を達成してしまった。打のヒーローは捕手のハンク・ガウディ。公式戦で2割4分3厘の打率しか残せず、「当たりがよくてもかならず野手の正面」と皮肉られていた彼のバットは5割4分5厘と爆発し、チームを勝利に導いたのだった。なお、策士ストーリングスは、快勝のあとしばし人前から姿を消し、故郷のジョージア州で綿摘みに精を出していたという。

大失策

スノッドグラスの落球とバックナーのトンネル

あとアウト五つで試合が終わる。いや、試合どころかシリーズそのものが幕を閉じる。それなのに、その五アウトがとれない。とれないどころか、とんでもない失策によってとんでもない展開が惹き起こされ、とんでもない結末へとなだれ込んでしまう……。

いうまでもないが、私は二〇〇三年NLCSの第六戦を念頭においている。カブス敗戦の責任者は、いったいだれだったのか。ファウルフライを捕球しようとしていたモイゼス・アルーの邪魔をした二十六歳の青年か。四球にワイルドピッチのおまけをつけたマーク・プライアーか。なんでもない遊ゴロをはじいたアレックス・ゴンザレスか。それとも、プライアーをひっぱりすぎて交代の時機を失したダスティ・ベイカー監督か。

議論は尽きないし、当分のあいだ尽きることはないだろう。それでもおそらく、歴史は二十六歳のスティーヴ・バートマン青年を名指しで責めつづけるにちがいない。それは、彼の行動がなによりもわかりやすく、なによりも不吉だったからだ。いいかえれば、青年はもっとも生贄に近い位置にいた。だれかを生贄に仕立てずにはいられないメディアや大衆にとって、彼は恰好の標的となったのだ。

　これと同じケースは一九一二年にもあった。このときは、ニューヨーク・ジャイアンツの中堅手が生贄にされた。彼はなんでもないフライを落とした。歴史家は、それを「三万ドルのボーンヘッド」となじる。だが、そうだろうか。フレッド・スノッドグラスの落球は、ジャイアンツ敗戦の全責任を負うべきものだったのだろうか。

　問題の場面は、一九一二年のワールド・シリーズ第八戦、十回裏に起こった。第八戦、というのは、ジャイアンツとレッドソックスが一引分けをはさんで、それまでに三勝ずつをあげていたからだ。十回裏、というのは、それまでが1対1のタイスコアだったからだ。

　同点で迎えた十回表、ジャイアンツは、四年前のボーンヘッドで悪名高いあのフレッド・マークルの適時打で待望の勝ち越し点を奪った。ところがその裏、レッドソックスの先頭打者クライド・エングル（ジョー・ウッド投手の代打）の平凡なセンター・フライを、スノッドグラスがぽろりと落としてしまうのだ。

　エングルは二塁に達した。打順は一番にもどってハリー・フーパー。マウンドには、一回から投げつづけているクリスティ・マシューソン。フーパーは、疲れの見えはじめたマシューソンから痛烈な打球を左中間に弾き返した。三塁打は確実、とだれもが思った瞬間、スノッドグラスがジャンプ一番、のちにみずから「生涯最高の捕球」と回顧するほどの超美技を見せるのだ。ワンアウト。エングルは、タッチアップから三塁に進む。

　ところが、このあとがややこしい。制球を乱したマシューソンは二番のスティーヴ・ヤークスを歩かせたあと、打席にトリス・スピーカーを迎えた。スピーカーは、一塁線へファウルフライを打ち上げる。打球を追ったのは、一塁手マークル、投手マシューソン、捕手チーフ・マイヤーズの三人だ。マシューソンはマイヤーズに捕球を指示した。が、これはミスガイドだった。球はミットの先で地上に落ち、命拾いしたスピーカーの右前安打でレッドソックスは同点に追いつく。そしてそのあと、五番ラリー・ガードナーの犠牲フライで、ボストンは劇的なサヨナラ逆転勝ちを収めたのだった。

ジャイアンツ・ファンは戦犯を探した。最も責められるべきは、明らかなミスガイドを犯したマシューソンだ。が、この大投手は、傷つけてはならないニューヨークの偶像だった。それならば、ミスを帳消しにする美技こそ見せたものの、最初に凡飛を落としたスノッドグラスはどうか。──かくて、スノッドグラスの悪名は歴史に刻まれることとなった。が、監督のジョン・マグローは真相を見抜いていたにちがいない。彼は「戦犯」の年俸を千ドルも上げ、意気に感じたスノッドグラスも、翌年2割9分1厘の打率を残してチームのリーグ三連覇に貢献したのだった。

さて、カブスに劣らぬ「劇的な敗北」を今年も演じてみせたのはご存じレッドソックスだ。「最終戦、3点差、あとアウト五つ」という状況で同点に追いつかれ、延長十一回にアーロン・ブーンのサヨナラ弾を浴びるという、この球団にしかできないような敗北。翌日の新聞が《ブーンのBはバンビーノのB。バッキー・デントのBでビル・バックナーのB》と、レッドソックスにとっての疫病神を列記したのも無理はない。

第二次大戦後のレッドソックスは、ワールド・シリーズに四回進出して四回とも第七戦で敗退した。四六年、六七年、七五年、そして八六年。なかでも、頂点に最接近したのは八六年だろう。

「あとアウトひとつ」どころか、「あとストライクひとつ」で、彼らはバンビーノの呪いを解くことができたはずだったのだ。

この年、レッドソックスがシリーズで対戦したのはメッツである。下馬評では、公式戦で108勝をあげたメッツが圧倒的に優勢だった。ところがレッドソックスは、最初の二試合を敵地で連勝して勢いに乗る。レッドソックスの三勝二敗で迎えた第六戦は、3対3の同点のまま延長戦に突入した。

十回表、レッドソックスはデイヴ・ヘンダーソンの本塁打で1点を勝ち越し、さらに連打を浴びせてメッツに2点差をつけた。シェイ・スタジアムはどよめいた。バンビーノの呪いが解ける歴史的瞬間が眼前に迫ったからだ。

ボストンの抑え投手カルヴィン・シラルディは先頭の二打者を討ち取った。が、そのあとがいけない。シラルディは、ゲイリー・カーター（ツーストライクまで追い込まれていた）、ケヴィン・ミッチェル、レイ・ナイトに三連打を食らって、まず1点を献上する。代わってマウンドに登ったボブ・スタンリーも、打者ムーキー・ウィルソンへのワイルドピッチであっさりと同点に追いつかれる。そして仕上げがビル・バックナーだった。ウィルソンの放ったゆるい一塁ゴロが、まるで運命をもてあそぶかのようにバックナーの股間を抜けていったのだ。メッツ、6対5のサヨナラ勝ち。

このあとの結末は、いうまでもないだろう。翌日の第七戦、レッドソックスは六回表まで3対0とリードしながら、終盤に都合8点を奪われ、あっけない逆転負けを喫してしまうのだ。

ボストンのファンはむろんバックナーをなじった。なるほど、彼のエラーに弁解の余地はない。

しかし、連打を許したシラルディやワイルドピッチで加点されたスタンリーの責任はどうなるのか。それに、あのゆるい当たりをもしバックナーが捕っていたとしても、駿足のウィルソンを刺せただろうか。仮に刺せたとしても、同点のまま延長戦がつづけば、ただでさえ手薄なボストンのブルペンが火の車になっていただろうことは想像に難くない。

にもかかわらず、バックナーと監督のジョン・マクナマラは槍玉にあげられつづけた。マクナマラが責められたのは、バックナーに代えて守備固めのデイヴ・ステイプルトンを使うという手を打たなかったためだ。非難の声はその後も鳴りやまなかった。一九九二年には、某コレクターがバックナーのトンネルしたボールをオークションで手に入れた（バックナーは自身で保管していると反論した）という噂が流れたし、翌九三年には、たび重なる嫌がらせに耐えかねたバックナーが、長年住み慣れたマサチューセッツの自宅を売却して引っ越す事件まで起こった。

それにしても野球ファンは、バックナーが二十二年間で2715安打（首位打者一回、最多二塁打二回をふくむ）を積み上げた好打者だったことを、さらには一塁手として年間184補殺の最多記録をもつ好選手だったことを忘れてはいないだろうか。スノッドグラスにせよ彼にせよ、「世紀の大失策」によって払わされた代償はあまりにも大きい。野球とは根源的に、瞬間のスポーツではなく継続のスポーツだ。われわれは、折に触れてこの事実を思い出すべきだと思う。

野球という多面体

ケン・バーンズ『ベースボール』に感謝する

《野球は空中のゲームだ》——レッドソックスびいきの画家ジャック・レヴァインは、こういっている。

《アメリカには美しくデザインされたものが三つある。合衆国憲法、ジャズ・ミュージック、そしてベースボールだ》——こういったのは、ピューリツァー賞を受けた黒人文学者ジェラルド・アーリーだ。

《もし野球が簡単なスポーツなら、そしてわれわれの願いをすぐに聞き入れてくれるスポーツなら、人はこんなに球場へ足を運ばないはずだ。なるほど、野球の見かけは、太陽のように明るいが、その陰には冷酷なまでのきびしさとむずかしさが潜んでいる。この矛盾があるからこそ、人はくりかえし球場へ足を向けるのだ》——ご存じロジャー・エンジェルは、こんな言い方で野球の魅力を語る。

《野球について統計をとるのは、いっさいやめてしまったらどうだろうか》——これは、六〇年代から七〇年代にかけてフィリーズやホワイトソックスで活躍したディック・アレンのつぶやきだ。

《野球とアメリカを同一視することはできない。アメリカはばらばらの国だ。文化も階級もイデオロギーも宗教も……どんな観念を導入しても、この国はひとつにまとまらなかった。野球は、そんなアメリカを空中分解させない紐帯の役目を果たした》――野球史家ジョン・ソーンは、このスポーツの位置をこんなふうに定義する。

これらの言葉は、すべて一冊の本に掲載されている。本の名は『Baseball』という。編著者はジェフリー・C・ウォードとケン・バーンズ。後者の名前には聞きおぼえがあると思う。そう、十八時間にわたってアメリカ野球の歴史を語った驚異的なドキュメンタリー映画『Baseball』を撮ったのはこの人にほかならない。そして五百ページ近いこの大冊は、あのビデオのコンパニオン・ブックとして、同じ時期にクノップ社から刊行されている。

私は、この本を折にふれてひらく。ひらくたびに発見がある。あ、これは見落としていたな、と感じることもあれば、おや、これはそういう意味だったのか、と眼から鱗の落ちる思いを味わうことも珍しくない。要するにこれは、野球の歴史を明快に伝えるとともに、「多面体としての野球」をさまざまな角度から照らし出してくれる書物なのだ。野球の美しさ、野球の緻密さ、野球のきびしさ、野球の楽しさ、野球の大らかさ――一見矛盾しているようだが、どれもこれもが野球の特性といってよい。同時に、この本は古代都市国家の広場を思わせる構造を持っている。つまり私は、この本を起点として、野球について書かれた何冊もの楽しく美しい書物が放射線状に広がる構図を連想することができるのだ。

たとえば、冒頭に紹介したふたつの発言が虫明亜呂無の『時さえ忘れて』（ちくま文庫）やW・

P・キンセラの『野球引込線』（文藝春秋）に出ていたとしても、私は驚かないだろう。あるいは、エンジェルの指摘が草野進の『世紀末のプロ野球』（角川文庫）に刷り込まれていても、私はいぶかしく思わないはずだ。さらにいうなら、アレンのつぶやきはジョージ・プリンプトンの『遠くからきた大リーガー』（文春文庫）のなかに引用されていても不自然ではないし、ジョン・ソーンの定義に『野球術』（文春文庫）の著者ジョージ・F・ウィルが賛意を表したとしても違和感はまったく感じられないと思う。

『Baseball』の楽しみ方は、これだけにとどまらない。ふたたび先ほどの例にもどるが、この本には、ディック・アレンのつぶやきを聞きつけたビル・ジェームズの考察も紹介されている。無敵の統計家として名高いジェームズは、アレンの発言に対してけっしてめくじらを立てたりしない。むしろ彼は、その発言を眼にしてにっこりとほほえむ。『フィールド・オブ・ドリームス』と『さよならゲーム』という二本の映画を例に引き、前者には数字が不要であり、後者には数字が必要不可欠である理由をみごとな手さばきで証明してみせる。空中をただよってどこかへ消えていく幻の世界と、汗によって築かれる厳密で泥くさい世界の対比は、この証明によってあざやかなコントラストを描く。そして、われわれも気づかされる。野球とは、この世でいちばん秩序正しい世界かもしれない……そしてもしかすると、この世でもっとも混沌とした世界かもしれない、と。

野球が「多面体」であることは、これひとつをとっても明らかだろう。一見のんびりした時間の陰で火花を散らす緊密な戦略。つねに過去と交信しながら、ふしぎな螺旋形を描いて前へ進んでいく形態。非人間的な印象を与えるスタッツが、じつは選手個人のアイデンティティとなっていく逆説。こうした魅力的な枝道が何本も隠れているから、われわれは野球ウォッチャーをやめることができない。『Baseball』は、そんな枝道を発見する手助けとなってくれる本だ。

空気が野球の電波に

なぜか幸福だった五〇年代野球

《空気が野球の電波に満ちていた》——五〇年代に思春期を送ったジョージ・F・ウィルが、当時をふりかえってこんなことを書いている。いくらか下の世代に属する私にも、その気配はよくわかる。あのころの日本も、ラジオからテレビへ電波メディアの主役が交替しはじめていた時代だった。グリーンの光をぼんやりと浮き上がらせた茶色い箱型のラジオを、私はよくおぼえている。短波放送で聴くアナウンサーの声は、電波が駄々をこねているような雑音まじりだった。杉下茂や宅和本司の名前は、この箱を通じて知った。ミッキー・マントルやギル・ホッジスが来日したときもそうだったか。戸倉勝城や南村侑広の名を耳にするたび、どんな漢字を書くのだろうと私は首をひねった。私の家には、まだテレビがなかった。野球選手の動く映像には、親戚の家に飾ってあったテレビや、映画館のニュースリールで触れるほかない。わが家にテレビがやってきたのは、長嶋茂雄がプロ入りし、稲尾和久がサヨナラ本塁打を放ち、スタン・ミュージアルが来日した年のことだ。

いまにして思うと、それはブルックリン・ドジャースがロサンジェルスへ、ニューヨーク・ジャイアンツがサンフランシスコへ本拠地を移した年だった。旅客機が発達し、インターステイト・フリーウェイの網が広がり、ホリデイ・インが全米各地につくられる。いいかえれば、この時代のアメリカは「動き」はじめていた。『ロック・アラウンド・ザ・クロック』がヒットし、ケルアックが『路上』を発表したのもこのころのことだった。

さらにいいかえるなら、大リーグの「ニューヨーク帝国時代」はこの年をもって終焉を迎える。ヤンキースを筆頭に、五〇年代のニューヨーク三球団は「一極集中」と呼ぶほかない強さを誇っていた。十年間で、ペナント獲得が十四回（確率七〇パーセント）にワールド・シリーズ制覇が八回（八〇パーセント）。MVPに輝いたニューヨークの選手も十一名（五五パーセント）に達する。ちなみにいうと、六〇年から九八年までの三十九年間でMVPを獲得したニューヨーク在籍の選手はわずか四人しかいない。そして五一年には、ニューヨークの三球団がすべて首位でシーズンを終える椿事が起こった。この年、ナ・リーグのドジャースとジャイアンツは同率で首位にならび、プレーオフを戦ったのだ。球史に名高いボビー・トムソンのサヨナラ本塁打は十月三日にポロ・グラウンズで放たれている。

きめこまかい戦術が少なく、一発に頼りがちだった五〇年代野球は、のちに「単細胞」となじられた。だが残された映像や記憶をたどるかぎり、この時代のアメリカ野球はけっして不幸に見えない。そこではなによりも肉体が祝福されていた。当時のアメリカ車は馬力の無駄づかいを嗤《わら》われたが、人間は機械ではない。エネルギーを横溢させる肉体は、時として幸福に映ることがあるのだ。JFKの登場を機に時代が急激に翳るとはつゆ知らず、私も野球にうつつをぬかしていたのだった。

われ思う、ゆえにわれ勝つ

猛将ジョン・マグロー、かく語りき

もうずいぶん前の話だ。スポーツライターのグラントランド・ライスが《勝ち負けは問題ではない。ゲームの内容こそ問題なのだ》といったことがある。昔もいまも、こういう発言は受けがよい。それはそうだろう。なりふりかまわず勝ちにいく姿勢とはけっして美しいものではないし、勝利至上主義者の野球とは、得てして想像力の遊びを欠いてしまうものになりがちだからだ。

しかし、この発言がとりすました印象を与えることも、また否みがたい。じっさいの話、ライスの発言を耳にしてある人物がいきりたった。エンジェルスの名物オーナーだったジーン・オートリーがその人である。《ふん、そうかい。おれにいわせりゃな、グラントランド・ライスのいうことなんか犬に食わせてしまえってんだ》

持ち前の柄のわるさを隠そうともせず、オートリーはこう言い放った。無理もない。彼の立場からすれば、ライスの発言は営業妨害にひとしい。私の眼から見ても、その発言は優等生的すぎて面白味に欠ける。そもそも、野球という世界で、勝敗にこだわる考え方はなぜなじられなければならないのだろうか。執拗に勝利をもとめる姿勢を、想像力のパン種と呼ぶことはできないだろうか。

唐突に聞こえるかもしれないが、私は一八九〇年代のボルティモア・オリオールズを……その中心選手だったジョン・マグローを思い浮かべる。マグローは一八九一年にオリオールズに入団した。翌年、アメリカン・アソシエーションの消滅に伴ってオリオールズはナショナル・リーグに加盟する。マグローが主力として活躍をはじめたのは、一八九三年のことだ。

九二年にナ・リーグの最下位（十二位）に甘んじていたオリオールズは、二年後の九四年、早くもリーグ優勝をかざる。その一因はウィリー・キーラー、ヒューイ・ジェニングスといった実力派の補強に成功したことだが、もうひとつのダイナモはマグロー三塁手の提案した「野球術」の数々だった。

マグローは勝利至上主義者だった。「勝てばいいんだ、勝てば」と公言し、走者が二塁から走ってくると、かならずベースの内側に立った。これは、簡単には三塁をまわらせないぞというアピールだ。じっさい彼は、本塁へ突入する走者に体当たりを忘れなかった。さらに、三塁走者がタッチアップをこころみるときは、うしろからベルトをつかんで離さなかったという。いやはや、なんとも。

マグローの考案はそれだけにとどまらなかった。カットオフ・プレー（外野からの送球を内野手が中継するプレー）やボルティモア・チョップ（高いバウンドのゴロを打って内野安打をかせぐ戦術）もよく知られているが、もっとも有名なのは、監督のネッド・ハンロンと相談してヒットエンドランの戦術を完成させたことだろう。当時、この戦術はおもしろいほどに決まった。走者がスタートを切るたび、相手内野陣の穴は大きくなり、その穴をあざわらうように打者のゴロが抜けていくのだ。あるときのジャイアンツ戦など、オリオールズはこの戦術を十三回こころみて十三回とも成功した。怒り心頭に発したジャイアンツのモンティ・ウォード監督は「こんな野球があってたまるか」と絶叫し、ナ・リーグ事務局に異議申立てをしたといわれる。

が、思わず微苦笑を誘われるのは、やはりマグローが悪知恵をしぼったときの戦術だ。まず彼は、グラウンドキーパーのトム・マーフィに三塁線沿いのフィールドの傾斜をわずかに大きくさせた。これによって、相手のバントはことごとくファウルになり、マグローは深めの守備位置でにんまりほくそえむというわけだ。

もうひとつは、外野の芝を深くするという作戦だった。ただしこれは、相手の打球の勢いを殺すためではなく、深い芝のなかにボールを一、二個隠しておくためだったというから吹き出してしまう。たとえば、打球が左中間に飛んだとしよう。すると左翼手のジョー・ケリーが芝にグラヴを突っ込んで隠してあったボールをとりだし、マグローに送球して走者を刺すのである。ところが、このシナリオはときおり狂った。マグローが走者を刺した直後、中堅手のスティーヴ・ブロディが本物の打球に追いつき、それを内野に返球することがあったからだ。マグローは頭から湯気を立てて怒ったそうだが、さすがにこのトリックは長つづきしなかったらしい。

ベルトつかみやボール隠しのトリックは別として、マグローが考案したさまざまな戦術は、いまなお野球の現場で生きている。とくに「グラウンドキーパーへの秘密指令」は野球史のさまざまな局面で顔を出す。たとえば、ルイス・アパリシオやネリー・フォックスといったバントの名人を擁していた五〇年代のホワイトソックスは、打球が切れぬよう、ファウルラインから内野の芝にかけてゆるやかな傾斜をこしらえた。フランク・ロビンソンやガス・ベルの長打に頼っていた五〇年代のレッズは、本拠地クロスリー・フィールドのマウンドの手前に穴を掘った。なにも知らない敵の投手はその穴に足を踏み入れ、球を高目に浮かせては長打を浴びるのだった。

あるいは、一九六二年のペナントを獲得したジャイアンツを例に引いてもよいだろうか。この年、首位のドジャースを追いつづけていたジャイアンツは、シーズン終盤にさしかかるや、とっておきの秘策を用いた。それは……本拠地キャンドルスティック・パークの一塁からやや離れたところ（走者がスタートを切ろうとするあたり）に穴を掘り、そこに砂と泥炭を埋めたのち、もとの土をかぶせておくという荒技だった。この荒技は功を奏した。ドジャースが誇るモーリー・ウィルスやウィリー・デイヴィスといった駿足は完全に封じ込まれ、ジャイアンツは大逆転でナ・リーグを制したのだ。この作戦が、二〇〇一年夏のヤンキー・スタジアム（対マリナーズ戦）でも行なわれたことはまだ記憶に新しい。

これらはすべて、勝負にこだわった結果の産物だ。くりかえしていうが、勝負にあくせくする人と勝負師はちがう。勝負師は、勝利をもぎとるためにさまざまな工夫を凝らす。マグローはもとより、ケイシー・ステンゲルもジーン・モークもルー・ピネラも、さらにはあの三原脩も、この種族に属する監督だった。モークは《最悪なのは、選手よりも自分のほうが試合に勝ちたがっているることに気づいたときだ》とつぶやき、ステンゲルは《やつら、この世のものとは思えないような負け方をしてみせる》と嘆いた。そしてピネラは《優勝できないチームのレギュラーでいるより、優勝チームの便利屋でいるほうがいい》とまでいった。そんな彼らが工夫を凝らす野球が、おもしろくならないわけはない。攻めに知恵を絞り、守りに策を尽くし……つまり彼らは、一点差を争い、一投一打に目を凝らし、一球に神経をすりへらしているのだ。のちに名勝負と呼ばれるゲームとは、こうした工夫や意匠がいくつも積み重ねられた末にもたらされたものにほかならない。そういえば、かつての大打者ジョージ・ブレットは、こんな名言を残している。

《引分けが妹とキスするようなものなら、敗戦とはおばあちゃんとキスするようなものだ。それも、口をあけて歯を見せているおばあちゃんと》

渋い名画

守備の達人は美術館の片隅で輝く

命拾いをさせてくれたものは、往々にして命取りとなる。史上まれに見る激戦となった二〇〇一年のポストシーズン・ゲームが終わったあと、私はそんなことを考えていた。いうまでもないだろうが、私が思いをめぐらせていたのはヤンキースの守備についてだ。

命拾いとは、ディヴィジョン・シリーズの第三戦で遊撃手のデレク・ジーターが見せた超絶的な中継プレーを指す。命取りとは、ワールド・シリーズの第七戦でマリアーノ・リベラがピッチャー前のバントを二塁に悪送球したプレーを指す。つぶさに語るスペースがないのは残念だが、ヤンキースは前者をきっかけにワールド・シリーズへ駒を進め、後者によってシリーズ四連覇を逃したのだった。

守備の力は、それほどまでに大きい。ゲームの行方を左右し、野球ファンの胸をゆさぶり、野球史家のメモをふやす。ヤンキースは、守備で勝って守備で負けた。私は、反射的にブルックス・ロビンソンの名を思い浮かべる。一九七一年、オリオールズとレッズのあいだで争われたシリーズの主役とは、ゴールド・グラヴを通算十六回も受賞した「史上最高の守備的三塁手」にほかならなかった。

この年のレッズは、右の強打者をずらりとそろえていた。一方、オリオールズの投手陣には左腕の軟投派が多い。となれば当然、打球が三塁のロビンソンを襲う頻度は非常に高くなる。史上初めて人工芝の球場が使われたこのシリーズで、ロビンソンは右に左に身体を躍らせ、むずかしい打球をいくつもさばいてオリオールズに栄冠をもたらしたのだ。

「速い足と柔軟な手」——けっして駿足とはいえなかったロビンソンを除いて、内野守備の名手には、かならずといってよいほどこの賛辞がささげられる。ビル・マゼロスキーも、デイヴ・コンセプシオンも、オジー・スミスも、ライン・サンドバーグも……ゴールド・グラヴ賞の常連を想起すれば、事情はおのずからあきらかとなる。わけてもこの形容をほしいままにしたのは、マズことマゼロスキーだろう。彼はゴールド・グラヴを八回授けられた。この賞が制定されたのは、マズが本格的な活動をはじめた一九五七年のことだった。

ダブルプレーに関与したときのマズは、しばしば「ノータッチ」と呼ばれた。眼にもとまらぬ速さでサイドステップを切り、電光石火の早業で一塁に送球する。流れるようなその一連の動作は、とてもボールに触れているとは思えない。驚嘆を禁じえない観客は、この愛称を贈ってマズに敬意を表したのである。

十七年間の現役生活のあいだ、マズはたった三個しかグラヴを使わなかった。あまりにもくたびれたそのグラヴは「パンケーキ」と呼ばれ、チームメイトのいたずらでバターとシロップをかけられたことさえある。マズは黙ってグラヴを修理し、そのあともずっと使いつづけたという。

当時のパイレーツには、もうひとり守備の達人がいた。ロベルト・クレメンテだ。強打と悲劇的な死で名高いこの右翼手は、驚異的な鉄砲肩の持ち主としても知られていた。なかでも有名なのは、満塁の状況でライト前ヒットを拾い上げ、矢のようなストライクを本塁に返球して三塁走者を封殺したプレーだ。楽に生還できると思いこんでいた走者が全力疾走を怠ったとはいえ、これは二〇〇一年春のイチローを彷彿させるみごとなパフォーマンスだった。クレメンテは、ウィリー・メイズとならんで十二回のゴールド・グラヴを受賞している。これはオジー・スミス（九二年に13回目の受賞）に抜かれるまで、ナ・リーグの最多受賞回数だった。

もっとも、守備の名手とは強肩や敏捷さを誇るだけの存在ではない。クレメンテのプレーで思い出したが、二十世紀初頭に最高の外野守備を誇ったトリス・スピーカー（中堅手）は、極端な前進守備をとることで、通算448個の補殺をなしとげている（〇九年と一二年には年間35補殺）。飛ばないボールが用いられていた時代とはいえ、これは驚異的な数字だ。しかも彼は、一九一八年に、センター・ライナーを捕って二塁に駆け込むというアンアシステッド・ダブルプレー（ひとり併殺）を二度も完成させている。これは、読みの勝利だ。そしてこのプレーは、五〇年代のリッチー・アシュバーン（中堅手）や八〇年代のキース・ヘルナンデス（一塁手）へと受け継がれていく。前者は的確このうえない守備位置で刺殺の山を積み上げ、後者は二塁方向へ抜群の動きを見せて残り三人の内野手をずいぶん楽にさせた。ひとりの名手の存在は、野球の全体を変える。そして彼らの大半は、「渋い名人」に属していた。

その昔、本塁打の快楽におぼれたラルフ・カイナーは「守備ではキャデラックを買えない」といった。が、いまやその偏見は確実に修正されつつある。美術館の片隅でひっそりと輝きつづけていた守備の達人という名画にも、ようやく脚光を浴びる季節がおとずれてきたようだ。

マグニフィセント・セヴン

十九世紀に咲いた七人の三百勝投手

年間に680イニングスを投げた投手がいる。一八七九年、ウィル・ホワイトは年間76試合に先発して75試合に完投し、43勝をあげた。その年をふくめて、彼は年間四十勝以上を三度も記録した。が、そのキャリアは十年で終わりを告げ、通算の勝ち星も229で止まった。

年間59勝という奇跡的な数字を残した投手もいる。一八八四年、チャーリー・ラドボーンは75試合に先発し、73試合に完投して59の勝ち星を稼いだ。投球回数は678回3分の2。奪った三振は441個、防御率は1・38。

二十一世紀の野球常識から見れば、どれもとんでもない数字だ。ちなみに二十世紀最後の年（二〇〇〇年）のデータをひっくりかえしてみても、年間250回以上を投げた投手は両リーグあわせてひとりしかいない。完投は9試合、完封は4試合が最多で、二十勝投手も各リーグに二人ずついるだけだ。

十九世紀の野球と二十一世紀の野球は、それほどまでに異なる。まず、投手の絶対数が全然ちがう。一八七九年、ホワイトの属するシンシナティ・レッドストッキングスの年間試合数はわずか81だった。ただし、投手はホワイトひとり。これでは、ほぼ全試合に登板しなければならなくなるのも無理はない。

一八八四年になっても、事情はさほど変わらない。ラドボーンが所属していたプロヴィデンス・グレイズには一応六人の投手がいたのだが、40イニングス以上投げたのは三人しかいない。より正確にいうなら、年間114試合のうち、ラドボーンとチャーリー・スウィーニーが99試合に先発し、あとの四人が残りの試合をまかなっていたというわけだ。これでは、登板数や投球回数が度外れのものになるのは致し方ないだろう。

しかもこの背景には、めまぐるしいルール変更という事実がある。一八八一年には、マウンドと本塁の間の距離が四五フィートから五〇フィートに変更された。八二年には、ボール七つで打者が歩けるようになった（従来はボール八つ）。八三年にはサイドハンドからの投球が認められた。同じく八三年には、ファウルの際に走者が安全に帰塁できるようになった。そして八四年には、オーバーハンドの投球が認められるようになった。

まだまだあるが、このあとは大きな変更だけをかいつまんで述べよう。八七年には「肩から膝までの」ストライクゾーンが定められた。八八年には「三振」のルールが復活した（八七年には「四振」制が採られていたのだ）。八九年には「四球」が確立された。そして最大の変化は、九三年に、それまで五〇フィートだった投本間の距離が六〇フィート六インチに伸ばされたことだろう。この変更は、サイレント映画がトーキーに変わったのと同じほど画期的なものだった。新ルールを克服して生き延びた投手は、きわめて少なかったのだ。が、先は急ぐまい。この大きな節目が訪れる前に、三百勝投手はすでに何人か誕生しているのである。

野球史上最も早く三百勝の大台に到達したのはジム・ガルヴィンだった。通称パド・ガルヴィン。相手打者をつぎつぎと討ち取り、アウトの山《パド》を築いたことからつけられた綽名だが、彼にはあとふたつニックネームがあった。「ジェントル・ジェームズ」と「リトル・スティームエンジン」だ。

こう書けば察しがつくだろうが、ガルヴィンは穏やかな性格の持ち主だった。身体はけっして大きくなかったが、不屈の精神力に恵まれていた。通算投球回数は、あのサイ・ヤング（7356回3分の2）に次ぐ史上二位の5941回3分の1。ただし、ガルヴィンの選手生活は十四年。もしヤングと同じく二十二年間働きつづけていたら、9336イニングスというとんでもない数字が出現する計算になる。とにかくガルヴィンは、十九世紀屈指のワークホースだったといってよい。

ジェームズ・フランシス・ガルヴィンは、一八五六年、セントルイスのアイリッシュ地区ケリー・パッチで生まれた。最初のプロ球団は、18歳で入ったナショナル・アソシエーションのセントルイス・ブラウンストッキングス。ナショナル・リーグ（一八七六年創設）のバファロー・バイソンズに入団したのは、バイソンズがナ・リーグに加わった一八七九年のことだった。

ガルヴィンはデビュー当初からめざましい活躍を見せた。一年目の37勝を皮切りに、六年連続で二十勝以上。二年目の八〇年には、ウースター・ブラウンストッキングスを相手にノーヒッターを達成して、たちまち球界の注目を集めるのだ。しかも、出塁を許したのはすべて味方のエラー（6個）が原因。実質的には完全試合といってよい内容である。

そういえばガルヴィンは、バイソンズに入団する前の七六年、独立リーグのセントルイス・レッドストッキングスに所属し、ノーヒッターを二度達成している。断言することはできないが、これはおそらく「史上初の完全試合」ではなかったかといわれている。

調子が出はじめると、手のつけられないピッチングをする——ガルヴィンのこうした傾向がもっとも如実に表れたのは、一八八四年の八月二日から七日にかけての「対デトロイト・ウルヴァリーンズ戦4試合連続実質的完封劇」ではないだろうか。「実質的完封劇」と書いたのにはもちろん理由がある。まず彼は、二日の日曜日に1安打完封劇を演じた。翌日の月曜日には9三振を奪ってノーヒッター。二日おいた木曜日には3安打完封。そして七日の金曜日には十一回までゼロに抑えながら十二回に失点して、無念の敗戦投手。ただしこれもエラーがらみの失点で、ガルヴィンに自責点はつかなかった。つまり彼は、六日間で39回を投げて被安打12、自責点0という超絶的な記録を残したわけだ。三百勝到達は一八八九年。この年を境に成績はがくりと下降線をたどりはじめるものの、通算360勝は史上第七位に該当する。

翌一八九〇年、ふたりの名投手があいついで三百勝を突破した。ティム・キーフとミッキー・ウェルチ。ふたりは、トロイ・トロージャンズとニューヨーク・ゴサムズ（のちのジャイアンツ）の僚友だった。ただし、ウェルチは「キーフの影」と呼ばれた。キーフが二歳年長だったことや体格的にすぐれていたこと（キーフが一七五センチ／八三キロ、ウェルチが一七〇センチ／七二キロ）もあるが、理由はやはり個性の差だろう。「サー・ティモシー」と呼ばれたキーフは、当時、抜群の知性と趣味のよさを誇っていた。身体にぴったりした黒ずくめのユニフォームをデザインして、みずからが所属するジャイアンツに売りつけたのは有名な話だし、のちに結成される選手組合の書記もつとめているのだ。

ティモシー・ジョン・キーフは一八五七年、マサチューセッツ州ケンブリッジに生まれた。ミッキー・ウェルチは二年後の五九年、ブルックリンに生まれた。ふたりの出発点は、ともに草野球だった。キーフは一八七八年からプロに転じ、ユーティカ、ニューベッドフォード、オルバニーといった球団を経て八〇年にナ・リーグのトロイ・トロージャンズに入団した。ウェルチの足取りもそれに近い。七七年にセミプロのポーキープシーで投げはじめ、七八〜七九年はナショナル・アソシエーションのオーバーンとホリオークでプレー。トロージャンズに入団したのは、キーフと同じ一八八〇年のことだった。

後年の関係とは対照的に、華々しいデビューを飾ったのはウェルチのほうだった。一年目の彼は64試合に先発してすべて完投し、34勝30敗の結果を残している。速球とカーヴは平均点だが、当時としては珍しくスクリューボールを投げたのが勝因だったと思われる。

ところが、一年目は6勝6敗に終わったキーフが、翌年にはエースに指名される。ウェルチの先発数は40に減り（キーフは45）、成績も21勝18敗に下降する（キーフは18勝27敗）。それでもウェルチはめげなかった。一八八二年の序盤まで、１０５試合連続で救援を仰がなかったのだ。そのなかには、八一年七月四日の対バイソンズ・ダブルヘッダー連続完投勝利という離れ業もふくまれている。

一八八二年のシーズン終了後、トロイはジョン・B・デイという人物に買収される。抜け目のないデイは、八二年に創設されたアメリカン・アソシエーションとナ・リーグの両方に球団を所有する権利を手に入れていた。その結果、トロージャンズはふたつの球団に分割された。ひとつがニューヨーク・ゴサムズ（NL）、もうひとつがニューヨーク・メトロポリタンズ（AA。通称メッツ）である。

再編劇に従って両エースも働き場所を変える。キーフはメッツへ、ウェルチはゴサムズへ振り分けられたのだ。両チームは隣り合わせの球場でプレーした。仕切りは布地。観客は両方の試合を同時に見ようと欲ばり、外野席の上部に群がったといわれる。

ウェルチは新球団でも好調を維持した。八三〜八四年の二年間で983回を投げて64勝。八四年八月二十八日には九者連続三振の大リーグ記録を打ち立てる。ちなみにこの記録は、一九七〇年にトム・シーヴァーに破られるまで、じつに九十五年間も生きつづける。

キーフのほうも、新球団で才能を開花させた。同じ二年間で1101回3分の2を投げて124完投、78勝44敗の驚異的な数字を残すのだ。メッツは八四年のアメリカン・アソシエーションを制し、史上初のワールド・シリーズでナ・リーグのプロヴィデンス・グレイズと対決する。この年、グレイズのエースは年間59勝という不滅の大記録を達成したチャーリー・ラドボーン。ラドボーンは三連投でグレイズを覇者の座に導き、キーフは二連敗したあとで、なんと審判をつとめている。

翌八五年、キーフはゴサムズに合流した。オーナーのデイが、儲けの大きいゴサムズ（入場料がメッツの倍の五十セントだった）に力を入れたためだ。成長したふたりは、文字どおり「最強の両輪」として活躍した。八五年には44勝をあげたウェルチがリーグ最高勝率に輝き、八六年には42勝のキーフが最多勝のタイトルを獲得するのだ。ゴサムズは八八年、八九年とワールド・シリーズ連覇を果たし、キーフは八八年に投手三冠を獲得して頂点を極める。ふたりはほぼ同時期に三百勝に到達し、「五〇フィート時代」の終焉と符節を合わせるように球界の表舞台から退場した。「スマイリング・ミッキー」と綽名された温厚なウェルチは、引退後も「あれほどの投手はいなかった」とキーフを賞賛しつづけたそうだ。

史上初のワールド・シリーズで三連勝したチャーリー・ラドボーンは、キーフよりも二歳年長だった。三百勝到達は二年遅れだが、これは彼のデビューが二十六歳と遅かったためだ。一八八一年、バファロー・バイソンズからプロヴィデンス・グレイズに移ったラドボーンは、二十六歳と四カ月の年齢で投手としての才能を自覚する。一年目でいきなり25勝をあげた彼はその後も順調に勝ち星を積み重ね、八四年までの四年間で165勝を稼ぎ出すのだ。八二年には最多完封（6）と最多奪三振（201）。八三年には最多登板（76試合）と最多勝（48勝）。そして八四年には大記録（年間59勝）の達成。

ラドボーンは、大酒呑みで気まぐれで癇癪持ち、しかも疑り深くてパラノイドという悪評を立てられていた。が、このひどい性格が59勝の原動力になったという皮肉な説がある。八三年のシーズン序盤、グレイズは、ラドボーンとチャーリー・スウィーニーを「投の両輪」に立てた。二十一歳の伸び盛りを眼の前にして、ラドボーンは嫉妬に駆られる。彼はスウィーニーを毛嫌いし、捕手に八つ当たりして（三つ目のストライクを落球した捕手に腹を立て、球を投げつけて昏倒させたらしい）球団から出場停止処分を受けてしまうのだ。

ちょうどそのころ、スウィーニーがグレイズを飛び出し、ユニオン・アソシエーションのセン

ミッキー・ウェルチ（1859～1941）

ティム・キーフ（1857～1933）

トルイス・マルーンズに加入する。となれば、グレイズの投手陣にはラドボーンしか残らない。ラドボーンはすばやく頭を回転させ「残り試合のすべてに投げるから、ボーナスとFA資格をよこせ」という条件を球団に出す。背に腹は替えられないグレイズはその条件を呑み、ラドボーンは（さすがに全試合に登板したわけではなかったが）連投に次ぐ連投を重ねて、チームを優勝に導くのだ。

ただし、肉体を酷使したツケは大きかった。ある時期などは、熱いタオルを二時間ほど肩に当てて血行を促すのが試合前の儀式になった。そのあとは鉄の球をトスしてウォームアップし、肩が温まってくるとようやく野球のボールを持って、投げる距離を少しずつ伸ばしていくのだ。これでは、投手寿命も長くない。八七年、ボストン・レッドストッキングスへ移籍してからは奪三振数も激減し、九一年を最後に引退へと追い込まれる。三年後、インディアナ州の片田舎で酒場を営んでいたラドボーンは猟銃の事故で片目を失い、九七年に死去している。

ラドボーンが59勝をあげた翌年、彼の記録をおびやかす投手が彗星のように出現した。その名はジョン・クラークソン。シカゴ・ホワイトストッキングスに入団して三年目の若手右腕だった。

一八六一年生まれのクラークソンは、ティム・キーフと同じケンブリッジの出身である。出発は、ミシガン州サギノーのセミプロ球団。発掘者は、シカゴのプレーイング・マネジャーをつとめていた打点王八回の強打者キャップ・アンソンだった。アンソンは、この新人の気性をすぐに見抜いた。叱ったり、欠点を指摘したりすると、さっぱり球が走らなくなる。そのかわり、褒めてやると打者の弱点を読んで、すばらしい球を投げるのだ。そう、クラークソンには抜群の制球力があった。「十球のうち九球までは、思ったとおりのところに投げられた。速球もよかったが、ドロップの落ち方が尋常ではなかった。油も軟膏も使わないのに、スピットボールなみに落ちるのだ」と、当時の僚友が証言している。

クラークソンの肩は「ラバー・アーム」と呼ばれたほど柔らかかった。彼は、八五年の53勝を皮切りに五年連続三十勝以上の安定した成績を残した(八九年には投手三冠。九〇年にあと4勝していれば七年連続になるところだった)。八八年に移籍したボストン・レッドストッキングスでは、九一年に33勝を稼いでペナント獲得に貢献している。このとき、彼と並んで30勝をあげたのが若きエースのキッド・ニコルズである。クラークソンは、翌九二年に三百勝を達成するのだが、舞台は大きな転換期にさしかかりつつあった。

一八九〇年、のちの大投手ふたりが同じ時期にデビューを果たす。ひとりは、いま述べたニコルズ。もうひとりは、あの超人サイ・ヤングである。一八六九年、ウィスコンシン州マディソンで生まれたチャールズ・A・ニコルズは、ほっそりした身体つきと若々しい顔つきからキッドと呼ばれた。注目を集めたのは八九年、ウェスタン・アソシエーションのオマハで投げていたときのこと。この年36勝12敗の成績を残したニコルズに監督のフランク・シーリーが眼をつけ、翌年、ボストンの監督に就任した際に彼を引き連れていったのだ。

二十一歳でメジャー入りしたニコルズは新人の年から十年連続で二十勝以上をあげる。しかもそのうち、三十勝以上のシーズンが七回。一八九〇年代の勝ち星合計297は、同時代の天才サイ・ヤングの勝利数を30個しのぎ、やはり同時代の鉄腕エイモス・ルーシーの勝ち星を64個も上回るものだった。最大の武器は「まっすぐが来るとわかっていても、コースがまったく読めない」といわれたコントロールのよさ。ニコルズは当時流行の変則モーションに眼もくれず、基本的なオーバーハンドのモーションで黙々と投げつづけ、ペナントを四回も獲得した。入団十一年目の一九〇〇年に早々と三百勝の大台に到達したのも、いまとなっては当然の成果と思える。

ニコルズが生まれる二年前、オハイオ州ギルモアという農村で生を享けたのが、デントン・T・ヤングである。ヤングは八九年に地元のセミプロ球団で野球をはじめ、翌九〇年、クリーヴランド・スパイダーズでナ・リーグの一員となる。いうまでもないだろうが、ヤングは最終的に511個の白星を積み上げる。7356回3分の2を投げて749完投、75完封。完封の数こそ史上第四位だが、今後、投球回数や完投数や勝利数の部門でヤングをしのぐ選手が現れることはまず考えられない。

そんなヤングも、メジャー入り直後は制球難に苦しんだ。1217の通算四球数のうち497個までが最初の五年間に集中しているデータを見れば、事情はおのずから明らかだろう。ただ、この欠点を克服してからのヤングは、「木こりが木を切り倒すように」安定した。「サイ・ヤングのサイはサイクロンのサイ」といわれた速球の威力はそのままに、心身ともに抜群の安定感を示しはじめるのだ。

それにしても、サイ・ヤングの存在は途切れなく光を放ちつづける恒星を連想させる。考えてもみよう。彼がクリーヴランドに入団した一八九〇年、キーフやラドボーンやクラークソンはまだ花形投手だった。九三年に投本間の距離が伸ばされると、彼らは引き潮にさらわれるように姿を消していった。同時代のスターだったルーシーやニコルズは、ヤングほど長い選手生活を送れなかった。ルーシーは一九〇一年に、ニコルズも一九〇六年には現役を退いているのだ。そして一九一一年、ヤングが最後のシーズンを迎えた年、二十世紀前半の大投手ジョンソンやマシューソンは野球人生の初夏や晩夏を迎えようとしていた。そう、「すべての道はローマに通ず」をもじっていうなら、「すべての大投手はヤングに触れる」のだ。彼の三百勝達成は一九〇一年。つまりヤングは、二十世紀の三百勝投手一番乗りを果たしたことになる。

戴冠ふたたび

三冠王を二度もとった男

一冠と二冠の間には歴然とした差がある。二冠と三冠の間にも大きな差がある。さらにいうと、二冠と三冠の間には「三冠ニアミス」の境地がある。一九九〇年から二〇〇二年までの十三年間に二冠を獲得した選手は、セシル・フィルダーからアレックス・ロドリゲスまで延べ九人(フィルダーが二回)にのぼる。このうち八人までは、本塁打と打点の二冠獲得者だ。唯一の例外は二〇〇〇年のトッド・ヘルトンで、彼は打率と打点の二部門でリーグ一位になっている。

ただし、このなかで「ニアミス」と呼ばれるにふさわしい選手は皆無といってよい。強いてあげるなら、九五年のダンテ・ビシェット(首位打者のトニー・グウィンに2分8厘差)と九三年のバリー・ボンズ(首位打者のアンドレス・ガララーガに3分4厘差)のふたりがそれに近いだろうか。他の選手は、いずれも打率争いで首位の選手に大きく水を開けられている。ヘルトンにしたところで、その年の本塁打王サミー・ソーサに8本も後れをとったのだから、この差は大きい。ニアミスの典型を探るなら、一九五三年のアル・ローゼンにまでさかのぼらなければなるまい。彼は本塁打と打点の二冠に輝きながら、わずか1厘差で首位打者を逃しているのだ。

二冠から三冠までのへだたりは、これほどまでに大きい。ところが、この難事業を二度もなしとげた大打者が、ア・リーグとナ・リーグにひとりずついる。前者はテッド・ウィリアムスであり、後者はロジャース・ホーンズビーだ。しかも彼らには、もう一度ずつ、三冠のチャンスがあった。一九四九年のウィリアムスは、本塁打王と打点王を手にしながら、わずか2毛の差で首位打者を逃した。一九二一年のホーンズビーは、打率と打点で首位に立ちながら、本塁打王を2本差で逃している。これは惜しい。あとほんの少し、彼らが幸運に恵まれていたら……。

諸説あってかまびすしいが、ホーンズビーは、ナ・リーグで最初の三冠王といってよい。二十世紀に入ってからは、ナップ・ラシュウェイ、タイ・カッブに次いで三人目の達成者。いうまでもないだろうが、ホーンズビーの本領は打率の高さだった。当時の投手は、完璧なレヴェル・スウィングから放たれるラインドライヴを恐れた。3割5分8厘の通算打率は、ナ・リーグ史上最高。一九二四年に残した4割2分4厘の打率は、いくつかの異説こそあるものの、近代野球最高の単年記録としていまなお輝いている。一九二〇年から二五年にかけては、六年連続で首位打者を獲得した。この六年間の平均打率は3割9分7厘。打点王＝四回、本塁打王＝二回、最多安打＝四回は、ことごとくこの六年間の間に達成されている。二度の三冠王も、もちろんこの時期の産物だった。

一九二〇年といえば、アメリカで初めて女性が参政権を獲得した年だ。が、野球ファンにとっては、レッドソックスのベーブ・ルースがヤンキースに売られた年であり、ブラウンズのジョージ・シスラーが年間257本の最多安打記録を達成した年にほかならない。そんな年に、ホーンズビーは初めて首位打者と打点王を獲得した。3割7分の打率は二位のフレッド・ニコルソンに

1分差。94の打点はジョージ・ケリーと同点。本塁打こそ9本でリーグ六位（一位はサイ・ウィリアムスの15本）だったものの、三冠への助走はこの年にはじまったと見てさしつかえない。

翌二一年、カーディナルスと三年契約（年俸一万八五〇〇ドルは当時、史上最高額だった）を結んだホーンズビーはさらに飛躍する。シャネルの五番が世界一人気のある香水になり、ルドルフ・ヴァレンティノが『黙示録の四騎士』に主演したこの年、球界ではケネソー・マウンテン・ランディスが初代コミッショナーに就任し、ブラックソックス事件（一九一九年）の後遺症を払拭しようと努めていた。

そんな世相を背景に、ホーンズビーは3割9分7厘（一位）、126打点（一位）、21本塁打（二位）の好成績を残し、三冠まであと一歩のところに詰め寄る。この年の本塁打王は、23本のジョージ・ケリー。二冠を獲得したホーンズビーは、得点、安打、二塁打、三塁打の四部門でもリーグ最高の数字を記録し、「ナ・リーグ最強打者」の称号をほぼ手中にする。

当時、ナ・リーグ最強のチームは、名将ジョン・マグローに率いられたジャイアンツだった。ホーンズビーの宿敵ジョージ・ケリーを筆頭に、ロス・ヤングス、フランキー・フリッシュ、デイヴ・バンクロフトらをずらりとそろえた打線は、一九二一年から二四年にかけてのリーグ四連覇の原動力だった。それ以外はパイレーツやレッズやロビンズの混戦状態。ホーンズビーの属するカーディナルスは、二〇年以降、五位、三位、三位とまずまずの成績をあげてきたものの、球団創設以来、優勝はまだ一度も経験していなかった。そんななか、ホーンズビーはいよいよ野球一筋の生活パターンを強めていく。酒やタバコをいっさい口にせず、血のしたたるステーキを一日三回食べ……その成果かどうかはいざ知らず、一九二二年、彼はついに三冠王を獲得するのだ。

この年、ホーンズビーの最大の変化は、本塁打の数が驚異的に伸びたことだった。まず六月二〇日、スポーツマンズ・パークでの対ブレーヴス戦で、彼は九回二死からサヨナラ・スリーランを放つ。今期25本目のアーチは、それまでのナ・リーグ記録（従来は、一九一五年にギャヴィ・クラヴァスの24本が最多）を更新する一発だった。以後も、ホーンズビーは打ちつづけた。九月二十日には連続試合安打を33で止められたものの、九月二十四日の対ジャイアンツ戦では、41号をジェシー・バーンズから、42号を五歳ちがいの弟ヴァージル・バーンズから放って、二位以下に16本もの大差をつける。それればかりではない。十月一日の最終戦ではカブス投手陣を5打数3安打と打ち込み、ついに打率を四割の大台に乗せる（4割1厘）。しかも年間250安打は、ウィリー・キーラーが一八九七年に残した243本を大きく上回るナ・リーグ新記録。もしこの年、ナ・リーグがア・リーグに追随してMVPを選出していたら、ホーンズビーはまちがいなく受賞者第一号になっていたはずだ。

タイム誌が創刊された一九二三年にも、ラジオの普及台数が全米で二百五十万に達した一九二四年にも、ホーンズビーは首位打者を守りつづけた。わけても超絶的だったのは、二四年の4割2分4厘という打率だ。ただし、チームは相変わらず弱い。監督のブランチ・リッキーとホーンズビーは、ことあるごとにいがみ合った。二三年終盤の九月二十七日には、膝痛を訴えて試合を欠場したホーンズビーに対して、リッキーが罰金五百ドルを科し、さらに残り5試合の出場停止を命じるという強硬手段に出ている。ホーンズビー放出の噂が流れはじめたのは、このころのことだ。オーナーのサム・ブリードンは、もちろん噂を否定する。「球団側に放出の意思はまったくない。もし彼がカーディナルスと契約しないのなら、プレーできる球団はなくなる」と言明するのだ。翌二四年二月、リッキーとホーンズビーはとりあえず和解する。「われわれの間にもはや誤解はない。私は自身最高のシーズンを送るつもりだし、チームにも最高のシーズンを迎えてもらいたい」というのが、記者会見に出席したホーンズビーの発言だ。だが皮肉なことに、この言葉を実現できたのは彼だけだった。ホーンズビーが史上最高打率を残す一方で、カーディナルスは五割を切って六位に低迷するのだ。そして一九二五年の序盤も13勝25敗の不振。

この数字を見て、オーナーのブリードンは断を下した。リッキーにファーム担当の副社長を命じ、ホーンズビーにプレーイング・マネジャー就任を依頼したのだ。かくて二十九歳の強打者は、監督の重責も双肩に担うことになる。初采配は、ピッツバーグでのダブルヘッダー。カーディナルスはこの連戦を落とすが、ホーンズビーは第二試合で2本の本塁打を放ってひとり気を吐く。が、シーズンが終わってみれば、結果は例年どおりだった。カーディナルスが首位から一八ゲーム差の四位に甘んじたのに対し、ホーンズビーは三度目の四割台を記録してふたたび三冠王に輝いたのだ。大リーグ史上、三冠王になったプレーイング・マネジャーは彼以外にいない。いまにして思えば、このころがホーンズビーの絶頂期だった。ご承知のとおり、翌二六年の彼は、チームを球団史上初のリーグ制覇へと導き、ワールド・シリーズでも常勝ヤンキースを倒して世間を仰天させる。が、狷介な性格と異様なまでの金銭欲がたたってか、彼はジャイアンツへトレードされ、以後ゆるやかな下降線をたどることになる。一方、カーディナルスは着実にチーム力をたくわえ、三〇年代の黄金期を迎える準備に入るのだ。ホーンズビーは一九三七年に現役を退き、一九五三年まで断続的に監督業をつづけた。ただし優勝監督の栄光は、一九二六年を最後に二度と味わうことがなかった。

ダイナミック・デュオの伝説

究極の剛腕コンビをもとめて

フェニックスからボストンへもどる飛行機のなかで、テオ・エプスタインはこみあげる笑いを嚙み殺すことができなかったにちがいない。一年前の冬とは大違いだ。二〇〇二年のクリスマス、彼はニカラグアからもどる機内で苦虫を嚙みつぶしていた。無理もない。キューバから亡命してきたホゼ・コントレラスという大魚をほぼ手中に収めながら、すんでのところで別の球団にさらわれてしまったからだ。こともあろうに、それが宿敵ヤンキースだったことで、大リーグ最年少GMの怒りは倍増した。リヴェンジの決意も、胸のうちで固まった。それから一年弱。二〇〇三年の感謝祭直後、彼のリヴェンジは完遂された。

捕えた大魚はカート・シリングである。怪我に祟られた二〇〇三年こそ8勝9敗の不本意な成績に終わったものの、三十七歳の剛腕はまだまだ衰えていない。防御率＝2・95、三振奪取率＝10・4、三振／四死球レシオ＝6・1：1。二〇〇一年と二〇〇二年の合計勝利数が45。この数字を見れば、敏腕GMならずとも胸がときめく。

いうまでもないが、レッドソックスは天才投手ペドロ・マルティネスを擁している。このところの投球を見ていると、さすがにピークを過ぎてしまった感は否めないが、それでもその右腕はそんじょそこらのものではない。そこにシリングの熟練が加われば、ボストンの投手陣は飛躍的に強化されるだろう。極端にいえば、二〇〇一年にワールド・シリーズを制したダイヤモンドバックスのダイナミック・デュオ（ランディ・ジョンソン＋カート・シリング）の再来さえ予感することができる。

この年の公式戦、ジョンソンとシリングは、ふたり合わせて43勝12敗という近来まれな数字を残した。ポストシーズンの成績までふくめると、その勝率は八割に跳ね上がる（52勝13敗）。防御率は2・58、奪三振数はなんと768！　昔にくらべて試合数がはるかにふえているとはいえ、これは凄まじい数字だ。「伝説のダイナミック・デュオ」と呼ばれた六五年のサンディ・コーファックス＋ドン・ドライスデール（ドジャース。ふたりで49勝）でさえ、合計奪三振数は636にとどまっている。一九三一年にアスレティックスの黄金時代を支えたレフティ・グローヴ＋ジョージ・アーンショーのコンビ（ふたりで公式戦52勝）にしても、勝率は7割9分7厘（55勝14敗）だった。

そう考えると、ジョンソンとシリングのデュオが史上一、二を争うものであることは疑いを容れない。が、即断するのは早すぎる。大リーグの歴史には、何組ものスーパー・デュオが埋もれている。なかには、知らぬ者とてないほど著名なデュオもあれば、スリーパーと呼びたくなるような渋いデュオもある。たとえば私は、「スパーン、セイン、プレイ・フォー・レイン（スパーン、セイン、雨よ降れ）」という脚韻を踏んだ有名な呪文を思い出す。

ウォーレン・スパーンとジョニー・セインは、一九四八年のボストン・ブレーヴスを支える二本柱だった。齢は、セインが七歳年長。通算成績は、スパーンの363勝に対してセインの139勝。これだけを見るとふたりの関係は不釣り合いと思えるかもしれないが、この時期に関しては、足並みがみごとにそろっていた。最も顕著な例は、九月上旬の二人三脚だ。

ふたりはまず、レイバー・デイ（九月の第一月曜日）のダブルヘッダーにそろって登板した。相手はドジャース。第一戦に先発したスパーンは十四回を5安打に抑え、2対1で勝利した。第二戦では、セインが4対0の完封勝利を収めた。が、おもしろいのはこのあとだ。翌日と翌々日には試合が組まれておらず、木曜日にはほんとうに雨が降った。スパーンとセインは金曜と土曜にふたたび登板して連勝し、月曜日のダブルヘッダー（日曜日は休み）を他の二投手に託したあと、火曜と水曜にカブスを連破する。さらにふたりは、金曜土曜（木曜日がデイオフだった）とパイレーツを相手に登板し、またもや連勝を果たして、チームのリーグ制覇をほぼ確実なものとするのだ。

いやはや、なんとも凄まじい過密日程ではないか。一九六〇年代初頭の日本にも「権藤、権藤、雨、権藤」という呪文が存在したが（権藤とは、当時中日の三十勝投手でのちに横浜の監督になった権藤博のこと）これでは体力もつづかない。直後のワールド・シリーズでブレーヴスが二勝四敗でインディアンスに屈したのは、両エースの疲労蓄積が原因だったといわれる。

結局この年、セインは24勝をあげて最多勝投手になった。一方のスパーンは、序盤の出遅れが響いて15勝どまり。これは三番手のビル・ヴォアセル（13勝）や四番手のヴァーン・ビックフォード（11勝）と大差ない勝利数だ。しかも、セインとスパーンを合わせた勝率（5割9分1厘）は、チーム全体の勝率（5割9分5厘）を下回っていた。野球史家のなかには、この事実をもって「彼らは卓越したデュオではない」と主張する人もいる。だが「伝説」とは、つねに数値で測り切れない局面で生まれるものだ。四八年終盤の修羅場でふたりが見せた獅子奮迅ぶりは、まさしくその典型ではなかったか。

デッドボール（飛ばないボール）が使われていた時代はともかくとして、一九二〇年以降、レギュラーシーズンで合計50勝以上をあげたデュオは十指に満たない。


ハル・ニューハウザー（29勝）＋ディジー・トラウト（27勝）＝四四年タイガース。

レフティ・グローヴ（31勝）＋ジョージ・アーンショー（21勝）＝三一年アスレティックス。

バッキー・ウォルターズ（27勝）＋ポール・デリンジャー（25勝）＝三九年レッズ。

レフティ・グローヴ（31勝）＋ルーブ・ウォールバーグ（20勝）＝三一年アスレティックス。

レフティ・グローヴ（28勝）＋ジョージ・アーンショー（22勝）＝三〇年アスレティックス。

ダジー・ヴァンス（28勝）＋バーリー・グライムズ（22勝）＝二四年ドジャース。


顔ぶれは意外なほど渋い。ジョージ・ピップグラス＋ウェイト・ホイトのヤンキース組（二八年＝47勝）、ディジー・ディーン＋ポール・ディーンのカーディナルス兄弟（三四年＝49勝）、デニー・マクレイン＋ミッキー・ロリッチのタイガース組（六八年＝48勝）、デイヴ・マクナリー＋マイク・クエイアーのオリオールズ組（七〇年＝48勝）、ボブ・ウェルチ＋デイヴ・スチュワートのアスレティックス組（九〇年＝49勝）などは、六五年のコーファックス＋ドライスデール組同様、あとわずかのところで大台乗せを逸している。

となると、否応なく眼を惹かれるのは、一九三〇年と三一年のアスレティックス・タンデムだろう。アスレティックスは二九年から三一年にかけて三年連続でア・リーグを制覇している。これは偉業だ。なにしろそのころのア・リーグといえば、ヤンキースの殺人打線が猛威を振るっていた時代ではないか。この時期だけに絞っても、ベーブ・ルースは三年連続で本塁打王に輝いた。ルー・ゲーリッグは三〇年、三一年と連続して打点王のタイトルを獲得した。

そんなヤンキースを三年連続で打ち破った原動力は、なんといっても強力な投手陣だった。アル・シモンズ、ジミー・フォックス、ミッキー・カクレインと並ぶ打線の破壊力も相当のものだが、グローヴとアーンショー(ともに一九〇〇年生まれだった)、さらにはエディ・ロメルとルーブ・ウォールバーグがつづく層の厚さはリーグ随一といって過言ではない。

たとえば一九二九年、アーンショー(24勝)とグローヴはふたりで44勝を稼いだ。ウォールバーグは18勝、ロメルは12勝をあげた。翌三〇年には、六年目を迎えて円熟したグローヴが28勝を稼ぎ、アーンショーも22勝でこれにつづいた。そして三一年には、グローヴの31勝を筆頭に、アーンショーが21勝、ウォールバーグが20勝と、「ダイナミック・トリオ」が誕生したのだ。

周知のとおり、グローヴは異様なまでの負けず嫌いで癇癪持ちだった。敗戦投手になったときなどはロッカーがでこぼこにされたし、カメラマンのレンズに向かってボールを投げそうになったことも二度や三度ではない。ただ、のちに僚友となったテッド・ウィリアムスの証言によると、グローヴは「どんなにカッとなっても打者の頭は狙わなかったし、ロッカーを殴るときも利き腕をかばって、かならず右手を使った」そうだ。

メリーランドの山奥から出てきたグローヴとは対照的に、アーンショーはニューヨーク生まれの裕福な都会っ子だった。「社交的で、おしゃれで、話し上手で、テニスやゴルフが好きで」と評される横顔は、一九〇センチ／一〇〇キロの巨体ゆえにつけられた「ムース」の綽名に似合わない。彼のハイライトは、三〇年のワールド・シリーズで、カーディナルスを相手に演じた22イニングス連続無失点の快投だろう。しかもこのとき、彼は第五戦で7回を投げたあと、一日おいて最終戦となった第六戦でも完投勝利を収めているのだ。二九〜三一年のシリーズに関していえば、アーンショーはグローヴから主役の座を奪っていたといってもよい。

思えばアスレティックスは、とても波のあるチームだった。いいかえれば、この球団の黄金期の前後にはかならず低迷期が訪れるのだ。これはもちろん、オーナーと監督を兼ねるコニー・マックの経営戦略（「球団経営は、時代の変化に応じて拡大と縮小をくりかえすべきだ」）によるものだが、グローヴのいた黄金時代からさかのぼること二十年、一九一〇〜一一年のアスレティックスもすばらしいデュオを擁していた。

こちらの主役はジャック・クームスとチーフ・ベンダーである。クームスを有名にしたのは、24回をひとりで投げ切って完投勝利を収めた試合だった。一九〇六年、相手はボストン・アメリカンズ（のちのレッドソックス）。この年、マイナー・リーグを飛ばしてメジャー・デビューを果たしたばかりのクームスは、ボストンのジョー・ハリスを相手に、空前絶後の快挙をなしとげたのだった。しかも皮肉なことに、この試合はふたりの明暗を分けた。その後のクームスが通算158勝をあげる一流投手に成長したのに対し、敗れたハリスは、そのシーズンを2勝21敗で終えると、翌年、通算3勝30敗の成績で引退しているのだ。

クームスがブレイクしたのは、一九一〇年のことだった。じわじわと力をつけて常勝タイガースを脅かす存在になってきたアスレティックスと同様、彼はこの年、それまでの10勝投手のイメージを脱ぎ捨て、いきなり31勝（13完封は現在もア・リーグ記録）をあげてリーグ制覇に貢献したのだ。しかもそのあとが凄い。カブスを相手に戦ったその年のワールド・シリーズで、クームスは二戦、三戦、五戦に先発し、なんとすべてに完投勝利を収めてしまうのだ。彼は、翌一一年も28勝を稼ぎ、エディ・プランク（22勝）と合わせて「ふたりで50勝」を達成している。

もう一方の柱、チャールズ・アルバート・ベンダーのデビューはクームスよりも三年早い。チペワ族の血が四分の一入っている彼は、その出自からもっぱら「チーフ」と呼ばれた。ただし、監督のマックだけは、アルバートというセカンドネームで呼んだ。

ベンダーは、ループ・ワデルやエディ・プランクよりも十歳ほど年下だった。ワデルとプランクは、一九〇五年にアスレティックスがリーグ初優勝を果たしたとき、ふたりで50勝を稼いでいる。プロ入り三年目を迎えた二十一歳のベンダーは、この年18勝をあげて一流投手の仲間入りを果たしたのだ。が、彼のピークは、一九〇八年から一〇年にかけて達成した三年連続防御率一点台の快挙だろう。

ベンダーの長所は抜群の安定感だった。そのためマックは、かならずといってよいほど、彼を相手のエース級にぶつけた。ホワイトソックスと戦うときはエド・ウォルシュ、対セネタース戦ではウォルター・ジョンソン、レッドソックスが相手のときはジョー・ウッド。同時代の怪物タイ・カッブは、ベンダーの速球とカーヴが「ジョンソンに次いで凄かった」と述べている。彼は一九一〇年に23勝、一一年に17勝をあげ、一一年のシリーズでは前年のクームス同様、ひとりで3勝3完投の大活躍を見せた。

そういえば、ベンダーと投げ合ったジョー・ウッドも、一九一二年にヒュー・ビーディエントと組んで「ふたりで54勝」の成績を残している。ただしこのときは、34勝をあげたウッドの比重が圧倒的に高い（一九三四年にディーン兄弟がふたりで49勝を稼いだときも、兄のディジーが34勝をあげた）。なにしろ「相棒」のビーディエントは、ウッドと同年齢ながら、この年デビューしたばかりの新人だったのだ。ビーディエントはこのあと二年間をボストンで過ごし、一九一五年にフェデラル・リーグのバファローで短い野球人生を終えている。

とはいえ、「スモーキー・ジョー」と呼ばれた速球王ウッドの投手人生も、けっして長命に恵まれたものではなかった。あのウォルター・ジョンソンが「生きている人間で彼より速い球を投げられるやつはいない」と慨嘆し、名人外野手ハリー・フーパーが「いいピッチャーは何人も見たが、一二年のウッドのような例はあとにも先にも見ていない」と唸ったとおり、大リーグ五年目のウッドは凄まじい活躍を見せた。43試合に登板して34勝5敗（勝率8割7分2厘は、三一年のグローヴに破られるまでア・リーグ記録だった）、35完投、10完封という数字は末恐ろしいものというほかない。

ところが翌年、思いがけぬ不運が天才を襲う。なんでもないゴロを処理しようとした際にウッドは右手親指を骨折し、二度ともとの身体にもどれなくなってしまうのだ。治療を焦って肩もこわした彼に、もはやパワー・ピッチャーの面影はない。一九一五年の15勝を最後にウッドはボストンを去り、インディアンスの外野手として再出発を図る。ただ、持って生まれた野球センスのお陰だろうか、彼は結局一九二二年までプレーし、そのうち二年間はレギュラー・ポジションも獲得している。

さて、ここまで時代をさかのぼったからには、やはり「最強のデュオ」に触れなければなるまい。もうお察しと思うが、私は一九〇四年から〇五年にかけてのニューヨーク・ジャイアンツを念頭に置いている。そして、このときの二本柱だったクリスティ・マシューソンとジョー・マッギニティのことを思い浮かべている。十九世紀のティム・キーフとミッキー・ウェルチ（ジャイアンツ）のコンビを唯一の例外として、「究極のデュオ」の名に値するのはこのふたりではないだろうか。

一九〇四年、彼らはふたり合わせて68勝という破天荒な数字を達成した。内訳は、三十三歳のマッギニティが35勝で、二十四歳のマシューソンが33勝。ただしご承知のように、前年からはじまったワールド・シリーズは、この年には開催されていない。ジャイアンツの猛将「リトル・ナポレオン」ことジョン・マグローが、ア・リーグの覇者ボストン・ピルグリムズとの対戦を「戦うに値しない」と拒否したためだ。二位のカブスに13ゲームもの大差をつけてペナントを獲得したジャイアンツは、翌一九〇五年も、充実した戦力で着々と勝ち星を積み重ねる。

マシューソンに対するマグローの信頼は絶大なものだった。身体が立派で打者心理を読むのがうまくて度胸がよいとくれば、投手として怖いものはない。眼にもとまらぬ快速球と針の穴を通す絶妙のコントロールに加えて、「テーブルから落ちてくる」と恐れられたカーヴ。さらには、一度おぼえた打者のツボや弱点をけっして忘れない記憶力。マグローは、そんな彼を見て「あいつが本気を出すのは、得点圏に走者が進んだときだけ」とほくそえむのだった。

一方のマッギニティは、「アイアンマン」の異名をとっていた。身長一七七センチ、体重一〇〇キロ。胸は鎧のように分厚く、マウンドでの耐久力も抜群。一九〇三年には、ダブルヘッダーをひとりでまかなうという荒業を三度もやってのけ（しかも6戦6勝だった）、年間434イニングスという気の遠くなるような投球回数を記録している。

マッギニティは、マシューソンよりも身長が四センチ低く、体重が五キロほど重かった。得意球は、アンダーハンドから繰り出される「浮き上がるカーヴ」。投球術も体型も異なるこのふたりを、マグローは巧みに操縦した。先にも述べたとおり、一九〇四年のふたりは、99試合に登板して68勝（マッギニティは408回を投げた）。これに加えて、ダミー・テイラーが21勝、フックス・ウィルツェが13勝を稼いだのだから、マグローが胸を張るのも当然のことだった。

翌一九〇五年も、デュオはジャイアンツの連覇に貢献した。ただし、この年の主役は圧倒的にマシューソンだ。対カブス戦でのノーヒッターもふくめて、彼は31勝9敗、防御率1・27のすばらしい数字を残す（マッギニティは21勝15敗。若手レッド・エイムスの22勝に後れをとる）。しかも彼は、プランクとベンダー（ワデルは故障だった）を擁する強敵アスレティックスを向こうにまわして、シリーズでも三戦三完封の離れ業をやってのけるのだ。このとき、マシューソン二十五歳。いまからおよそ百年前の大事件だった。

快速艇一九三六

ジョー・ディマジオがルーキーだった年

ディマジオが生まれたのは、第一次世界大戦が勃発した年だった。ヤンキースでデビューしたのは、スペイン市民戦争のはじまった年だ。56試合連続安打を記録したのは日本軍の真珠湾攻撃があった年。引退したのは朝鮮戦争の休戦会議が開かれた年で、亡くなったのはコソヴォ紛争が勃発した年のことだった。

もとい。ディマジオが生まれたのは、ジェイムズ・ジョイスが『ダブリン市民』を発表した年だった。ヤンキースでデビューしたのは、〈ライフ〉誌が創刊された年だ。56試合連続安打を記録したのは『市民ケーン』の公開された年。引退したのはCBSがカラーテレビの商業放送をはじめた年で、亡くなったのはコロラド州コロンバイン高校で二人の生徒が銃を乱射して十三人を殺害した年のことだった。

ふたたびもとい。ディマジオが生まれたのは、ループ・ワデルの死んだ年だった。ヤンキースでデビューしたのは、ボブ・フェラーがインディアンスでデビューした年だ。56試合連続安打を記録したのはルー・ゲーリッグが死んだ年。引退したのはシューレス・ジョー・ジャクソンが死んだ年で、亡くなったのはマーク・マグワイアが史上最速で通算五百号本塁打を達成した年のことだった。

いやはや、なんとも。ジョー・ディマジオが生きていた間には、ほんとうにいろんなことがあった。一九一四年十一月二十五日から一九九九年三月八日までの、八十四年間と数ヵ月。あらためて指摘するまでもないだろうが、ディマジオは二十世紀をほぼまるごと生き抜いて、この世を去っていった。しかも彼は、二十世紀という時代をつくった主役のひとりだった。ヤンキースの中心選手であり、野球の世界の至宝だったことはいうまでもない。球界を引退した後も、ディマジオはスターだった。伝説上の人物であり、アメリカのイコンだった。

ジョー・ディマジオは一九一四年、カリフォルニア州マルティネスで生まれ、サンフランシスコのノースビーチで育った。この地域にはイタリア系の移民が多い。父のジュゼッペはシチリアから渡ってきた貧しい漁師だった。もっている漁船は小さすぎて、サンフランシスコ湾の外へ出ることができなかった。外洋へ出なければ、高く売れるカニは捕れない。ジュゼッペは湾の内側で小魚を捕って小銭を稼ぐしかなかった。

ジョーは通りで新聞を売って生計を支えた。父親の教育のせいか、金に対する執着は幼少のころから強かったようだ。子供たちの間でも、ジョーの勝負強さは知られていた。コイン投げでもポーカーでも彼は無敵だった。五セントや十セントを賭けて野球の試合をすると、ジョーのいるチームはかならず勝った。

ガリレオ・ハイスクールに進んだ彼は、わずか二ヵ月で高校を中退した。大恐慌時代のさなかにもかかわらず、地元のセミプロ・チームから次々と声がかかったからだ。ディマジオの打棒は少年時代から図抜けていた。今日は二ドル、明日は三ドル……腕利きの傭兵のように彼はチームを渡り歩く。

そのころ、大リーグはどんな様子だったのだろうか。タイ・カッブは一九二八年を最後に現役を退いていた。ロジャース・ホーンズビーは全盛期を過ぎつつあった。ルースは二七年に年間60本塁打の大記録を達成していた。スターの座を固めていたのは、レフティ・グローヴやルー・ゲーリッグだった。

ディマジオは、そんな空気を吸って育った。父のジュゼッペは「ボール遊びなどにうつつを抜かして」と渋い顔だったが、パシフィックコースト・リーグのサンフランシスコ・シールズにいた兄のヴィンスが十七歳のジョーを引っ張った。遊撃手が足りないというのが直接の理由だったが、今となっては名目などどうでもよい。ジョーは二年目の十八歳で恐るべき才能を証明した。61試合連続安打。ウェスタン・リーグのウィチトー球団にいたジョー・ウィルホルトが一九一九年につくった67試合連続安打の記録にこそおよばなかったものの、これはめったに達成できる数字ではない。ジョーのまわりには大リーグのスカウトが群がりはじめる。

二十歳の誕生日に二十日を残して、ジョーはヤンキースと契約した。年俸は八千五百ドル。ジュゼッペは腰を抜かす。ボール遊びごときで市長よりも高い給料をもらえるという事実が信じられなかったからだ。いや、父親ならずとも仰天したにちがいない。当時、定食屋のランチは三十セントだった。ツイードの服が八ドル。スコッチ・ウィスキーが二本で五ドル弱。マンハッタンの安全なコンドミニアムも四千ドルで買うことができた。

ディマジオはサンフランシスコを離れた。行き先は、当時ヤンキースが春季トレーニングを行なっていたセントピーターズバーグ。北十三番街と北五丁目通りが交わる住宅街にひっそりとうずくまる球場は、ハギンス・フィールドと呼ばれていた。いうまでもないが、ルースの調教師として知られたミラー・ハギンス監督（一九二九年死去）を記念してつけられた名前である。バックネットの裏側には灰色の給水塔。外野の少し奥には、鰐のいるクレセント・レイク。一九二〇年代、鰐はときおり岸辺へ上がり、転がってくるボールを嚙みつぶしていたそうだ。そこまで飛ばせる打者といえばベーブ・ルースしかいない。

春季トレーニングで20打数12安打の好成績を残したディマジオは、ニューヨークへもどる。左足の故障（オープン戦で二塁へ滑り込んだ際に痛めた）で出遅れた大器のデビュー戦は、一九三六年五月三日の対ブラウンズ戦となった。舞台はヤンキー・スタジアム。曇天の午後、背番号9をつけ（のちにはもちろん5番になる）、三番レフトとして出場したディマジオは、初打席で大型右腕のジャック・ノットから左前ヒットを放つ。こうなると勢いはとまらない。終わってみれば、左中間への三塁打1本を含む6打数3安打1打点3得点の大活躍。試合もヤンキースが14対4で大勝して、ディマジオは幸先のよい船出を飾る。ちなみにいうと、四番打者ゲーリッグも4安打を放って貫禄を示している。

その週の後半、ディマジオは10打席つづけてヒットが出なくなった。周囲は騒ぎはじめる。「外のカーヴが打てないのじゃないか」というのが、口さがない記者たちの雑音だった。その直後、五月十日にヤンキー・スタジアムで行なわれた対アスレティックス戦で、ディマジオは初本塁打を右中間に叩き込んだ。相手投手はジョージ・ターブヴィル。打球の方向からも察しはつくだろうが、打ったのは外角のカーヴだった。ミニ・スランプは終わりを告げる。彼はこの年、さらに28本のホームランを打った。引退するまでには、さらに360本のホームランを打っている。

六月に入った。ヤンキースは二位に4ゲーム差をつけて首位に立ち、ディマジオは3割8分1厘の高打率をマークしていた。六月二十四日、シカゴで行なわれた対ホワイトソックス戦で、彼はまたしても観衆の度肝を抜く。五回表、ヤンキースは一挙に10点をあげてソックスを突き放すのだが、このときディマジオは一イニング2本塁打の猛打を炸裂させるのだ。一本目はレイ・フィリップスからツーラン。二本目はレッド・エヴァンスからスリーラン。これは史上四人目の快挙だった。ヤンキースは18対11で勝利を収め、ディマジオはこれ以外に二塁打も2本放った。当時のニューヨーク・タイムズを見ると、商用でシカゴに来ていたヤンキース・オーナーのジェイコブ・ルパート大佐は、この猛打にご満悦しきりだったようだ。

ディマジオは守備でも人目を惹いた。長い脚で外野を駆けまわる姿が、だれよりも優雅だったからだ。守備範囲は広く、ダイヴィング・キャッチはめったにしなかった。打球に対する読みが鋭く、駿足を飛ばして楽々と追いつくことができたからだ。後年、彼の守備はウィリー・メイズの守備技術と比較された。そう、「メイズがメイズにしか捕れない打球を放ちました」といわれたほど守備の巧かったあのメイズだ。ふたりの名手は対照的だった。「ディマジオは、難しい打球が難しく見えないような捕り方をした」とある記者は書いている。そしてつづけた。「メイズは、その打球が本当に難しいのだとわからせてくれる捕り方をした」。当然のことながら、この記者は、どちらか一方に軍配を上げるなどという愚かな真似はしていない。

すばらしいのは脚だけではなかった。ディマジオの並外れた強肩を眼のあたりにしたのは、当時レッドソックスにいた名投手レフティ・グローヴである。八月のある日、二塁走者だったグローヴは、打球が右中間に飛んだのを見て三塁を蹴った。が、悠々と得点できるつもりだった彼は、ホームプレートの三歩手前で愕然とする。外野の間を抜けそうだった打球にすばやく追いついたディマジオがみごとな返球をしたのだ、とグローヴが気づいたときはもう手遅れだった。以後、各球団の選手は、打球がディマジオのところに飛ぶと無謀な走塁を控えるようになった。

もうひとつ、ディマジオの優雅さを決定づけたのはその走塁だった。「だれよりも足が速いというわけではなかったが、走塁技術は抜群だった。走らせれば、五十や六十の盗塁は楽に記録したはずだ」と当時ヤンキースの監督だったジョー・マッカーシーは述べている。「でも、一日に二度も三度も固い地面の上で滑り込みをさせるわけにはいかない。そのことで脚を痛めたりしたら、被害甚大だからね」というのが理由だった。

そんなマッカーシーが、一度だけディマジオの走塁をとがめたことがある。鋭いライナーで左中間を破った彼が、一見強引な走塁でサードを狙い、刺されたときのことだ。

「なぜ走った？」

マッカーシーに訊かれて、ディマジオはかぶりを振ったそうだ。

「二塁をまわったとき、中継プレーを確かめようと思って外野を見たんです。そのときなぜか、抜けたボールがもっと奥へ飛んでいったような気がして。ハーフウェイでもう一度振り返ってみたら、気づいたんです。さっきボールに見えたのが、じつは小鳥だったということに」

この逸話は笑える。通常、ディマジオはゲーリッグと並んで真面目な大選手と見なされている。

なるほど彼は、ルースのように奔放でもないし、レオ・ドゥローシャーほど芝居がかってもいないし、ヨギ・ベラのように奇妙な言語感覚をもっているわけでもない。それでもディマジオには、いま紹介したようなデッドパン・ユーモアがあった。もうひとつ思い出すのは、のちにハンク・グリーンバーグがヤンキー・スタジアム左中間の最深部を破ろうかというライナーを放ったときの逸話だ。駿足を飛ばしてこの打球をキャッチしたディマジオは、喜びのあまり、グラヴを掲げたまま内野へ突進し、飛び出していた一塁走者を併殺に仕留めることなどまるっきり忘れていたという。

ヤンキースはこの年、史上最速でリーグ優勝を決めた。最終的には102勝をあげ、二位のタイガースに19・5ゲーム差をつける圧勝劇だった。ディマジオは一年目で、3割2分3厘、206安打、29本塁打、125打点というすばらしい成績を残した。三塁打15本（リーグ・トップタイ）という数字や、637打数で39三振という数字は、彼の将来を予見させるものだろう。実際、ディマジオは通算361本の本塁打を放ちながら、それとほぼ同数の369三振しか喫しなかった。あのルー・ゲーリッグが493本塁打／790三振、テッド・ウィリアムスでさえ521本塁打／709三振だったことを思うと、この数字は驚異的というほかない。

いずれにせよ、ディマジオのルーキー・イヤーは堂々たるものだった。走攻守の三拍子がそろった彼に「ヤンキー・クリッパー（快速艇）」の綽名がささげられたのは無理からぬことだ。唯一悔いが残ったとすれば、オールスター戦でのしくじりだろう。七月七日、ボストンのブレーヴス・フィールドで開催されたこの祭典で、彼はとんでもない試練に遭遇するのだ。

最大の不運は、新人ゆえに馴れない右翼手として起用されたことだろう。第一打席で併殺打に倒れた後の二回裏、急造右翼手ディマジオの前に、ギャビー・ハートネットの痛烈なライナーが飛んだ。突っ込んだディマジオは、地上すれすれで球をすくい上げようとした。失敗だった。打球は脚の間を抜け、三塁打となった。この失策がもとで、ア・リーグはこの回2点を失う。

二打席目も凡退したディマジオは、五回裏、再度の不運に襲われる。今度はビリー・ハーマンのスライスする打球がライトに飛んだのだ。ディマジオは、この打球も捕りそこねた。ハーマンは二塁に達した。このあとの連打で、ナ・リーグは2点を追加する。

試合は結局、4対3でナ・リーグの勝利に終わった。ア・リーグが七回に見せた反撃も、あと1点が足りなかった。ディマジオは5打数ノーヒットだった。七回の逆転機には二死満塁でショートライナーに倒れた。最終回も、同点のランナーを置きながら、あえなくポップフライを打ち上げている。

お祭りとはいえ、ディマジオにはこたえた。ア・リーグを指揮するジョー・マッカーシーは、唇を嚙みしめている彼を見て、「交替するか」と声をかけるのをやめたという。ディマジオは明らかに、自分自身に対して腹を立てていた。悪夢のような一日が過ぎたあと、ディマジオは球場のクラブハウスに一人残った。レッドソックスのジョー・クローニンは、立ち去る前にいった。

「きみはウチに欲しいよ。きっと最高の選手になる」

ディマジオはなにも言えなかった。眼に涙をためて微笑み返すのが精いっぱいだったそうだ。が、この屈辱と教訓は、三カ月後のワールド・シリーズで生かされることになる。ヤンキースはジャイアンツを四勝二敗で降し、この年からはじまるシリーズ四連覇をスタートさせるのだ。

ハイライトは最終戦となった第六戦だった。6対5とヤンキース僅差のリードで迎えた九回表、ディマジオは先頭打者として、この日3本目のヒットで出塁した。彼は、つづくゲーリッグの安打で三進し、五番ビル・ディッキーの一塁ゴロで本塁をうかがう構えを見せた。ジャイアンツの一塁手ビル・テリーは、つかのま判断をためらった。ホームを陥れようとしていたディマジオが、サードへ帰塁しかけたからだ。テリーは三塁へ送球した。ところがその瞬間、ディマジオはふたたび向きを変え、頭からホームに滑り込んだのだ。この果敢な走塁が、ヤンキースの攻撃に火をつけた。その回の攻撃が終わったとき、点差は8に開いていた。

シリーズを締めくくったのもディマジオだった。ハンク・リーバーがセンター最深部に放った強烈なライナーを背走して好捕したのだ。極端な変形球場だったポロ・グラウンズのセンターは深い。おそらく一三〇メートルは飛んだと思われる打球を捕ったあと、ディマジオは茫然と守備位置に立ち尽くした。

試合は終わった。ヤンキースのナインは全員がフィールドに残っている。観戦していたF・D・ローズヴェルト大統領が、センター後方のゲートから引き上げるのを見送るためだ。FDRを乗せた車は、ディマジオのそばを通り過ぎた。大統領はにっこりと微笑み、親指を立ててみせた。一九三六年十月六日の午後のことだ。

以後のディマジオは歴史の一部になった。入団三年目には、大恐慌時代の世情を無視して年俸四万ドルという破格の金額を要求し、ファンの顰蹙を買った。一九三九年にはドロシー・アーノルディン・オルソンと結婚した。四一年十月には、長男をもうけたが、その冬、妻に離婚調停をもとめられている。そう、56試合連続安打という不滅の大記録が達成された年のことだ。あまりにも有名なこの記録は、五月十五日のホワイトソックス戦からはじまり、七月十七日のインディアンス戦でピリオドが打たれた。最初の安打はエディ・スミスという投手から奪い、最後に立ちはだかったのはアル・スミスという投手だった。この年、テッド・ウィリアムスは打率4割6厘を記録し、首位打者と本塁打王の二冠を獲得した。ディマジオは打点王になり、二度目のMVPに輝いた。ウィリアムスとの得票差はわずか37だった。ヒットラーが欧州のほぼ全域を支配しようとしていたころのことだ。

ディマジオは、一九四三年から四五年までのまる三年を兵役に費やした。年俸五万ドルは月給五十ドルに減った。一九四七年に三度目のMVPに輝き、一九五一年のシーズンを最後に引退した。ヤンキースは年俸十万ドルを提示して引き止めようとしたが、彼は一九三九年の轍を踏まなかった。金よりもプライドを優先させて、二十世紀野球の申し子はフィールドを去った。三十七歳。二百七十四日で終わったマリリン・モンローとの結婚は、三年後のできごとである。

長くて暑い一九四一年夏

ジョー・ディマジオの56試合連続安打

連続安打記録が注目を集めはじめるのはどの時点からなのだろうか。まさか、数試合つづけてヒットを打ったぐらいで世間が注目するはずはない。普通に考えれば、二十試合や三十試合という節目がまず念頭にのぼる。つぎに考えられるのは、チーム記録やリーグ記録、あるいは大リーグ全体の記録——いわゆるマイルストーンに接近したときだ。いずれにせよ、この記録は静かにスタートを切り、しだいに音量を上げ、最後は社会現象に近い騒ぎを伴う宿命を負う。いいかえれば、連続安打の第一歩となった試合はあとにならなければだれも思い出さないが、連続安打が止められた試合はだれもがおぼえているのだ。

ただ、記録に挑んだ選手が無名の場合、メディアの対応はときおり間抜けなものとなる。たとえば、一九三三年八月三日のスポーティング・ニューズに掲載された記事を振り返ってみよう。記事の主役は、このとき61試合連続安打を阻まれていた。もちろん、大リーグの話ではない。主役は、パシフィックコースト・リーグ（3A）のサンフランシスコ・シールズに所属する選手だった。と書けばおわかりのように、この選手とは若き日のジョー・ディマジオにほかならない。

ところがなんとしたことか、新聞の見出しに踊ったのは《デマジオの記録、61で途切れる》という文面だった。説明するまでもないと思うが、これは、ディマジオのIがEに誤植されて起きた椿事だ。この年十八歳のディマジオはまったく無名の選手だった。記録は五月二十八日にはじまり、七月二十六日までつづいた。

それから八年――。二十六歳のディマジオは、すでにヤンキースの中心選手となっている。入団六年目のシーズンを迎えた彼は、それまでに首位打者二回と本塁打王一回を獲得し、ワールド・シリーズも四回制覇していた。極端に幅の広いスタンス。強靭な手首。すぐれた選球眼。優雅で滑らかなスウィング。快足と強肩と的確な読みを生かした好守。二年前の三九年には、MVPにも輝いている。その存在は、ヤンキー・クリッパー(快速艇)の綽名にふさわしいものだった。

一九四一年のディマジオは、チーム同様、けっして順調なスタートを切ったわけではなかった。まず、この年の三月、契約更改がこじれたこともあって、彼の春季トレーニング合流はかなり遅れている。

シーズン序盤のディマジオは不振に苦しめられた。アスレティックスの変則投手レスター・マックラブに眩惑されたせいか、四月下旬から五月上旬にかけては12試合で43打数7安打という極度のスランプにも見舞われている。主軸が打てなければ、チームも当然勝てない。ディマジオが歴史的第一歩を踏み出した五月十五日、ヤンキースの順位はア・リーグ四位。ここ9試合では、4連敗をふくめて2勝7敗という低迷ぶりだった。

そんな逆境のなか、不世出の大記録はひっそりと船出をした。場所は本拠地ヤンキー・スタジアム。対戦相手はシカゴ・ホワイトソックス。相手投手は左腕のエディ・スミス。

ディマジオはこの日、4打数1安打の成績だった。唯一の安打も当たり損ないだったというから、注目する者は無論だれひとりいない。が、その翌日、ディマジオはシカゴのソーントン・リーから三塁打と本塁打を放った。さらに第三戦ではジョン・リグニーからシングルヒット。この三連戦がはじまる前の2試合が無安打で終わっていただけに、ディマジオ本人はほっとしたかもしれない。世間は、五月十四日に引退を表明した大投手ディジー・ディーンの噂でもちきりだった。

五月二十四日。対レッドソックス戦。ディマジオは、走者二、三塁という七回の好機に適時打を放ってチームを勝利に導き、みずからの連続安打試合を10に伸ばす。二十七日には、セネタースを相手に5打数4安打3打点の爆発。連続安打試合はこれで12。五月末を迎えたところで、数字は16に伸びる。

六月二日、ルー・ゲーリッグが三十七歳の若さで死去する。ご承知のとおり、死因はALS。ヤンキースのユニフォームに袖を通してから十六年目、引退を発表してから約二年後の出来事だった。二日後に行なわれた葬儀には、ベーブ・ルース、ビル・ディッキー、ジョー・マッカーシーらが参列した。

三日後の六月七日。ディマジオの記録にようやく真剣な眼が集まりはじめる。セントルイスで行なわれた対ブラウンズ戦で3安打の固め打ちを見せ、数字を22に伸ばしたからだ。このころ、もうひとつ注目されていたのは、ボストンの老雄レフティ・グローヴの本拠地連勝記録だった。

五月二十日、タイガースを抑えたグローヴは、本拠地20連勝という前人未到の記録を達成していた。

六月二十一日。両者の運命は明暗を分けた。グローヴは、フェンウェイ・パークで行なわれたブラウンズ戦でついに敗れる。一九三八年五月三日からはじまった記録は、ここで絶たれてしまうのだ。一方、二十日に、ロジャース・ホーンズビーのナ・リーグ記録（一九二二年の33試合）に並んだディマジオは、タイガースのディジー・トラウトからヒットを打って34試合連続安打を達成する。レス・ブラウン・オーケストラの演奏する『ジョルティン・ジョー・ディマジオ』（ジョー、ジョー、ディマジオ……というあの曲）が巷に流れはじめたのはこのころのことだった。眼を欧州に向ければ、六月二十二日にはヒットラー・ナチスがソ連侵攻に踏み切っている。

ただ、このあたりからディマジオの快進撃も少しずつ綱渡りの様相を帯びはじめる。まず二十四日の対ブラウンズ戦。八回まで無安打だった彼は、最後の四打席目でボブ・マンクリーフからようやくこの日の初安打を放った。ブラウンズの監督ルーク・スーウェルは「なぜディマジオを歩かせなかったのか」と尋ねられて「あのすばらしい選手に、そんなアンフェアなことができるか」と答えている。

第二の危機は六月二十六日におとずれた。相手はふたたびブラウンズ。ディマジオは、この日も八回まで無安打に抑えられていた。3対1とリードしていたヤンキースには、この回が最後の攻撃になる可能性が高い。ディマジオは四人目の打者といううきわどい位置にいた。

先頭のジョニー・スタームが倒れ、二番打者のレッド・ロルフが歩いたところで、ヤンキー・

スタジアムの観客は騒然となった。もし三番のトミー・ヘンリックが併殺打を放てば、ディマジオに打席がまわってこないからだ。すると監督ジョー・マッカーシーは、ヘンリックに送りバントを命じた。ロルフは二塁に進み、ディマジオはエルデン・オーカーの初球をレフト前に弾き返す。これで38。

こうなると、つぎの節目はタイ・カッブが一九一一年に作った40試合連続安打記録だ。この記録に並びかけようとしたときの大敵は敬遠作戦だった。二十八日の対アスレティックス戦。シャイブ・パークのマウンドに立ったジョニー・バビックは、まず第一打席でディマジオを歩かせたあと、第二打席でもつづけてボールを三つ投げた。ところが四球目、ディマジオは外に大きく外れるボールに飛びつく。打球はバビックの股間を抜け、センター前に転がっていった。

カッブに並んだディマジオは、ジョージ・シスラーが一九二二年に作った41という数字まであと一歩と迫った。このア・リーグ記録は、近代野球史上の最高記録としても認められていた。六月二十九日のグリフィス・スタジアム、対セネタース・ダブルヘッダー第一試合の第三打席、ディマジオはナックルボールの達人ダッチ・レナードから二塁打を放って、まずシスラーに肩を並べる。が、第二試合の開始前、ダグアウトにもどったディマジオは、思わず眼を疑った。愛用のバットがいつもの置き場所から姿を消しているではないか。彼は頭をかかえた。なにしろそれは、サンドペーパーを丁寧にかけて微妙な重さと握りを実現させた、この世にただ一本のバットなのだ。犯人はスーヴェニア狂いのファンにちがいないが、消えたバットを探し出すのは不可能にひとしい。ディマジオは、やむなく代わりのバットを手にしたが、それがしっくり来なかったのだろう、三打席つづけて凡退したあと、七回表に四度目の打席を迎える。このとき「これを使えよ」と手を差し伸べたのが三番打者トミー・ヘンリックだった。そのバットは、レッド・アンダーソン投手の球をレフト前に弾き返した。ア・リーグ新記録の達成だ。シスラーはその日のうちに祝電を打ち、「私の記録を破るのに最もふさわしい選手だ」とディマジオを讃えた。

七月一日、ヤンキースは宿敵レッドソックスを本拠地に迎えてダブルヘッダーを戦った。この第一試合で、ディマジオはビル・ダーレンが一八九四年に残した42試合連続安打もあっさりと追い越している。こうなると、残る目標は、ウィリー・キーラーが一八九七年の開幕試合から記録した44試合連続安打だ。ファウルボールがストライクとカウントされない時代とはいえ、キーラーの安打製造能力は抜群だった。内野の守備位置が深ければバントヒットを決め、前進してくれば外野との間に球をぽとりと落とし、暑い夏がやってきてフィールドが乾けば高いバウンドの打球（かの有名なボルティモア・チョップ）を放って内野安打を稼ぐ。いわば彼は、「十九世紀のイチロー」ともいうべき存在だった。

その日の第二試合で、ディマジオはキーラーに追いついた。投手はジャック・ウィルソン。ただしこのときは、きわどい判定に救われている。ヤンキー・スタジアムの公式記録員ダン・ダニエル（この人はニューヨーク・ワールドテレグラムのスポーツライターだった）が、ボストンの三塁手ジム・テイボアの明らかな悪送球をヒットと記録したのだ。

じつをいうと、ダニエルはその前にも二度ばかりディマジオの危機を救っている。最初は30試合目の対ホワイトソックス戦。この試合のディマジオは、ジョン・リグニーの球にタイミングが合わず、六回まで無安打に抑えられていた。そして七回。ディマジオは遊撃手ルーク・アップリングの前に平凡なゴロを転がす。ところがイレギュラー・バウンドしたその打球はアップリングの肩に当たって前にこぼれるのだ。アップリングはその球をジャッグルし、あわてて一塁へ送球したが間に合わなかった。ダニエルは、これをヒットと記録する。つぎの打席で大きなライトフライに倒れたディマジオにしてみれば、これは命拾いというほかない。

ダニエルはその翌日もディマジオを後押しした。このときも敵役はアップリングである。彼は、ディマジオの放った痛烈なショートゴロを前に落としたものの、送球することができなかったのだ。前日よりはヒットに近い打球だったものの、これまたダニエルの、さらには彼の背後で脅しの唸りをあげていたヤンキース・ファンの声援がなければ、記録はどちらに転んでもおかしくなかったはずだ。

七月二日、ディマジオはキーラーを抜いた。この日の第三打席、レッドソックスのディック・ニューサムが投げた四球目の速球を、見逃さなかったのだ。打球は好敵手テッド・ウィリアムスの頭上をはるかに越え、暑さにうだるヤンキー・スタジアムの左翼スタンドへ吸い込まれていった。ディマジオはこの瞬間、ついに無人の荒野に足を踏み入れたのだった。

七月八日のオールスター(ジョー・ディマジオはここでも二塁打を放った。弟のドムはシングルヒット。連続安打の出発に奉仕したエディ・スミスが勝利投手)をはさんで、ディマジオの進撃はつづいた。十一日には4安打の固め打ちで五十の大台乗せ。十三日のダブルヘッダーでは、彼の連続安打と歩調を合わせるかのように、チームの連勝も14に伸びる。そして十五日には「因縁の」エディ・スミスからまたもや2安打を放って数字を55に伸ばす。翌七月十六日、ヤンキースはクリーヴランドへ乗り込み、ディマジオは3安打を放って56試合連続安打を記録する。この日の犠牲者は、アル・ミルナーとジョー・クラカウスカスの二投手。

明けて七月十七日。ミュニシパル・スタジアムには六万七千を超える大観衆が詰めかけていた。ヤンキースの先発は老練のレフティ・ゴメス。一方のインディアンスは左腕のアル・スミス。ディマジオは、第一打席で三塁線に地を噛むようなゴロを放つ。だれもが外野に抜けると思った瞬間、深い守備位置を取っていた三塁手ケン・ケルトナーがバックハンドで打球をすくい上げ、矢のような球を一塁へ送った。判定は間一髪でアウト。

第二打席は、フルカウントからの四球だった。四つ目のボールがワンバウンドすると、客席からはブーイングの嵐が湧き起こる。

第三打席がまわってきたのは、1対1の同点で迎えた七回表だ。ディマジオは初球のカーヴを叩いた。強い当たりだったが、打球はケルトナーの正面を衝いてしまった。今日二個目のサードゴロ。

そして八回表、ディマジオに最後のチャンスがおとずれた。下位打線からはじまった連打と四球で、一死満塁となったところで、彼に打順がまわってきたのだ。インディアンスはスミスをあきらめ、二十四歳のジム・バグビー・ジュニアをマウンドに登らせる。彼の父親は、二十一年前に同じインディアンスで31勝をあげたあのジム・バグビーだ。ワンストライク・ツーボールのカウントから、バグビーは内角に速球を投げ込む。ディマジオの好きな球だ。バットが閃き、痛烈なゴロが二遊間を襲う。

インディアンスの遊撃手ルー・ブードロー（のちに監督となって、テッド・ウィリアムスに対する特殊なシフトを敷いたあのブードローだ）は電撃的な速さで左へ飛び、打球を押えた。6—4—3の併殺。連続安打記録は、一瞬のうちに最期を迎えた。数字は56で止まった。ディマジオは悔しそうなそぶりを見せることなく、グラヴを受け取ると、まっすぐにセンターの守備位置へ駆けていった。

結局、彼は56試合で4割8厘の打率を残した。内訳は223打数91安打。なかには、16本の二塁打と、4本の三塁打と15本のホームランがふくまれている。打点は55。

記録が歩み出した五月十五日、ヤンキースは首位インディアンスに5・5ゲームの差をつけられて四位に沈んでいた。記録が絶たれた七月十七日、ヤンキースは二位インディアンスに6ゲーム差をつけて首位に立っていた。

記録を絶たれたあとも、ディマジオは打ちつづけた。七月十八日から八月二日まで16試合連続安打。シーズン全体を通しては3割5分7厘、30本塁打、125打点。打率4割6厘と本塁打37で二冠を獲得したテッド・ウィリアムスを抑えてMVPにも輝いている。が、野球好きなら反射的に思うだろう。一九四一年とは、あの56試合連続安打という奇跡が達成された年だ、と。

ワシントン球団盛衰記

セネタースからナショナルズまで

エド・デラハンティといえば、フィリーズを中心に活躍し、3割4分6厘の通算打率を記録した大打者である。首位打者一回、打点王三回、十九世紀末には打率四割を三度も超え、のちに殿堂入りを果たしている。こういえば、実力のほどは容易に察しがつくだろう。

その大打者が、選手生活の最晩年をワシントン・セネタースで送っている。いや、正確にいうと人生最後の二年間をこの球団で送っているのだ。

ビッグ・エドと呼ばれたデラハンティは、三十五歳の一九〇二年に創設二年目のセネタースへやってきた。ピークを過ぎかけていたとはいえ、その打棒はまだまだ衰えていない。3割7分6厘の打率、リーグ最多の43二塁打、出塁率も長打率もリーグ最高。つまり彼は、弱体セネタースの屋台骨といっても過言ではない存在だった。

そんな彼が、三十六歳の若さで謎の死を遂げる。ナイアガラ・フォールズの駅に隣接する橋から転落し、巨大な滝に呑み込まれてしまうのだ。遺体が発見されたのは数日後。転落の原因はいまなお特定されていない。

凶事はこれにとどまらなかった。ある年の開幕戦のこと。セネタースの三塁手は、ゴロをさばいて一塁へ送球した。だがなんと、その球は投手の頭を直撃する。投手はその場で昏倒し、担架で球場の外へ運び出された。

別の年のできごと。ショートゴロを捕ったセネタースの遊撃手は、一塁にとんでもない悪送球をした。球はまっすぐ観客席に飛び込み、観客の頭に命中した。運の悪いことに、その客は帰らざる人となってしまった。

時代は下って一九四五年。デトロイト・タイガースとア・リーグのペナントを激しく争っていたセネタースは、ある夏の午後、フィラデルフィア・アスレティックスとの試合で延長戦に突入した。陽射しの強い午後だった。セネタースの中堅手ジョージ・ビンゴ・ビンクスは、いつもかけているサングラスをベンチに置き忘れたまま守備についていた。そんな彼の頭上にフライが高々と打ち上げられた。ビンゴは球を見失う。カモだったはずのアスレティックスは劇的な勝利を収め、セネタースはこの一敗がたたってタイガースにペナントをさらわれる憂き目にあう。

逸話はなおも尽きない。

一九〇一年五月二十三日、アメリカン・リーグ創設の一年目。セネタースはクリーヴランド・インディアンスに14対13のスコアで敗れた。ただし、負け方がひどい。インディアンスは、九回二死から9点を奪って逆転勝ちを収めたのだ。

一九〇四年、セネタースは開幕から13連敗を喫したあと、14試合目でようやく片目をあけた。だがこの初勝利は、相手の8エラーに助けられたものといってよい。結局この年、セネタースは38勝113敗という悲惨な成績に終わる。

一九一〇年六月十九日、セネタースは延長十一回でインディアンスに敗れた。4対5の惜敗だった。しかし、この敗戦は歴史に残る。インディアンスの勝利投手サイ・ヤングは、この試合で通算五百勝を達成しているのだ。

一九二五年六月二十三日、セネタースはヤンキースに7対11で敗れた。ルー・ゲーリッグは、この試合で初の満塁本塁打を放った。彼がこのあと通算23本もの満塁弾を記録することはだれも知らない。

一九三一年六月二十六日、セネタースはヤンキースに5対22の大敗を喫した。二十二年後の一九五三年八月十二日には、1対21のスコアで敗れている。常勝ヤンキースといえども、これほど大差をつけて勝った試合はめったにない。つぎに二十点以上の差がついたのは一九九九年七月二十四日、インディアンスを21対1で粉砕したときだった。

一九五三年のセネタース対ヤンキース戦といえば、だれもが思い出すのはミッキー・マントルの特大ホームランだろう。この年の四月十七日、マントルはチャック・スタブス投手からグリフィス・スタジアムの左翼場外に消える特大弾を放った。推定飛距離は五六五フィート（約一七〇メートル）。

それから三年後の一九五六年五月三十日。マントルはふたたびセネタース戦で超特大の一発を放っている。今度の舞台はヤンキー・スタジアム。投手はペドロ・ラモス。打球があと一八インチ（四〇センチ）高ければ、あの巨大なアッパーデッキを越えていたというから恐ろしい。飛距離は三九六フィートと発表されたが、アッパーデッキの壁に妨げられさえしなければ六〇〇フィートを優に上回る数字が記録されていたにちがいない。

とまあこんなわけで、セネタースのワシントン在住六十年間とは「引き立て役の歴史」といってもおかしくないものだった。いや、じつをいうと、アメリカ野球の草創期にさかのぼっても、ワシントンの球団が強かったためしはない。

私の知るかぎり、ワシントンに本拠地を置いた球団は、一八七一年のワシントン・オリンピックス（ナショナル・アソシエーション）が最初である。この球団は創設二年目に2勝7敗の成績で十一球団中十位と低迷し、消滅に追い込まれる。そのとき最下位に沈んだのは、同七二年に結成されたワシントン・ナショナルズだった（同一リーグ所属）。この球団が11戦全敗であっけなく姿を消すと、翌年にはワシントン・ブルーレッグスという球団が誕生する。こちらも8勝31敗の成績であっさり消滅。二年後の七五年には新たなワシントン・ナショナルズが結成されるのだが、これも弱くて5勝23敗。ナショナル・アソシエーションはこの年を限りに解体され、翌一八七六年にはナショナル・リーグが創設される。

ワシントンの球団がつぎに登場するのは一八八四年のことだ。ご承知のとおり、この時期は新球団乱立時代である。八二年にはアメリカン・アソシエーション（AA）が、そして八四年にはユニオン・アソシエーション（UA）が創設され、雨後の筍のように新球団が生まれる。そんななか、AAに加入したナショナルズは12勝51敗で最下位に沈み、UAのナショナルズも47勝65敗で十二球団中七位に終わる。もちろん両球団はすぐに姿を消す。

あわただしい離合集散がようやく一服するのは、一八八六年、新たなナショナルズがナ・リーグに加盟してからのことだ。この球団は四年間存続するのだが、腰が落ち着かないことに変わりはない。八七年にはステイツメン、八八年にはセネタースとチーム名を毎年のように変更し、八九年を最後にシンシナティへと移転してしまうのだ。

が、合衆国大統領の暮らす街を本拠地にしたがる球団は跡を絶たない。一八九一年、またもやアメリカン・アソシエーションに加盟したセネタースは、このリーグの解体を機にナ・リーグへ移り、九二年から八年間をそこで過ごすのだ。

ただし、成績はここでも振るわない。勝ち越したシーズンはゼロ、最下位（十二位）が一度に十一位が三度という結果を見れば、球団削減の対象となるのも無理はない。

要するに、十九世紀のワシントンに存在した球団は、どれをとっても呆れるほど弱体だった。約三十年間に延べ二十球団が戦い、勝ち越したチームは皆無。通算成績は706勝1328敗。勝率に直すと3割4分7厘。年間勝率四割以下も十六回を数える。

一九〇一年一月二十八日、バン・ジョンソンが率いるアメリカン・リーグが正式に発足した。ア・リーグの母体は、マイナー・リーグのウェスタン・リーグである。ここに、ナ・リーグの縮小政策でリーグを追い出された球団がいくつか加わる。ジョンソンは、カンザスシティの球団をワシントンDCに移転させることにした。その他の本拠地は、ボストン、フィラデルフィア、ボルティモア（二年後ニューヨークへ）、シカゴ、クリーヴランド、ミルウォーキー（翌年セントルイスへ）。

新球団八つのうち三つまではリーグ設立後三年以内にペナント獲得を実現した。シカゴ、フィラデルフィア、ボストンの順である。やがてデトロイトもそれにつづく。残る四球団も……いや、セネタースを除く三球団も八年以内に二位以上の成績を経験した。が、セネタースだけは蚊帳の外だった。最初の二年が六位、つぎの九年間は七位か三位。四年目の一九〇四年にいたっては、球団史上最多の113敗を喫するありさまだった。その間には、冒頭に紹介した劇画のような大逆転負けや、主力打者デラハンティのナイアガラ滝転落事件が起こっている。

のちの大投手「ビッグ・トレイン」ことウォルター・ジョンソンが入団したのは、球団設立七年目の一九〇七年のことだった。もっとも、打撃と守備の援護を得られない弱小球団で勝つのはむずかしい。入団後三年間の成績は、通算で32勝48敗。防御率は一点台前後を推移していたのだから、投手としてはたまらない。だが彼は、四年目から十年連続で二十勝以上の成績をあげつづける。一九一〇年の開幕戦（タフト大統領が史上初めて始球式を行なった）ではアスレティックスを相手に1安打完封をやってのけ、飛躍のきっかけをつかんでいる。それでもチームの負け越しは、一九一一年まで十一年間もつづいた。

この屈辱劇に終止符を打ったのは一九一二年の新監督クラーク・グリフィスである。グリフィスは前年の十月下旬にセネタースの株式を一〇パーセント取得して筆頭株主になり、それと同時にみずからを新監督の地位に据えたのだった。そして一九一二年。タイタニック号が沈み、エベッツ・フィールドの鍬入れ式が行なわれたその年、グリフィスの率いるセネタースは、極端な変形球場（左翼が四〇七フィートで、右翼が三二八フィート）のグリフィス・スタジアムを本拠地に、劇的な躍進を見せる。

新加入の一塁手チック・ギャンディル（のちにブラックソックス事件で球界を追放されるあのギャンディルだ）や駿足の外野手クライド・ミランの活躍も大きかったが、躍進の立役者はなんといってもジョンソンだろう。この年、いよいよピークを迎えつつあったビッグ・トレインは、16連勝をはさんで33勝7完封303奪三振という圧倒的な力量（翌一三年は36勝11完封）でチームを引っ張る。かくて、優勝こそボストンに譲ったものの、この年のセネタースは、91勝61敗と球団創設以来初めての勝ち越しを経験する。

この年を皮切りに、セネタースは四年連続で勝ち越しをつづける。順位も二位、二位、三位、四位となかなかの健闘である。が、補強が不十分だったこともあって、この好調は長つづきしない。一九一〇年代後半から二〇年代前半にかけて、セネタースは曇りときどき雨の季節に入り込んでしまう。

このままでは球団は先細りになるほかない。グリフィスは一計を案じた。資金を調達して球団を完全に支配下に置き、みずからは現場を去って経営に専念するのだ。一九二一年、この計画を実行に移した彼は、三年後の二四年、恰好のプレーイング・マネジャーを発見する。当時二十七歳の二塁手バッキー・ハリスがその人にほかならない。

時代はジャズ・エイジのただなかだった。フォード車の価格は二百八十ドルにまで下がり、二百五十万台のラジオが全米に行き渡っていた。カルヴィン・クーリッジが大統領に就任し、エドガー・フーヴァーがＦＢＩ長官に任命されたのもこの年のことだ。

そんな一九二四年、セネタースは六月の声を聞くと快調に走り出した。投の中心は三十六歳を迎えたジョンソンだが、この年はトム・ザカリーやジョージ・モグリッジも好調だった。加えてこのチームには「リリーフという仕事を野球史上初めて確立した」（ジョージ・Ｆ・ウィル）ファーポ・マーベリーがいた。いまでこそ当たり前だが、グリフィスの考案した「抑えの切り札」

という観念は革命的なものだった。マーベリーも期待に応えて50試合に登板し（リーグ最多）11勝15セーヴ（リーグ最多）の好成績を残している。

一方、打の中軸は左翼手のグース・ゴスリンと右翼手のサム・ライスだった。好機に強いゴスリンは、3割4分4厘の打率もさることながら、この年129打点を記録している。この数字はベーブ・ルースを抑えてリーグ最多である。

もうひとりの主役サム・ライスは駿足好守の安打製造機だった。通算三千本安打にあと13本と迫りながらその事実を知らずに引退したのは有名な話だが、この年も彼はリーグ最多の216安打を放ってチームを牽引している。

セネタースはヤンキースに二ゲーム差をつけて初のペナントを獲得した。優勝が決まったのは九月二十九日のレッドソックス戦。リリーフに立ったマーベリーが6イニングスを投げ抜き、チームに4対2の勝利をもたらしたのだ。

勢いに乗ったセネタースは、ワールド・シリーズでも強敵ジャイアンツを降す。それも、第一戦と第五戦にジョンソンを立てて敗れながらの逆転勝ちである。ゴスリンは3本のホームランを放って気を吐いた。ザカリーは先発で2勝をあげた。ジョンソンは第七戦の最後の4回を投げ抜き、延長十二回での勝利を呼び込んでいる。

思えば、ここからはじまる十年間はセネタースに訪れた唯一無二の黄金時代だった。翌二五年、インディアンスから好投手スタン・コヴェルスキーを補強したセネタースは、ふたたびア・リーグを制する。ワールド・シリーズこそパイレーツの前に惜敗するものの、以後八年間で負け越した年は二度しかない。しかもその八年目（一九三三年）には、ふたたびア・リーグの覇者に返り咲いているのだ。

このときの優勝監督はジョー・クローニンである。遊撃手として着実に活躍しつづけてきた彼は、四年間監督をつづけてきたウォルター・ジョンソンのあとを受けてプレーイング・マネジャーとなった。監督就任時の年齢は、奇しくもバッキー・ハリスと同じ二十七歳。グリフィスの姪と結婚していた彼は、「ワシントンのプリンス」にふさわしい存在だった。

プリンスに率いられて、セネタースは序盤から飛ばした。一時は二位のヤンキースに22ゲーム差をつけたくらいだから、そのスタートダッシュは半端なものではない。投手陣ではジェネラル・クラウダーとアール・ホワイトヒルの二本柱がそろって二十勝以上をマークした。打線ではハイニー・マナシュがリーグ最多安打を記録した。ただし、終盤の失速がワールド・シリーズでの苦杯を招く。セネタースは、1勝4敗とジャイアンツに完敗し、このあと長くきびしい冬を迎えることになる。

冬を迎えた最大の理由は、一九三四年、オーナーのグリフィスが、チームの要のクローニンをボストンに売却したことだ。大恐慌時代のあおりを受けて球団経営が苦しくなっていたグリフィスとしては、レッドソックスが支払ってくれる二十二万五千ドルが喉から手が出るほど欲しかったにちがいない。

ただし、とがめは出た。三四年のセネタースが七位に沈んだだけではない。以後四半世紀、セネタースは昔の指定席に戻ったかのごとく負けつづけるのだ。上位に食い込んだシーズンといえば、第二次世界大戦の混乱が球界にも波及していた一九四三年と四五年のみ。最後の六年間などは最下位を四回も経験しているのだから、『くたばれ！　ヤンキース』のモデルにされたのは不思議でもなんでもない。

ご承知のように、このミュージカルは一九五五年にブロードウェイで大ヒットし、五八年にはワーナーで映画化されてこれまたスマッシュヒットを記録した。話はこうだ。セネタースの弱体ぶりに長く心を痛めていた初老の男が悪魔に魂を売り、強打の青年に生まれ変わる。青年はセネタースを引っ張ってヤンキースを倒し、ワールド・シリーズ進出を果たす。しかし……。

話のつづきはビデオで確かめていただこう。クラーク・グリフィスが八十五歳で死去したのは、この芝居が大当たりをとっているさなかだった。球団経営は息子のカルヴィンが引き継いだ。そのカルヴィンは、一刻も早くワシントンを去りたがっていた。北西部のミネソタに商機を見いだし、そちらへの移転を画策していたのだ。

以後の歴史は、みなさんご存じのとおりである。一九六〇年十月、ア・リーグは本拠地の移転を許可し、同時にエクスパンションを施行した。一九六一年、セネタースはミネソタに移ってツインズを名乗り、ワシントンには新たなセネタースが誕生した。まるで十九世紀末のドラマを再現しているかのような展開だ。新セネタースは、ワシントンに十一年間「滞在」した。ギル・ホッジスやテッド・ウィリアムスを監督に迎えても勝率が五割を超えた年は一度だけだった。一九七二年、球団はテキサス州アーリントンへ本拠を移し、レインジャーズと名乗った。

さて、二〇〇五年にモントリオールからワシントンへやってくる球団は、なんと名乗るのだろうか。ナショナルズ、プレジデンツ、クーガーズ、グレイズ（かつてニグロ・リーグのホームステッド・グレイズがグリフィス・スタジアムを本拠地にしていた）……候補はいくつかあがっているが、やはり最もしっくり来るのは「セネタース」のような気がする。この命名権はいまもレインジャーズが保有しているらしいが、この際、テキサスの人々には太っ腹なところを見せていただきたい。こうなった以上、レインジャーズがワシントンDCへ本拠地を移す可能性はきわめて低いではないか。

ゴージャス・ジョージとメンフィス・ビル

イチローが挑んだ二大偉業

イチローの功績、というのも皮肉な表現に聞こえるかもしれないが、これはやはりそう呼ぶしかなさそうだ。タイ・カッブ、シューレス・ジョー・ジャクソン、ビル・テリー、ロイド・ウェイナー、チャック・クライン……そしてジョージ・シスラー。すべて伝説的な選手にはちがいないが、彼らの名は、とりわけシスラーやテリーの名はいまや日本中で知られるようになった。理由はもちろん、イチローの「歴史への挑戦」にほかならない。彼の安打数が増えるにつれ、彼らの名はつぎつぎと野球史の奥座敷から呼び起こされてきた。通勤電車のなかで、あるいは登下校する子供たちのあいだで、伝説的名選手の名がささやかれる頻度も増加の一途をたどっている。驚きだ。二十一世紀の日本で、まさかこんな事態が生じるとは、私も考えていなかった。

いや、考えていなかったといっては嘘になる。ただ、イチローがらみでこういった事態がこんなに早く生じたことは私の予測を超えていた。もちろん、彼ら伝説的選手の名が、野球好きの脳裡に宿りつづけていたことはまぎれもない事実だ。たとえばイチローが大リーグに渡る直前の二〇〇〇年、シスラーの名は野球好きのあいだでかなりシリアスにささやかれた。この年、エンジェルスのダリン・アースタッドが快調なペースで安打を量産していたからだ。99試合を消化した時点で彼の安打数は161本。このペースがつづけば、年間安打数は263本に達する。メディアは騒いだ。私も胸をときめかせた。なにしろ、シスラーの記録は金字塔だ。ベーブ・ルースの177得点（一九二一年）、ハック・ウィルソンの191打点（一九三〇）、ジョー・ディマジオの56試合連続安打（一九四一年）など「不滅」と呼ばれる打撃の単年記録は珍しくないのだが、シスラーの最多安打記録は、それらに混じっても燦然と輝いていた。

実際、二〇〇三年までのデータを調べてみても、この記録に「迫った」といえるのは一九三〇年のビル・テリー（254本）が最後だ。以後240本以上のヒットを打ったのは、先述のアースタッドを除くと、一九八五年のウェイド・ボッグスと二〇〇一年のイチローしかいない。ただ、この年のイチローは、132試合で200安打に到達したものの（アースタッドと同じ試合数）、シスラーをおびやかすという印象は薄かった。なるほど、彼はシーズン序盤からエンジン全開で飛ばしていたわけではないし、このペースだと162試合で245本にしか届かない計算になる。それに、新人のイチローには現在ほどの凄みや爆発力が伴っていなかったことも認めておかなければなるまい。

一方、ビル・テリーの名がささやかれたのは、入団二年目のイチローに打率四割への期待がかけられたときだった。ご承知のように、テリーは「ナ・リーグ最後の四割打者」（一九三〇年）である。250本以上のヒットを打ちながら打率四割を超えたのも、シスラーとテリーとロジャース・ホーンズビーの三人しかいない。それともうひとつ、これはどちらかといえば地味な記録だが、テリーは「四年間合計最多安打＝918本」という大リーグ記録を保持している。この数字は一九二九年から三二年にかけて達成されたものだが、二位のシスラー（一九一九～二二年）とクライン（一九三〇～三三年）の両者が８９９本にとどまっていることを見てもわかるように、これは群を抜いた記録といってよい。ところがイチローは、この記録も射程圏に収めている。新人の年から数えて三年間の安打数が合計６６２本。これにシスラーの最多安打数（２５７本）を足せば、四年間の合計安打数は９１９本になる。つまり今季のイチローは、２５８本の安打を放てば、ふたつの金字塔を一挙に塗り替える計算になるのだ。いやはやなんとも。

では、ジョージ・シスラーが２５７安打の記録を作った一九二〇年とはどんな年だったのだろうか。当時二十七歳の青年選手は、いったいどんな環境のもとでこの大記録を達成したのだろうか。

年表を開くと、真っ先に眼に飛び込んでくるのは「禁酒法の制定」だろう。つぎに目立つのは「婦人参政権の確立」。どちらの出来事にも興味はないという人には「アトランティック・シティで史上初のミス・アメリカ・コンテスト実施」とか「無敵の名馬マンノウォー、プリークネス・ステークスとベルモント・ステークスを制覇」とかいった事実の存在をお伝えしておこう。が、われわれ野球好きにとって最大の衝撃は「ベーブ・ルース移籍」の事件をおいてない。

この年の一月三日、前年の十二月二十六日に取り交わされていた密約の全貌が明らかにされた。レッドソックスのオーナー、ハリー・フレイジーが「十二万五千ドルの現金と三十万ドルのローン」でルースをヤンキースに売り渡すことが決まったのだ。いわゆる「バンビーノの呪い」はこの瞬間から現実のものとなる。それまでワールド・シリーズを五回も制してきたレッドソックスは、以後、シリーズ制覇からまったく遠ざかってしまうのだ。

ルースは、シーズン序盤から好調を維持した。七月十九日の対ホワイトソックス戦（ダブルヘッダー）では30号と31号を連発し、前年に記録した29本という本塁打数を早々と更新する。最終的な本塁打数は54本。これが当時の新記録だったことはいうまでもない。

打のヒーローがルースだとしたら、投のヒーローはセネタースのウォルター・ジョンソンといってよいだろう。五月十四日に通算三百勝を達成したジョンソンは、七月一日、レッドソックスを相手に自身初のノーヒッターを演じる。しかもこれは無四球試合だった。つまり彼は、二塁手バッキー・ハリスの失策さえなければ、完全試合をやってのけたことになる。

その一方で、この年には史上初の悲劇も起こっている。八月十六日、ポロ・グラウンズで行なわれた対ヤンキース戦で、インディアンスの遊撃手レイ・チャップマンがカール・メイズの投球をこめかみに受け、翌日死亡したという事件がそれだ。ホームプレートにかぶさる構えのチャップマンは、横手投げメイズの速球をよけきれなかった。当時のワシントン・スター紙によると、頭部を直撃したボールは大きく弾んで内野に転がり、球がバットに当たったと判断したメイズは、それを一塁に送球したそうだ。チャップマンは、一塁方向に二歩進んでばたりと倒れ、両耳から血を流しつつ意識を失った。絶命したのは翌朝。クラブハウスにかつぎこまれた直後、つかのま意識を取り戻した彼は「気にするなとメイズにいってくれ」と伝言を残したといわれる。

じつをいうとこの年の開幕直前、大リーグ機構は投手にとって非常にきびしい措置を発動している。いわゆる不正投球の禁止がそれだ。その結果、球に油を塗ったり、サンドペーパーで傷つけたり、唾をなすりつけたりする行為は、すべて禁止されることになった。ただし、以前からス

ジョージ・シスラー（1893～1973）

ピッチボールなどを投げつづけていた十七人の投手には例外的特赦が与えられた。そうでもしなければ、彼らの生計が成り立たないという温情が働いたからだ。それでも、野球の傾向は大きく変わった。オーストラリア製の撚り糸を使って球が強く巻かれるようになったこともあって、それまでのデッドボール（飛ばないボール）は一転、ライヴボール（飛ぶボール。ライヴリー・ボールともいう）に変化したのだ。この恩恵にあずかったのは、ひとりベーブ・ルースのみにとどまらない。一九一八年に2・77だったア・リーグの防御率は、一九年に3・22、二〇年に3・79と跳ね上がった。インディアンスの監督を兼ねていた好守好打の中堅手トリス・スピーカーが11打数連続安打の記録を達成したのもこの一九二〇年だったし、シスラーの所属するセントルイス・ブラウンズが3割8厘というリーグ最高のチーム打率を残したのも、やはりこの年のことだった。

ゴージャス・ジョージことジョージ・シスラーの大記録は、そんな「ライヴボール元年」に達成された。彼はこの年、154試合全ゲーム全イニングに出場した。打率は4割7厘（ア・リーグ一位。二位はスピーカーの3割8分8厘）、安打数257（二位はエディ・コリンズの224）の内訳は、単打＝171、二塁打＝49（リーグ二位。一位はスピーカーの50）、三塁打＝18（リーグ二位。一位はシューレス・ジョー・ジャクソンの20）、本塁打＝19（リーグ二位。一位はベーブ・ルースの54）。

これだけを見てもすばらしい総合力だが、打点＝122（リーグ二位。一位はルースの137）、得点＝137（リーグ二位。一位はルースの158）、盗塁＝42（リーグ二位。一位はサム・ライスの63）、長打率＝6割3分2厘（リーグ二位。一位はルースの8割4分7厘）、総塁打数＝３９９（リーグ一位。二位はルースの３８８）というおまけがつく。それにしても凄い選手たちと競り合っていたものだ、というのが私の偽らざる感想だ。しかもシスラーは、この間の無安打試合がわずか23回のみ。連続無安打試合もたった二度しか経験していない。

と書けばわかるように、シスラーは年間を通じてじつに安定した成績を残した。月別の打率を振り返ってみよう（カッコ内はイチローの二〇〇四年の月別打率）。

四月＝・３３３（・２５５）
五月＝・３６０（・４００）
六月＝・４０７（・２７４）
七月＝・３２５（・４３２）
八月＝・４４２（・４６３）
九月＝・４４８（・３９２＝二十五日現在）

波は驚くほど少ない。しかも終盤の追い込みがめざましい。十月三日の最終戦（対ホワイトソックス）には3安打2得点3盗塁（本盗1個をふくむ）を記録したばかりか、九回にはみずから四年ぶりに登板して（もともと彼は投手としてデビューし、憧れのウォルター・ジョンソンと投げ合って勝ったことが二度もある）2三振を奪っているのだ。

シスラーは、この一九二〇年を「生涯最良の年」と呼んではばからなかった。二年後の一九二二年には4割2分の自己最高打率を残し、41試合連続安打（ディマジオに破られるまでのア・リーグ記録）を達成してMVPに輝いたにもかかわらず、である。もしかするとそれは、七歳年長のタイ・カッブ、五歳年長のスピーカー、四歳年長のジャクソン、三歳年長のライス、二歳年下のルースといった歴戦の勇者たちと競り合った記憶が強かったからかもしれない。

それから約十年――。

シスラーの記録をおびやかすと同時に、これまた前人未到の安打数を積み上げたのが、メンフィス・ビルことジャイアンツのビル・テリーだった。

一九二九年＝226本
一九三〇年＝254本
一九三一年＝213本
一九三二年＝225本

これで四年間の合計安打数は918本に達する計算になる。

シスラーの一九二〇年と同様、打高投低現象はテリーの時代でも変わっていない。ナ・リーグ全体の四年間平均打率はほぼ2割8分だし、首位打者の打率も3割8分前後の高水準で推移している。ただし、時代は闇の色がはっきりと濃くなった。二九年二月十四日には、アル・カポネ台頭のきっかけとなった聖ヴァレンタインデーの虐殺事件が起こっているし、同年十月二十九日(暗黒の火曜日)には株式市場が大暴落して大恐慌時代の扉を開いているのだ。不況はつづき、一九三二年には失業者の数が全米で千三百万人にものぼっている。映画の世界に眼を転じても、評判を呼んでいたのは『犯罪王リコ』(三〇年)や『民衆の敵』(三一年)といった犯罪映画、『魔人ドラキュラ』(三一年)や『フランケンシュタイン』(三一年)といった怪奇映画だった。つまり、さまざまな局面で時代の隈取りは濃くなっていたといってよい。

ビル・テリーはそんな時代に選手としてのピークを迎えた。カップやスピーカーは二八年に現役を退いていた。シスラーは燃え尽きる直前だったし、円熟期を迎えたロジャース・ホーンズビーやルースもゆるやかな下り坂にさしかかっていた。代わりに台頭してきたのは、アル・シモンズ、ルー・ゲーリッグ、メル・オット、ポールとロイドのウェイナー兄弟、ジミー・フォックスといった面々だ。テリーは、彼らよりもやや年長だった。シモンズよりは四歳、ゲーリッグよりは五歳、フォックスよりは九歳年上で、オットに比べると十一歳も年長になる。一八九八年生まれのテリーは、むしろルース（一八九五年生まれ）に近い世代だ。つまり彼は晩成型の選手だったといいかえてもよいだろう。

身長一八五センチ、体重九〇キロ。当時の水準でいうとテリーは大型選手のひとりだった。打席に立つときは、両足をそろえ、こころもち両肩をかしがせる。打球は痛烈なラインドライヴを描いてセンターから左中間方面に飛ぶことが多かった。

野球史家の大半は、そんな彼の絶頂期が一九三〇年だったと指摘する。この年を起点に三年、テリーは連続して全試合に出場した。しかもこの年、彼は4割1厘の打率で首位打者を獲得し、「ナ・リーグ最後の四割打者」の称号を手に入れるのだ。一九〇〇年以降、大リーグの四割打者はわずか八人しか存在しない。達成したのは、タイ・カッブ、ロジャース・ホーンズビー（いずれも三回）、ジョージ・シスラー（二回）、ナップ・ラシュウェイ、シューレス・ジョー・ジャクソン、ハリー・ハイルマン、テッド・ウィリアムス、そしてテリーという錚々たる顔ぶれだ。

このなかでナ・リーグの選手は、ホーンズビーとテリーしかいない。もっとも、達成当時のテリーは、この記録が七十年以上も生きつづけるとは想像すらしなかったようだ。「四割打者なんて、二、三年もすればまた出てくるだろうと思っていた」という後年の告白は、その事情を雄弁に物語っているのではないか。

同時にこの年、テリーはシスラーの大記録にあと一歩と迫っていた。最終戦前日の九月二十七日、彼の安打数は254本に達していた。この数字は、前年の二九年、フィリーズのレフティ・オドゥールが残したナ・リーグ記録と肩を並べるものだ。大方のファンは、ナ・リーグ新記録の樹立は確実、大リーグ記録更新も可能性大と読んでいた。が、ポロ・グラウンズに集まった一万五千人の観客の前で、テリーのバットは不発に終わった。奇しくもこの日、カブスのハック・ウィルソンは2打点を加えて年間191打点の大記録を打ち立てる。この数字は、以後七十四年間、両リーグを通じてだれにも塗り替えられていない。

だがテリーは、気落ちすることなく翌三一年も打ちつづけた。最終戦を目前に、彼の打率は3割4分9厘。打率首位を走るチック・ヘイフィー（カーディナルス）との差はわずか4厘しかなかった。その最終戦で、レッズとダブルヘッダーを戦ったヘイフィーは8打数1安打の不振に終わる。しかし一方のテリーも、ブルックリン・ロビンスを相手に4打数1安打。3割4分8厘6毛に下がった彼の打率は、ヘイフィーの3割4分8厘8毛に届かず、二年連続の首位打者獲得は叶わぬ夢となった。

猛将ジョン・マグローから監督の座を受け継いだ三二年以降も、テリーの打棒は衰えなかった。それどころか、三六年に現役を退くまでのあいだ、二百本安打をマークできなかったのは、最後の年を除くと三三年のみなのだ。金銭に対する異様な執着やメディアとの摩擦もふくめて狷介で辛辣な性格ばかりが強調されがちなこの選手だが、その継続力はすばらしいものだった。通算安打数は２１９３本。三十歳近くになってようやく本格化した晩成型の大器は、ほぼ十年でこの水準に到達したのだった。

キンセラ、シアトルに帰る

弱体マリナーズを振り返り、イチローに喝采する

昨日は文字どおり「レイン・シティ」だった。今日はそのニックネームを笑い飛ばすような晴天だ。二〇〇一年六月二十八日、シアトル。やわらかい微風が頬をくすぐる。セーフコ・フィールドの屋根はきれいに開け放たれ、白い綿飴をちぎったような雲が、高い青空のなかをふわふわと泳いでいる。

W・P・キンセラと私は、一時すぎに球場へやってきた。試合開始は三時三十五分だからまだ間があるが、今日はフィールドに降りて足もとの感触をたしかめてみようと思ったのだ。一塁側ダグアウトにつながる通路を抜けてフィールドへ出ると、緑の芝と薄茶色の土がまぶしい。いつも感じることだが、トンネルを抜けていきなり明るい世界へ飛び込んだ気分になる。硬い土と短く刈りそろえられた芝を踏みしめながら、われわれは左翼ファウルラインに沿ってゆっくりと歩きはじめる。

キンセラは、自宅のあるヴァンクーヴァーから二時間ほど車を走らせてシアトルへやってきた。私は、東京から八時間半ほどのフライト。シアトルを最後におとずれたのは、ほぼ二十年前だ。

あのときは夜の十時ごろ、ドラッグ・クイーンの集まる酒場にうっかり足を踏み入れてしまい、ほうほうの体で退散したという記憶がある。

キンセラに会うのは六年ぶりのことだ。前回は、ロサンジェルスでドジャースの試合をいっしょに見た。あれは野茂英雄が大リーグにデビューした年だ。変則スケジュールのため野茂の登板が一日繰り上がり、遅れて到着したキンセラは野茂のピッチングを見ることができなかった。質問状をもってきたんだけどね、とキンセラは笑った。彼の質問状は、私の前著に収められたまま、いまだに回答を得ていない。

シアトルで会おうということになったのは、私がキンセラに手紙を書いたためだ。知り合ってからもう十年以上になるが（彼があの名作『シューレス・ジョー』を書いたのは、さらにその九年前だ）、長い手紙を送ったのは三年ぶりだろうか。理由はいうまでもない。彼が長年にわたって応援してきたシアトル・マリナーズが「歴史的」ともいえる快進撃をつづけているからだ。しかもマリナーズには、イチロー・スズキがいる。日ごろの口ぶりから察するに、キンセラが野球における「スピードと持続性」を高く評価していることは疑いを容れない。ならば彼は、今年のマリナーズを……ひいてはイチローという選手をどう見ているのか。私は、キンセラとゆっくり話をしてみたくなったのだ。

《シアトル・マリナーズが誕生したころ、ぼくは遅ればせながらアイオワで大学にかよっていました。マリナーズの試合は、同じ年に創立されたブルージェイズを追いかけているときに数回見たでしょうか。一九七八年の後半、ぼくはカルガリーに引っ越し、夏の休暇を利用してマリナーズの試合をよく見るようになりました。八三年にヴァンクーヴァーの南郊へ移転してからは、観戦の頻度がさらに上がります。九四年の長期ストライキで野球熱がやや冷めるまでのあいだ、マリナーズの試合は数え切れないほど見たものです》

返信の冒頭で、キンセラはこう書いていた。シアトル・マリナーズの創立は一九七七年。アメリカ北西部に大リーグの球団ができたのは、六九年のシアトル・パイロッツ（翌年、ミルウォーキーへ本拠地を移転し、ブルワーズと名乗る）以来、久しぶりのことだ。ただし、マリナーズは弱かった。異様ともいえるほど弱かった。新しい球団が創立後しばらくのあいだ下位に低迷するのは無理もないことだが、マリナーズの場合は創立後十四年間も負け越しをつづけたのだ。その間、ア・リーグ西地区の最下位に沈むこと五回。敗戦数百以上のシーズンも三回経験している。

《ぼくはまちがってマリナーズのファンになったような気がする。野球を見にシアトルへかよいはじめたころ、ぼくのお目当ては対戦相手のチームだった。つまりぼくは、ヤンキースやレッドソックスやタイガース見たさにキングドームへ足を向けていたわけです。五月に入るとマリナーズがペナントレースから完全に脱落するというのは、野球ファンの常識といってよかった。そんなマリナーズを、ぼくはついついひいきするようになっていました。マリナーズのファンをつづけるというのは、病気のペットを飼っているようなものです。その猫が絨毯の上にゲロを吐いたからといって、蹴飛ばす者はいない。こいつは病気なんだ、よくなる日を待とう……と考えるほかないわけです。当時は、そういう意地っ張りのファンが七千人ほどいたでし

ょうか。マリナーズが低迷につぐ低迷をつづけていた八〇年代、ぼくらは来る日も来る日もキングドームの三階席に陣取り……》

「弱かったよねえ、あのころは」

左中間のウォーニング・トラックで足をとめ、私も思わずつぶやく。「おぼえてる選手といったら、ピッチャーのマーク・ラングストンとマイク・ムーア、あとは三塁手のジム・プレスリーぐらいかな。そういえば、プレスリーと三振王争いをしてたピート・インカヴィリアやロブ・ディアーはしばらく日本にいたんです。日本野球にもっとも不向きな打者だというのに、よくもあんな選手を獲るものだと思っちゃって」

「スパイク・オーウェンという遊撃手もいたんだよ。小柄な二割四分バッターでね。ファウルの打球が、かならずといっていいほどネット裏の三階席に……つまりぼくの指定席に飛んでくるんだ。彼のファウルボールは何個拾ったかわからないな」

それでも八〇年代が九〇年代に席をゆずるころになると、マリナーズの補強はしだいに功を奏しはじめる。二十歳のケン・グリフィー・ジュニアが八九年にデビューをかざり、二十五歳のランディ・ジョンソンも同じ年にエクスポズから移籍してくるのだ。翌九〇年には、二十七歳のエドガー・マルティネスも、遅まきながら本格化のきざしを見せる。

「ジュニアがマリナーズに入ったときは大喜びしたよ。でもなんていうのかな、彼はその潜在能力を一度も全開させたことがないような気がする。ぼくの眼から見ると、彼は勝負強さに欠ける。内野ゴロで全力疾走を怠ったりするのも気になったな。ときどき手抜きをしてるのが見えちゃうんだ」

キンセラのそんな話を聞いているうち、われわれは右中間のウォーニング・トラックにさしかかる。ここはもう「エリア51」と呼ばれるあたりだ。この呼び名はイチローの守備範囲の広さを物語っている。駿足を利して打球に追いつき、ポテン・ヒットの芽を摘んだり本塁打を強奪したり……その守備がいかにスリリングなものであるかは、広大なアウトフィールドに立ってみるといまさらながらに実感できる。ケニー・ロフトン、ジョニー・デイモン、シャノン・スチュワート……イチローがデビューする前、比較の対象にあげられた現役外野手は何人かいた。だがいまは、それがイチローに対する過小評価だったことに人々は気づきはじめている。私の脳裡で明滅するのは「センターゴロを何度もさばいた」トリス・スピーカー、「スライディング・キャッチを考案した」ハリー・フーパー、「通算三千本安打に13本だけ足りなかった」サム・ライスといった伝説的な渋い名手たちの名前だ。

「イチローはすばらしい外野手だね。肩は強いし、足は速いし。連想する選手といえばリッキー・ヘンダーソンとジュニアかな。でもイチローは、リッキーよりもずっと頭がいいし、ジュニアよりもずっと肩が強い。ただ、殿堂入りをうんぬんするのはちょっと気が早いと思う。あと十年、無傷で過ごせば可能性は十分にあるだろうけど。それよりもぼくは、あの〝イチロー！〟という声援を聞くとボンボ・リベラという選手を思い出してならないんだ。七〇年代末のツインズにいた外野手でね、ほっそりとしてハンサムな、プエルトリコ出身の青年だった。いいとこ2割7分しか打てなかったけど、すごい人気者だった。彼が打席に立つと、観客がいっせいに〝ボンボ！　ボンボ！〟と声援を送るんだ。ボンボという名前に特別の意味はないんだけど」

眼鏡の奥の眼がいたずらっぽく笑っている。そんなキンセラの傍らで、私は垂直跳びをこころみてみる。だが、いっぱいに手を伸ばしてもフェンスの上端にはとどかない。キンセラも同様だ。年齢、身体能力、その他もろもろを勘案すれば当然すぎるほど当然だが、われわれは顔を見合わせて苦笑するほかない。

「駄目だな、こりゃ。ホームランをスナッチするなんて夢のまた夢だ」

こんな話をしていると、人生が基本的にビッチ（性悪女）であるという事実をしばし忘れることができる。スティーヴン・キングいうところの《満ち足りることすくなく、往々にして残酷で、通常は退屈で、ときどきは美しく、たまにはさわやかな人生》の、「ときどき」や「たまには」の部分がたったいまおとずれているのだな、という気がする。

試合は定刻にはじまった。マリナーズがアスレティックスを本拠に迎え撃つ三連戦の第三戦。開幕前に私がア・リーグの本命に推したアスレティックスは、四月の大不振から脱却し、勝率も五割前後にもどしてきた。ボール打ちがやたらにめだった打線も、去年のMVPジェイソン・ジオンビを中心に復調のきざしを見せている。今日の先発は左腕のバリー・ジート。一方のマリナーズは、このところ調子が下降気味のアーロン・シーリー。今季もまた、彼は「春男」の汚名をそそげないのだろうか。

ジートは、キンセラも私もお気に入りの投手だ。若い。投球のテンポがきびきびしている。緑色のストッキングを臑《すね》の部分まで露出している。サーフィンの腕前はプロ級。両親はナット・キング・コール楽団の指揮者とバックコーラスをつとめていた。去年の後半、彼は彗星のように出現した。「フロム・ノーウェア（どこからともなく）」とキンセラもほほえむ。

「五十年前のホワイティ・フォードがそうだったらしいね」と私が応じると、「三十七年前のメル・スタットルマイヤーもそうだ」という答がすかさず返ってくる。これだから、この人といっしょに野球を見るのは楽しい。野球史の本や研究資料では発見できないようなディテールが、ぽろりと口をついて出てくるのだ。

「でもぼくは、ぼくの小説の主人公みたいに熱狂的な野球ファンじゃないよ。ゲームを見るのは好きだし、順位も一応は気にするけど、スタッツをつつきまわしたりはしないんだ。だから、野球に対するぼくの知識は、熱心なファンの平均値といったところ」

とはいうものの、キンセラの野球好きには年季が入っている。例の返信のなかにも、こんな一節があった。

《あれは十歳から十四歳にかけてのことだったかな、ぼくはシンシナティ・レッズの投手たちにひとかたならぬ興味を燃やしたことがあるのです。そのころぼくたちは、アルバータ州北部の辺鄙な農場で暮らしていました。父親だけはごくまれに文明の息吹に触れることがあったのだけれど、そんなとき彼は、かならずといってよいほどセントルイスで発行されていた〈スポーティング・ニューズ〉を買って帰りました。ぼくは、この新聞を通じてレッズの投手たちのことを知ったのです。三塁手から転向してエースとなったバッキー・ウォルタース。二試合連続ノーヒッターの快挙をなしとげたジョニー・ヴァンダーミーア。打者に背を向け、身体をくるりと回転させて横手から球を投げる「ザ・ウィップ（鞭）」ことイーウェル・ブラックウェル。まだテレビがなくて、ラジオでワールド・シリーズを聴いていた時代のことです。ぼくは、ラジオの音声と新聞記事と写真から試合や選手たちのイメージをつくりあげ、レッズやカーディナルスを応援する一方で、くたばれヤンキース！　と叫びつづけていました》

試合はアスレティックスの先制攻撃ではじまった。一回の裏は、二死一、二塁からテレンス・ロングの内野安打で一点。二回表には、二死二塁からジョニー・デイモンが右翼スタンドへホームラン。イチローは、あっさりとライバルの打球を見送る。いまのところ打率は2割3分そこそこと低迷しているが、デイモンは後半戦にかならず調子をあげてくるだろう。去年の彼も、四月は打てなかった。が、このあと3割3分強の打率をキープしていけば、シーズン終盤には三割前後にとどく計算が成り立つ。そういえば今日のイチローは、第一打席でも第二打席でも、デイモンの守るセンターにフライを打ち上げている。

「デイモンはいい選手だね。潜在能力がとても高いと思うんだ。ぼくが注目してるのは、彼と、ブレーヴスのラファエル・ファーカル。機敏で堅実な選手は好きだけど、見せびらかし《ショーオフ》の多い選手はあまり好きじゃないね」

キンセラが暗にほのめかしているのは、ケン・グリフィー・ジュニアやバリー・ボンズのことだ。《ボンズには本塁打記録を破ってほしくない》とまで、彼は手紙のなかで書いていた。《マグワイアは紳士だ。ソーサには百万ドルのスマイルがある。だがボンズやジュニアには本当のカリスマ性が欠落している》

この気持は、私にもよくわかる。すばらしい才能にめぐまれてはいるのだが、唯々諾々とコマーシャリズムに乗ってしまう彼らの体質が、どこか「反野球的」なものに思えてならないのだ。三十九歳のテッド・ウィリアムスは、八月の午後三時、一万人にも満たぬ観客の前で黙々と四割をめざしていた。二十二歳から三十歳までの九年間、ウォルター・ジョンソンは弱体のセネタースを背負って毎年三百イニングス以上を投げつづけた。私は、そんな彼らに野球の「原型」を見る。一瞬の華やかさをもとめるのではなく、孤独のなかでつねに考えつづける彼らの姿にこそ、野球の本質が宿っているのではないか。そういえばキンセラも手紙のなかで《持続性と安定性は金では買えない》と書いていた。

ジートは快調に飛ばす。ストライクを先行させ、四回までシアトル打線を完全に沈黙させている。プレイボールの声がかかってから、時計の針はまだ一時間しか動いていない。

「ゆうべとはえらいちがいだね」とキンセラがつぶやく。じつは昨晩も、われわれは同じカードを見ている。ただしキンセラは長時間ドライブのあと、私は長時間フライトのあととあって、ふたりともかなりへばっていたことは否めない。試合は、二回表にラモン・ヘルナンデスの満塁本塁打が出て、アスレティックスが圧倒的な優位に立った。なのに、先発ティム・ハドソンがぴりっとしない。四球を連発し、ゲームをのびたうどんに変えてしまう。しかも外は雨。球場も屋根ですっぽり覆い尽くされている。キンセラは何度かあくびをした。私も思わず舟を漕いだ。そもそも、マリナーズの先発ジョン・ハラマが、からっきしだらしなかったのだ。終わってみれば三時間十三分の試合だったが、これは終盤の攻防が淡泊だったからにすぎない。

「だらけた試合って嫌いだなあ。二時間で終わってくれるのが理想だよ。そのためにも、バッターは打席を頻繁に外すべきじゃないし、ピッチャーは間合をとりすぎちゃいけない。投球間隔を二十秒以下とするルールをきびしく適用すべきじゃないか。スコアが12対10になるのはかまわないけど、四球とエラーの連続でそうなるのはごめんだね」

私も同感だ。今日の試合がきびきびしているのは、四球と残塁数がすくないからだろう。それでも五回以降、試合はもつれはじめる。イチローのセンター前ヒットで一点を返したマリナーズは、六回と七回にもエド・スプレイグとカルロス・ギーエンの本塁打で同点に追いつく。これまで好役をつづけてきたジートも降板して、勝敗の行方はにわかにわからなくなってきた。それにしても、今年のマリナーズはほんとうにしぶとい。長距離砲も絶対的なエースもいないのに、着実に勝利をもぎとっていく。ルー・ピネラには、早くも年間最優秀監督の呼び声が高い。

「ピネラもよくやってるけど、ぼくはGMのパット・ギリックが偉いと思うな。〝私は天才前のステンゲルと天才後のステンゲルの両方を知っている〟というジョークがあるけど、どんな名将だって、駒がそろわなければ結果を残すことはできない。ギリックは、チームの理想像をつくりあげ、それに沿って必要な駒をあつめてくる天才だね。九〇年代初めのブルージェイズだって、彼がいなければあれほど強いチームにはなれなかったはずだよ」

結局マリナーズは、この試合を3対6で落とした。八回、九回と凡ミスがつづき、やらずもがなの失点を重ねたためだ。それでも勝率は、依然として7割2分台という驚異的な高さを記録している。このまま進めば、ワールド・シリーズ進出の可能性もかなり高いはずだ。「病気のペット」はすっかり健康をとりもどしたばかりか、いまや黒豹を思わせる精悍な獣に変身した。この快進撃はどこまでつづくのだろうか。

「問題は先発投手陣だと思うよ。ハラマやジェイミー・モイヤーが好調をつづけられるとは思えないし、シーリーも調子が落ちてきた。となると頼れるのはフレディ・ガルシアただひとり。強敵は、抑えにジョン・ロッカーを獲ったインディアンスだろうね。でも、そのことはあまり気にしないようにしてる。今日はおもしろい試合も見られたことだし」

球場を出て、われわれはホテルまで四十分ほど歩いた。タクシーが捕まらなかったこともあるが、野球を見たあと、ぶらぶらと街を歩くのは気持がよい。ましてシアトルは、キンセラにとって馴染みの深い街だ。「この古本屋は街で一番」とか「あそこのピザはしょっぱくて」とかいいながら、長い手足をぶらぶらさせて彼は二番街と三番街を結ぶ坂をのぼっていく。勾配は急だ。夕暮にはまだかなり間がある。振り返ると、建物のあいだから覗くエリオット湾の水面を光がそっと舐めている。ときおり息を整えながら、キンセラはおだやかな眼で街を眺め渡している。

「十月にまた、ここで会えるだろうか」

私が声をかけると、キンセラは頰をゆるめて笑った。「うん、そうなったら最高だ。でも、ほかの街でもかまわないよ。カブス対レッドソックスなんて、冗談のようなワールド・シリーズもないとはかぎらないんだから」

あとがき

野茂英雄がアメリカへ渡ってから丸十年が経った。イチローは今年で五年目のシーズンを迎える。私が生まれて初めて大リーグを見たのは、一九五六年の日米野球だ。そのときから数えると五十年近い歳月が流れている。

この本には、一九九八年秋以降に書いたものをまとめた。いずれも雑誌や新聞に発表されたものだ。ひとりひとりのお名前は略させていただくが、担当編集者の方々にはさまざまな示唆をいただき、ひとかたならぬお世話になった。感謝している。単行本化に際しては、前著『アメリカ野球主義』と同様、今度も中川六平さんがまとめてくれた。六平さん、ありがとう。末尾になったが、装幀を引き受けてくださった南伸坊さんにあらためてお礼を申し上げたい。

アメリカ野球には、ついぞ飽きたことがない。

二〇〇五年四月

芝山幹郎

初出一覧

I　シーズン・チケット

イチロー、大リーグへ行く　『産経新聞大阪版』２０００年11月22日
過去と交信するイチロー　『一冊の本』２００２年４月号
野茂英雄が選んだボス　『DBC』２０００年５月号
貫くスタイル　『朝日新聞』２００２年３月29日
群盗立つべし　『一冊の本』２００２年11月号
SOBはだれだ？　同02年12月号
ディファレント　同03年１月号
水源　同03年２月号
水源（その二）　同03年３月号
野球と戦争　同03年４月号
投手の年　同03年５月号
悪球打ち　同03年６月号
打ちたがり　同03年７月号
遠くから　同03年８月号
三冠とニアミス　同03年９月号

邪道も楽し　同03年10月号
シカゴびいき　『アド・インフィニタム』2003年9月号
カブス逆襲　『一冊の本』2003年11月号
荒れるな、ペドロ　同03年12月号
敗着と消耗　同04年1月号
遊撃手の系譜　同04年2月号
遊撃手の系譜（その二）　同04年3月号
トレード上手　同04年4月号
天才よ、初夏にもどれ　同04年5月号
バント　同04年6月号
エニシング・ゴーズ　『アド・インフィニタム』2004年6月号
ヒスパニック・オールスター　『一冊の本』2004年7月号
インターリーグ　同04年8月号
GMの七月　同04年9月号
ヒットパレード　同04年10月号
狂気と四割　同04年11月号
地滑りのあとで　同04年12月号

II　セヴンス・イニング・ストレッチ

バナーは踊る　『アド・インフィニタム』２００１年12月号

Ⅲ　ベースボール・ジャーニー

幸福なベースボール　『ウインズ』１９９９年３月号
瞬間の凍結と記憶の解凍　『ナンバー・プラス』１９９８年12月号
九八九八とその後　『一冊の本』１９９８年11月号
二都のバラード　『ナンバー』１９９８年10月８日号
グレープフルーツの種とサボテンの苗　同１９９９年４月８日号
奇跡は二度起こる　『月刊メジャー・リーグ』２００３年12月号
大失策　同２００３年12月号
野球という多面体　『スポーツ20世紀』２０００年２月号
空気が野球の電波に　『ナンバー・プラス』１９９９年４月号
われ思う、ゆえにわれ勝つ　『スポーツ・スピリット21』２００２年４月10日号
渋い名画　同２００２年１月
マグニフィセント・セヴン　『月刊メジャー・リーグ』２００３年９月号
戴冠ふたたび　同２００３年10月号
ダイナミック・デュオの伝説　同２００４年２月号

快速艇一九三六　『スポーツ・スピリット21』2003年6月20日号
長くて暑い一九四一年夏　同2005年1月号
ワシントン球団盛衰記　『月刊メジャー・リーグ』2004年12月号
ゴージャス・ジョージとメンフィス・ビル　同2004年11月増刊号
キンセラ、シアトルに帰る　『ナンバー』2001年8月9日号

＊タイトルの一部は変更しています。

写真協力
NATIONAL BASEBALL HALL OF FAME LIBRARY
COOPERSTOWN, N. Y.

著者について

芝山幹郎（しばやま・みきお）

一九四八年生まれ。東京大学仏文科卒。評論家・翻訳家。著書に詩集『晴天』（書肆山田）、評論集『映画は待ってくれる』（中央公論社）、『アメリカ野球主義』（晶文社）がある。訳書は『野球術』『Me／キャサリン・ヘプバーン自伝』『ニードフル・シングス』『カクテル』『遠くからきた大リーガー』（いずれも文春文庫）、『不眠症』（文藝春秋）、『楽しい地獄旅行』（河出書房新社）など。

大《だい》リーグ二《に》階席《かいせき》

二〇〇五年五月二五日初版
著者　芝山幹郎
発行者　株式会社晶文社
東京都千代田区外神田二−一−一二
電話東京三二五五局四五〇一（代表）・四五〇三（編集）
URL http://www.shobunsha.co.jp
中央精版印刷・美行製本